U0461631

经济新动能

北京大学国家发展研究院 / 著

王贤青 / 主编

中信出版集团 | 北京

图书在版编目（CIP）数据

经济新动能 / 北京大学国家发展研究院著；王贤青主编 . -- 北京：中信出版社，2025. 3. -- ISBN 978-7-5217-7360-6

Ⅰ. F124

中国国家版本馆 CIP 数据核字第 20257CH432 号

经济新动能

著者： 北京大学国家发展研究院
主编： 王贤青
出版发行：中信出版集团股份有限公司
（北京市朝阳区东三环北路 27 号嘉铭中心　邮编　100020）
承印者： 北京通州皇家印刷厂

开本：787mm×1092mm　1/16　　印张：20.25　　字数：260 千字
版次：2025 年 3 月第 1 版　　　印次：2025 年 3 月第 1 次印刷
书号：ISBN 978-7-5217-7360-6
定价：79.00 元

目　录

第六章
人力资本的新动能

第七章
经营管理的新动能

序　言

2025 年，中国经济来到一个不一样的路口。

从短期的外部因素来看，这是特朗普新任期的第一年，他的政策也充满了不确定性；同样富有不确定性的还有 AI（人工智能）技术，从 ChatGPT 到 DeepSeek，没人知道明天会发生什么，但这些都会给中国经济整体和中国无数企业带来实实在在的影响，只是或多或少，或阴或晴。

从中期来看，这是"十四五"规划的收官之年和"十五五"规划的筹谋之年。受三年新冠疫情、俄乌冲突、巴以冲突等多重影响，再加上"三期（增长速度换挡期、结构调整阵痛期和前期刺激政策消化期）叠加"，"十四五"走得非常艰难，我们虽然顶住了诸多压力，但今后仍面临重大挑战和困难。

从长期来看，"十五五"期间又将迎来中国改革开放 50 周年，也是实现第二个百年奋斗目标的黄金里程段。中国经济自 1978 年以来取得连续高速增长，创造了举世瞩目的奇迹，人均 GDP（国内生产总值）从 1978 年的 156 美元上升到 2024 年末的 1.344 5 万美元，距离发达国家的最低收入门槛 1.4 万美元仅有一步之遥。

因此，无论从短期、中期还是长期来看，2025 年和"十五五"都注定充满压力和挑战。但压力与动力、挑战与机遇从来都是孪生的。老天关上一扇门，可能也会打开一扇窗；如果一条路全亮红灯，那另一条路也许会全亮绿灯。关键就在于你能否把方向看对，把动能找对并用足。对国家发展如此，对企业和个人亦如此。

比如，当中国不仅是全球年度碳排放增量第一大国，还将是累计碳排放量第一大国之时，欧盟的碳边境调节机制一定会重点盯防来自中国的商品和服务，其他发达经济体也会就此跟进，这难免会倒逼中国进一步加快绿色转型的步伐。受此影响，传统化工、煤炭、钢铁等行业一定会遭遇越来越多的"红灯"，且"车道"愈窄；而光伏、水电、风能等新能源赛道则"绿灯"大增，"路面"日宽。当然，动能并非越新越好，传统动能同样可以有新作为。如果某些钢铁厂、水泥厂能率先实现零碳技术，不仅能顶住中国碳减排的压力，还可能因此打开全球市场，毕竟零碳的钢铁、水泥是全世界的刚需。

本书旨在通过精选北京大学国家发展研究院和更多优秀学者的文章，帮助大家理解中国经济发展中关键动能的重要性与科学性。全书共七章，分别讨论理论的新动能、开放的新动能、产业的新动能、城镇化的新动能、金融转型的新动能，以及人力资本的新动能、经营管理的新动能，总体可从天时、地利、人和三个维度来读。

洞察天时

开篇第一章我们选择的是理论的新动能，核心是想与大家一起提高理论水平，增进对经济基本规律的认知。面对日益不确定的世界，这有助于我们更好地洞察天时。思路决定出路，选择比努力更重要，形势比人强，都暗含此理。

打个比方，今天的大数据已经无比强大，但判断未来一周的天气情况依然很难。相比之下，认识到一年有四季相对容易。我们若能读懂和把握节气规律，不必细究哪一天播种最好，只需在春季播种即可。很多人勤奋但没有真正理解"天道酬勤"之意——老天优先回报顺天道而勤者，如老子在《道德经》所言"事善能""动善时"者。否则，"天地不仁，以万物为刍狗"，老天不会酬谢你不恰当的勤奋。

今日之世界在天时上的一个巨变就是科技爆炸，科技对资源的创造力越来越强，信息流、人流、物流、金融流等日益丰富便捷。长袖善舞者，如小米的雷军，可以只用9年就做出一家世界500强企业，速度之快令人震惊。但如若相反，被边缘化甚至被甩站下车的概率亦大增，"无边落木萧萧下"的企业可能比"不尽长江滚滚来"的企业更多，只是这个世界总是优先听到成功者的欢呼，而不是失败者的呻吟。

资源的创造和配置，背后有一个共同的指挥棒就是理论和认知。以色列是全世界最干旱少雨的地方之一，但发明了滴灌技术，在蔬菜水果自给自足之余，还成为欧洲的"菜篮子"。1978年时与中国一样处于低收入水平的经济体很多，有人口红利者甚众。但很多国家并未选择开放，亦未在改革上选择双轨制。世界很残酷，若无科学的认知，纵有天时来临，也不过是与你擦肩而过，甚至永远属于平行时空而已。

中国经济下一步怎么走？没人能预知一切，但提升认知水平无疑是有价值的。学者们虽然主要是站在国家发展的高度来分析经济发展的理论与逻辑，但对于企业家和微尘般的我们也有参考价值。记住，决定你每天行为的，不是你的资源和信息，而是你的认知和偏好。提升认知是艰难的，但这恰恰是难而正确的事情。

借势地利

本书接下来四章分别讨论开放的新动能、产业的新动能、城镇化的新动能、金融转型的新动能，可粗略理解为中国经济的地利。纵有天时，没有地利也是悲剧，就像春天来临，你却没有良田可耕。

借势地利的关键是要有适合万物萌发的生态。中国接下来最需要的生态是什么？当然是创新，是科技，是新质生产力，因为中国过去相对粗放的、以要素投入驱动为主的发展模式已经难以为继。创新的第一生态又是什么？答案是开放，尤其是高水平开放。中国虽然人均 GDP 已经达到 1.344 5 万美元，但西方主要发达国家的人均 GDP 多在 5 万美元左右。人均 GDP 落差的背后是效率和科技水平不同。美国至今仍在想办法聚拢全世界最优秀的人才和企业。中国虽已国力大增，但我们仍要谨记全球 80 亿人口永远比中国 14 亿人口的天才多、资本多、技术多、市场需求大。对企业和个人而言，开放也十分重要。已经有足够的研究表明，与异质化和高水平的群体开放交流非常有利于自己的成长和创新。

下一章讨论的是产业的新动能。强国先强产业，尤其是关键产业。当今世界的政治经济虽然愈发风云诡谲，但科技影响力渐增的趋势是明朗的。人工智能、低空经济、生物医药、商业航天、平台经济、新能源汽车等战略性新兴产业和未来产业方兴未艾。关键产业不仅是本国经济的火车头，还是国际舞台上掰手腕的资本。这些产业与我们的认知、开放也都息息相关。特斯拉 2015 年实现盈利，尤其是在中国建设工厂对中国新能源汽车的发展十分重要。我们曾经认为只能国资主导运营的航天领域原来有民营经济参与的巨大空间。

与产业新动能配套的，是金融转型的新动能。中国过去由银行主导的间接金融无法支撑新产业所需要的大量创新，尤其是"从 0 到 1"的高风险性原创新。在金融强国的布局中，如何构建一个能有效支持创新创业的金融体系成为关键的关键，天使投资、风险投资、私募股权投资、股市并不分是国资还是民资，只是支持创新创业必要的生态。政府虽然也能提供耐心资本和长期资本，但如何分辨一项投资失败的根源是创新创业本身的高风险，还是暗中利益输送的道德风险，需要在考核上破题。

还有一章聚焦于城镇化的新动能。对于日益依赖创新创业的经济体，城镇化，尤其是大都市的集聚效应必不可少。国际博弈论学会主席马修·杰克逊的研究表明，一国的经济效率与城镇化率之间的相关系数高达 0.72。当然，城镇化的关键不是"摊大饼"，而是提高城市的经济密度和人才密度，并从体制和文化上给予创新者更多的鼓励和更大的容错空间。如今，一万个普通人的创新与价值贡献可能抵不上一小撮天才。同理，一万个乡村或小镇的创新与价值贡献可能抵不上一个高密度的创新社区，我们必须承认这个残酷的事实。当然，如何平衡"一老一小"问题，如何反哺乡村振兴，也是必要的课题。

用足人和

本书的最后两章分别聚焦人力资本的新动能和经营管理的新动能。

"天时不如地利，地利不如人和。"回溯中国 1978 年以来为何取得经济增长的奇迹，一个公认的变量就是恢复高考，这为中国承天时、借地利准备了人和。在今天 AI 加速演进的背景下，中国人均 GDP 只有美国的六分之一左右，却能在 AI 赛道与美国有一争高下的机会，能诞生比 ChatGPT 更具性价比的 DeepSeek，都与恢复高考、与中国政府和无数家庭对人力资本的看重有关。当然，人和不止于人均知识密度，更关键的是组织氛围。很多高级知识分子和工程师扎堆的地方并未带来巨大的创新产出，原因多是内耗太重，创造力被抑制或走偏。

放眼今天之世界，绝大部分创新的主体既非国家，也非个体，而是企业。企业一把手与核心管理层的企业家精神及经营管理水平对于创新至关重要。无论是创造 ChatGPT 的 OpenAI，还是打造 DeepSeek 的幻方，抑或是微软、字节、阿里、谷歌等既有的科技巨头，创新都是基于组织，而不是科学家个体的联盟。这是现代化创新的本质决定的，没有资本、没有团队、没有设备，只凭一张白纸演算的创新时代已成过去式。因此，今日之企业之间与其说是在比拼创新，不如说是在比拼企业家精神和经营管理能力。微软、谷歌都有传统动能持续提供现金流，才能不断通过创新布局第二曲线、第三曲线。没有好的经营管理能力，纵有创新也不过是昙花一现。

当然，中国经济的动能远远不止这些，但限于篇幅，很多文章只能割舍。

最后特别感谢每位为本书贡献文章的老师，你们既是中国经济新动能的理论探寻者，也是功力非凡的践行者；特别感谢国发院传播中心的伙伴们对本书内容的协同，你们都是共创者；特别感谢中信出版集团的邀约，你们的信任和鼓励让我一次次奋勇前行；特别感谢家人的关照，让我在春节期间也能安心写作和编辑。

还要特别感谢网易财经的杨泽宇、岳佳彤，我们一起策划并持续推出十多期"中国经济新动能"视频专访，从采访、整理、剪辑到推广，泽宇的团队都非常用心，在字节王岚锦等很多伙伴的共同努力下，全网播放量达到数千万。这个系列的专访激发了我们对中国经济新动能的思考，堪称本书的起点。杨倩、智旭权、许媛媛、崔之鑫等对本书亦有贡献，一并感谢。

最后的最后，感谢每一位读者的关注，期待与您相遇相知。也深深地祝福大家在 2025 年和接下来的日子里都能找到和用好自己的新动能，开创更美好的明天，遇见更美好的自己，也温暖和照亮更多人的前路。

北京大学国家发展研究院传播中心主任　王贤青
2025 年 2 月 7 日于北京大学承泽园

第一章

—•—

理论的新动能

理论的可靠性是化解经济挑战的关键力量①

林毅夫

（北京大学博雅讲席教授、新结构经济学研究院院长、
国家发展研究院名誉院长、南南合作与发展学院名誉院长）

如何理解经济学主流理论的演变？

信心对于发展非常重要。有信心的前提之一，就是要知道当前遇到的挑战究竟由什么原因造成。对症下药才能药到病除。对于国家发展而言，问题一定会很多，没有不存在问题的发展中国家，也没有不存在问题的发达国家。发达国家的问题可能比发展中国家更多。但我们不能一味地看问题，更要学会看发展的机遇，实际上任何一次进步都是因为抓住了机遇，推动了发展，为解决问题创造了条件，所以才说"发展是解决我国一切问题的基础和关键"。②

---

① 本文根据作者 2024 年接受网易财经智库专访的内容整理。
② 习近平：决胜全面建成小康社会　夺取新时代中国特色社会主义伟大胜利——在中国共产党第十九次全国代表大会上的报告 [EB/OL]. （2017-10-27）. https://www.gov.cn/zhuanti/2017-10/27/content_5234876.htm.

不管是对当前困难的认识，还是对机遇的认识，都需要理论这张"地图"，因为它可以帮助我们认知问题，洞察机遇，进而帮助我们做出正确的判断和应对。

经济发展，首要的当然是经济学理论。但除了人的行为是有动机的、采取行动需要有物质基础、人会对激励做出反应等基本原理，经济学没有那么多永恒的定理，经济学理论是不断演化的。很多理论，包括主流理论往往也只是盛行一时。特别是发达国家，过一段时间就会出现一个大家都去学习的热门理论，也就是所谓的主流理论，再过段时间又会有新的理论出来。

世界是在变动的，学习或运用任何理论实际上都好比刻舟求剑，剑从船上掉进水里，刻舟来找剑，不能说不对，也不能说一定对。比如，当一个人快上岸的时候，剑掉了，这个人又没有时间马上去找剑，所以就在舟上刻了一条痕，等到把其他事情办好以后再回来找剑，这样做不一定是错的。船不走水不流，刻舟求剑就是对的。但如果船走了或水流了，按刻舟之处去找剑，就会徒劳无功。学习或运用理论也是这个道理。

如何理解结构主义和新自由主义？

经济学理论有很多，发展经济学是其中一个分支。发展经济学的目的不是解决发达国家的问题，而是帮助发展中国家来发展经济。在第二次世界大战以后，很多发展中国家摆脱了殖民地或半殖民地的地位，把国家的命运掌握在自己的手里，开始追求工业化、现代化，为了帮助发展中国家实现工业化、现代化，赶上发达国家，发展经济学就被从主流经济学中分了出来成为一门新的子学科，很多经济学家投身其中。事实上，就像诺贝尔经济学奖获得者罗伯特·卢卡斯说的，当一个经济学家全身心投入国家经济发展问题的研究时，其他问题似乎都变得不那么重要了。因此，这是一个很有吸引力的学科。

从20世纪40年代中后期到现在，发展经济学理论本身也在不断演进，经历了两波大的思潮。

第一波思潮被称为结构主义的发展经济学。

发展经济学的基本目标都是让落后经济体实现赶超式发展，追上发达国家。在结构主义看来，发达国家的生产力水平很高，因为发达国家发展的是资本密集、技术先进的现代化大工业，毕竟这些是典型的先进生产力代表。发展中国家收入水平低是因为生产力水平低，生产力水平低的原因则是发展中国家的产业主要都是传统的农业或矿产资源产业。经济学家认为，发展中国家的收入水平要赶上发达国家，就必须做到生产力水平赶上发达国家，而要实现这个目标则需要拥有发达国家那些先进的现代化资本密集产业。

可是，那些资本密集的产业在发展中国家的市场很难自然地发展起来，于是当时的经济学家认为正是这些发展中国家存在文化落后、人民没有储蓄的意愿、对价格不反应等结构性问题，导致市场失灵，未能动员、配置资源到生产力水平高的先进产业。因此当时的结构主义就建议发展中国家由政府来克服市场失灵，直接去动员、配置资源，去对标发达国家，着重发展一样先进的资本密集、规模大的现代制造业。

结构主义的出发点很好，理论逻辑和政策思路也很清晰，在当时很有说服力。那发展中国家按照这一理论做的结果是什么呢？即使能把现代化的制造业建立起来〔这些制造业在国外被称作"白象"（white elephant，代指昂贵而无用之物）〕，它们也只是看起来很大，却没有活力，也没有竞争力。最终造成的结果就是这些发展中国家经济停滞，甚至出现各种危机，跟发达国家的差距反而越来越大。

第二波思潮被称为新自由主义的发展经济学。

结构主义普遍失败以后，发展经济学家进行了反思和理论创新。到20世纪80年代，包括中国在内的许多发展中国家都启动改革开放时，盛行的理论变成了新自由主义。该理论认为发展中国家从第二次世界大战以后，在政府领导下进行了长时间的努力，之所以跟发达国家的差距越来越大，是因为发展中国家缺乏像发达国家那样完善、先进的市场制度，政府对经济干预太多，导致资源错误配置、寻租腐败。按照这一理论，发展中国家若想把经济搞好，就应该有完善的市场制度，以私有产权为基础，把资源交给市场配置，让价格信号发挥指引性作用，价格由市场自由交易形成。

当时的发展中国家确实普遍存在资源错误配置的现象，政府的干预造成了各种寻租的机会，腐败现象非常普遍。因此，新自由主义理论听起来也很有说服力，但不管是原来的亚洲、欧洲的社会主义国家，还是拉丁美洲、非洲的发展中国家，按照私有化、市场化、自由化去制定政策后，经济都普遍崩溃、停滞、危机不断，增长速度比20世纪50年代至70年代的结构主义时期还慢，危机发生频率也比那个时期更高，跟发达国家的差距进一步扩大。

如何理解"亚洲四小龙"等创造的东亚模式？

在结构主义与新自由主义接连失败的同时，有一些经济体却获得成功，缩小了跟发达国家的差距，甚至赶上了发达国家，这些经济体大部分在东亚。

世界银行和经济学家们在总结这些东亚经济体取得意想不到的成功

的原因时，发现它们有一个普遍的特点，那就是基本没有按照当时的主流理论制定政策。因此，这些经济体的发展道路也被简称为"东亚模式"。

20世纪50年代至70年代，主流理论主张大力发展先进的、现代化的大制造业，而"亚洲四小龙"（指20世纪60年代末至90年代，亚洲四个发展迅速的经济体：韩国、中国台湾地区、中国香港地区和新加坡）则是从传统的、落后的、劳动密集型的、小规模的加工制造业起步，这样的发展思路在当时被认为是错误的。很多人认为，发达国家发展的产业如此先进，作为追赶的经济体不去迎头赶上，却着力发展传统的、小规模的加工业，怎么能赶上发达国家呢？但事实证明，它们赶上了。

20世纪八九十年代，包括中国在内的发展中国家也在经历经济转型，从政府主导的经济向市场经济转型。当时的理论认为要想转型成功就应该采用"休克疗法"——把市场应有的基本制度一次性改革到位，如果政府与市场同时存在，会比计划经济效率更低，是一种错误的转型方式。不过，中国、越南、柬埔寨采用的都是这种被认为"非常糟糕"的转型方式，而这几个国家至今仍保持着既稳定又快速的发展。

实际上，采用"休克疗法"的国家未有成功者，而且很快就面临着失败——经济崩溃、停滞、危机不断。所以，主流理论分析问题时头头是道，颇有说服力，开出的"药方"也很清楚，非常容易让人接受，但没有真正把问题的原因和解决问题的条件分析清楚，所以不仅未能把"病"治好，反而使问题变得更糟糕。俄罗斯就是一个典型的例子，它本来是一个高收入国家，无论科技水平还是经济规模，都曾与美国不相上下。推行"休克疗法"以后，它经历了经济崩溃、停滞，如今其经济规模与我国的广东省相当。

为什么称之为新结构经济学？

这些年，通过对大量案例的观察分析和理论方面的对照思考，我提出了新结构经济学，这是一个新的经济发展转型及经济运行的理论。

经济发展的本质是什么？从表象来看是收入水平不断提高，但收入水平不断提高的前提是生产力水平不断提高，生产力水平不断提高的背后是技术不断创新、产业不断升级，也就是生产结构要不断提升。在这个过程中，基础设施、各种制度安排的结构必须不断完善和提升。一个经济体的经济运行是在各种给定的结构条件下进行的，新结构经济学研究的是一个经济体的结构和结构变迁的决定因素和影响，按照现代经济学的命名方式，新结构经济学应该被称为"结构经济学"，为了与早期的结构主义区分将其称为新结构经济学。

新结构经济学不是固有精华的重新拼盘，不是简单地重复强调政府、市场有多么重要，也不是要把政府和市场简单地结合在一起，而是深入研究经济发展的本质所得到的结果。新结构经济学认为一个经济体在每个时点给定、随时间可变、具有辩证唯物主义"第一性物质"特性的土地、劳动、资本等要素禀赋和其相对丰富的结构内生决定了这个经济体在那个时点的生产结构、基础设施结构和上层制度结构。因为要素禀赋结构决定了这个时点的比较优势，生产结构符合比较优势会有最高的生产力，而要使生产结构所决定的生产力能够充分释放，则需要有与其技术特性相适应的基础设施和上层制度安排。要使企业家自发地按照要素禀赋结构所决定的比较优势来选择产业和技术，则需要有一个能够反映各种要素相对稀缺性的价格体系，这样的价格体系只有在"有效的市场"才能存在；要有适应生产结构所需要的各种基础设施和制度安排，则需要有一个"有为的政府"来克服基础设施和制度完善时必然存在的市场失灵。

新结构经济学的理论不仅能解释过去结构主义和新自由主义的局限性，还能解释东亚模式或"亚洲四小龙"为什么成功，以及为什么中国的转型不仅稳定而且能快速发展。

更重要的是，新结构经济学还要能指导更多后发国家的稳定快速发展，实现与发达经济体之间的收敛。事实上，按照新结构经济学理论制定政策的国家或者地区已经取得了明显的理论运行效果。比如埃塞俄比亚是收入水平最低的国家之一，传统上主要发展农业，按照经济发展是结构变迁的思路，从以农业为主的产业慢慢登上发展制造业的阶梯，基本上收到了立竿见影的效果。

新结构经济学不仅能应用于国家经济发展，对区域经济发展也有适用性。从 2015 年开始，我持续关注我国新疆和田地区的经济发展。2015 年，和田的人均 GDP 只有全国平均数的大约 1/5。在当时全国 334 个地级行政区划单位中，它是收入水平最低的。它为什么收入水平那么低？首先是因为这里的人均耕地并不多，发展的是绿洲经济，有水才有地。同时，和田相对偏远，与国内、国际市场的连通性不足，基本上没有制造业，260 万人当中在制造业工作的不超过 1000 人。

但到 2015 年，和田面临的情况至少有两个方面已经改变。第一，东部沿海地区经过改革开放 30 多年的发展，劳动密集型的加工业比较优势减弱，产业需要转移，可以转移到越南、柬埔寨，也可以转移到我们国内收入水平比较低的地方。第二，由于西部大开发和"一带一路"建设，交通基础设施不断完善，和田的产品进入国内、国际市场的条件逐步具备。在这种情况之下，只要思路对，很快就可以把它的制造业发展起来。

从 2015 年开始，我每年都到和田去，也跟当地政府交流，建议他们抓住东部劳动密集型制造业转移的机遇，发展制造业。和田欣然接受了这一思路，很快就创造了 10 万多个制造业就业机会。当地百姓跟政府讲，他们中的很多人在 2015 年之前没拿过工资，因为都是农民。现在情况大不同，和田的市面繁荣多了，有十几万工人，他们吃、穿、住、用都会带动当地的需求，一个制造业工人通常可以至少带动其他三个就业机会。所以我认为，只要有正确的理论，制定合适的政策，抓住发展的机遇，每个地方都可以发展得很快。

如何理解中国经济的减速？

新结构经济学对当前中国整体的经济发展还是不是适用？为什么中国经济的发展速度在下降，甚至对美国未能保持连续的 GDP 收敛，而是有所反转？这就要回到基本的经济学分析。

这里有两个问题，第一个问题是如何理解中国经济自身的发展速度快慢，第二个问题是中国经济总量与美国的对比。

中国人的惯性思维是，如果出现问题，首先从自己身上找原因。中国作为一个发展中、转型中的国家，肯定存在很多问题，要勇于面对，要认清当前的经济形势，分析清楚当前经济减速是自身积累的长期结构性问题所致，还是短期的经济与非经济冲击所致，抑或是外部问题造成。认清问题才能找对药方。

中国现在的经济增长速度相对放慢，与国外的经济增长缓慢有关。最主要的原因是美国经济增长慢，导致消费需求增长乏力。同时美国对中国的打压也使很多出口转移到东南亚等地。美国的消费品过去主要来自中国，现在消费需求减弱叠加出口地点的转移，从中国直接出口到美国的消费品数量明显减少，影响我国的经济增速。

即便一部分制造业从中国转移到了越南、柬埔寨，但若想完成产品的加工制造，中间附加值高的零部件也必须从中国进口。所以中国虽然一方面对美国的直接出口减少，但另一方面对越南、柬埔寨的出口增加。问题是因为美国经济放缓，越南、柬埔寨对美国的出口也在减少。不仅是美国，欧洲也是如此，导致中国的出口增长率远远低于长期平均水平。

当中国的出口企业产能利用率很低，投资就会减少，其影响可能持续不止一年，现在在经济中还处于主导地位的与出口相关的产业形势会越来越严峻，进而造成许多人的家庭收入不及预期，大家在消费时也会相对谨慎一些。

究其原因，我认为最主要的是国际需求周期的变动和国际变局的影响。

至于中国的经济总量和美国对比的问题，中国的经济增长率比美国高，但中国的经济总量和美国经济总量的比例反而下降，这则是受到汇率的影响。全球地缘政治冲突的加剧，使美国再一次成为资本的避难所，美元的坚挺影响了人民币兑美元的汇率水平，导致按现价美元计算的我国经济规模和美国经济规模的比例下降，但按不变价计算这一比例仍然继续上升。

当然，我们也必须承认中国自身的经济也有很多需要改进的地方。总体上，我们只有找对造成当前问题的最主要因素，才能有针对性地采取必要的应对措施。如果这是国际周期变动造成的，就必须采取逆周期的措施，应该发挥政府积极的财政政策和货币政策的作用，多支持一些对冲周期的项目来拉动投资，恢复市场的投资增长，稳定大家的信心。

如何认知和驾驭百年未有之大变局？

新结构经济学不仅可以帮助我们从本质上理解中国经济增长的逻辑

和速度变化，还能帮助我们认知和应对百年未有之大变局。

大家都知道经济基础决定上层建筑，生产力决定生产关系。其实，不同经济体的实力基础也决定了国际格局。百年未有之大变局是如何产生的？最根本的还是经济格局的变动。

在整个 20 世纪，美国都是世界经济政治格局的主导者。从 1900 年八国联军中的八国到 2000 年的八国集团，只有奥匈帝国换成了加拿大，其他七个成员没变。这两个集团的 GDP 在 100 年的时间里都占全球 GDP 的 50% 左右。唯一的巨变就是随着中国的快速崛起，到 2018 年，这八个国家的 GDP 在全球的占比降到了 35% 左右，从占半壁江山变成了只占"三分天下"中的一分。这也是我们称之为百年未有之大变局的根本原因。

随着中国的持续崛起，美国试图采取各种政策压制中国的发展。奥巴马时代提出"重返亚太"，加强美国在太平洋的军事联盟，企图依靠军事力量来包围中国；特朗普时代改为贸易战、科技战；拜登把此前的政策全部继承下来，还计划组成所谓的"民主同盟"，意图跟中国"脱钩"。

现在，中美两国的 GDP 总量如果按照购买力平价计算，中国第一、美国第二；按照市场汇率计算，美国第一、中国第二。无论如何，这两个世界上最大的经济体之间的摩擦都会给世界带来很多不确定性，为百年未有之格局。

如何解决这个问题？我想发展是解决一切问题的基础和关键。既然百年未有之大变局产生的主要原因是经济格局的变化，那么这个经济格局到了什么程度后，那时已经成为最大经济体的中国跟第二大经济体美国会进入一个稳定和平的状态，并且美国会心甘情愿地接受中国是比它更大的经济体这样一个事实？

我个人的看法是中国还需要继续发展，中国人均 GDP 达到美国的一半时，美国大概就会接受。因为中国的人口大约是美国的 4 倍，中国人均 GDP 达到美国的一半时，中国的经济规模就是美国的 2 倍，中国可以动员的物质力量就是美国的 2 倍。不仅如此，如果中国人均 GDP 达到美国的一半，那时北京、天津、上海以及东部沿海省份 4 亿多人的人均 GDP 可以跟美国不相上下，因为彼此的人口规模、收入水平、经济体量均大致相同。但更重要的是，人均 GDP 代表平均劳动生产率水平和平均产业技术水平，这意味着到那时中国就有了一个经济体量跟美国相同、产业技术跟它也处在同一水平的经济体。那时美国大概也就没有什么可以"卡中国脖子"的技术手段了，至少双方在技术上互有长短，能够互相制衡。

到那个时候，美国当然还是高收入国家，还有很多在世界上保持领先地位的企业，但先进的技术不是天上掉下来的馅饼，只有通过大量的研发投入才能取得突破，才能维持在世界的领先地位。有多大的利润就有多大的市场，那时候中国会是有美国 2 倍大的、世界上最大的市场。拥有中国市场，这些企业才可以有很高的盈利；如果没有中国市场，它们可能就从高盈利变成低盈利甚至不盈利。而盈利状况影响的不只是当前。只有高盈利才有办法保持较高水准的研发投入，保持技术的领先。如果没有中国市场，美国的很多技术领先企业可能就要因技术停滞而遭到淘汰。

因此，是否拥有中国市场会影响美国经济的根基。在这种状况下，美国为了自己的经济稳定和发展，必须跟中国搞好关系。

所以我们要驾驭百年未有之大变局，最关键的还是要保持、利用中国现在的发展优势。中国现在 85% 的产业还是在传统制造业上面，这些产业可以利用引进、消化吸收、再创新的后来者优势来快速发展；

中国还有 15% 的新经济，这些新经济能跟发达国家站在同一条起跑线。新经济不仅新，还有一个特性，即通常它的产品跟技术研发周期都特别短，主要投入是人力资本。中国有大约 14 亿人，在人力资本密集的产业研发上有优势，而且按照购买力平价计算，有世界最大的市场。同时，中国有全世界最完备的制造业，新技术、新产业、新想法在中国很快就可以变成产品，这就是中国的综合优势。把这些优势用好，我相信中国仍可以保持比较快速的增长，能够驾驭百年未有之大变局。

在百年未有之大变局中，美国的图谋是跟中国"脱钩"，尤其是带动一批国家与中国"脱钩"，使中国难以利用国外市场、资源及技术，回到封闭发展的老路，从而降低效率，放慢产业结构的跃迁速度。

在这种状况下，我们要做好两件事情。一是保持开放，而且要扩大开放，能引进的技术还要想办法引进、消化吸收、再创新，让中国的产业结构不断向世界前沿水平跃迁，不要闭门造车。二是面对美国的严格限制，对于我们通过其他国家也实在买不到、换不来的技术，有针对性地采用新型举国体制来突破美国的"卡脖子"。

这个世界上只有美国一家独有的技术并没有那么多，只要某一项技术我们确实需要，其他国家已经有，我们就要想办法去学习和引进，避免主动扩大美国的包围圈，要始终努力扩大我们的朋友圈，千万不能把双循环变成单纯的内循环。我们一方面要保持本土市场的稳定和发展，另一方面要积极向全世界开放中国市场。其他国家要维持自己的稳定、发展、就业，也愿意跟中国保持良好的关系，以便更好地利用中国这个大市场。

比如澳大利亚是所谓"五眼联盟"（由五个英语国家组成的情报共享联盟，成员国包括美国、英国、加拿大、澳大利亚和新西兰）当中一个很重要的成员，但对它而言，不管是矿产资源还是农产品，如果打开中国市场，不仅收益可观，还能增加就业。所以在 2023 年 11 月第六届中国国际进口博览会上，澳大利亚总理阿尔巴尼斯面对媒体的镜头，拿起展台上的澳大利亚龙虾，现场"带货"。在这种情况下，中国就会有一个相对比较好的国际环境，这是最好的化解美国孤立中国企图的方式。

如何推进高质量发展？

当下，中国要推进中国式现代化建设，实现高质量发展。高质量发展建立在发展的基础上，没有发展就没有高质量。首先，中国要实现中国式现代化，中国式现代化是中国共产党领导的社会主义现代化，有丰富的内涵：是人口规模巨大的现代化，是全体人民共同富裕的现代化，是物质文明和精神文明相协调的现代化，是人与自然和谐共生的现代化，是走和平发展道路的现代化。高质量发展是体现新发展理念的发展，党的十八届五中全会明确了创新、协调、绿色、开放、共享的新发展理念，涉及的领域非常多，我认为归根结底还是要按照中国的比较优势来发展。

按照比较优势来发展，中国式现代化的宏伟目标以及高质量发展的任务都能够同时实现。高质量发展要求创新，如果符合中国的比较优势，那创新出来的技术所在的产业就在国内、国际市场有很强的竞争力。在这种状况下，政府的税收就会增加，并且企业有了自生能力，就不需要保护补贴，政府就有更多的资源来做补短板的事，从而协调地发展。

企业在符合比较优势时，才会有能力和意愿采用绿色的技术来发展。而且一个地方的产业只有符合比较优势，政府才会有更大的意愿、能力去推行环保政策。同时，按照比较优势发展才必然是开放的发展。符合比较优势的发展可以创造最快的发展、最强的竞争力、最多的就业，可以让以工资为收入来源的广大群体在发展过程中共享发展红利。

高质量发展的前提是按照比较优势来进行创新，各个地方的发展也是这个道理。按照比较优势发展才是共享的发展。

中国有一句古语，"仓廪实而知礼节，衣食足而知荣辱"。按照比较优势发展，大家的收入水平才能提高，物质文明和精神文明才能协同发展。同理，绿色发展将带动人与自然的和谐发展。中国的发展是开放的发展，既有利于自己，也有利于其他国家，会是一个和平的共享繁荣的发展。

所以，中国式现代化和高质量发展都有很多维度，抓手还是要按照比较优势来选择产业，并且在有比较优势的产业上进行技术创新。这样的话，中国式现代化的各个方面，还有新发展理念的各个维度就能够同时实现，就可以用高质量发展的方式来建设中国特色社会主义了。

有效市场与有为政府

判断比较优势需要政府与市场、与企业的共同努力。具有比较优势的前提是必须有完善的市场体系，由市场来形成各种价格信号，引导企业家选择产业，选择技术，实际上是靠市场来引导企业的选择，这个选择是企业家决定的。

经济发展是一个结构不断变迁的过程，必须有企业家愿意冒风险去选择新产业、新技术进行创新。先行的企业家要冒更多的风险，就必须有激励补偿。同时，先行的企业家选择的产业、技术是符合比较优势的，只是生产成本低。市场竞争是总成本的竞争，总成本包括交易费用，交易费用决定了基础设施到不到位，各种制度环境、制度安排是不是合适。

企业家自己解决不了基础设施和各种制度安排问题，这些问题必须由政府来解决。

按照比较优势发展有两个制度前提。一个是有效市场，靠市场竞争提供正确的价格信号，引导企业家做出选择。另一个是有为政府，需要有为的政府来帮助企业家，鼓励企业家成为先行者，为他们提供激励补偿，并为他们解决基础设施和制度安排的瓶颈限制。所以，应该是有效市场、有为政府两只手共同发力。

在经济发展过程中，到处存在着市场失灵的问题，市场有效以政府有为为前提，政府有为以市场有效为依归。政府有为的目的是帮助企业家克服市场失灵。如果市场失灵，政府不去帮助企业家克服，那就变成了不作为的政府。但如果政府的作为超过让市场有效的范畴，那可能会造成新的扭曲，会变成乱作为。所以，这里的边界是看市场失灵在什么地方，政府帮助企业家克服市场失灵，让市场恢复到有效的状态。

现在，主流经济学主要解决发达国家的问题，发达国家市场失灵的地方可能跟中国不一样。比如过去一段时间，大家认为政府不应该去做支持教育、基础科研之外的事情，因为总体而言，发达国家的基础设施比较完善，在这种情况下，政府不需要为了发展新产业去支持基础设施的发展。可是在发展中国家，到处是基础设施的瓶颈，会限制企业的发展。不能因为发达国家不强调政府去解决基础设施的瓶颈，发展中国家的政府就不应该去做帮助企业解决基础设施瓶颈的事情。过去我们经常以发达国家做什么或发达国家的理论倡导什么作为政策的参照系，从新结构经济学的角度来看，因为发展的前提不一样，经济基础不一样，所以发达国家做的事情跟发展中国家可能不一样。

新结构经济学与主流经济学相比最大的差异是参照系变了，新结构经济学先看发展中国家自己有什么，再看自己有的这些中什么能做好，在有效市场、有为政府的共同努力下，把能做得好的做大做强，这才是重要的事。这种分析方式有利于把我们的经验总结成一套大家听得懂的语言，来提高中国的话语权和软实力。

最后，我想对年轻人说几句话：任何时代都有挑战，任何时代都有机遇，最重要的是每个人在成长的过程中要认清自己，认清时代的机遇，把自己的能力充分发挥出来，努力把每一件事情做好。若能够做到这一点，一个人在任何时代都能做出属于自己的贡献。

新质生产力的逻辑内涵与实施路径 [①]

黄奇帆

（中国金融四十人论坛学术顾问，重庆市原市长）

新质生产力提出了一个逻辑内涵，主要讲这个时代以及当下为什么要把新质生产力的推进作为一个重大战略，直到"十五五"期间，乃至今后 50 年都要把这当作头等大事，其中有经济发展的内在逻辑。

新质生产力是当下中国高质量发展的内在和必然选择

中国改革开放 40 多年，GDP 的增长从 1980 年的大约 2000 亿美元到 2020 年的大约 14.7 万亿美元，总体上涨了 70 多倍。这么大一个经济体持续高增长，是人类近几百年历史上的一个奇迹。此项成就的取得，归功于我们 40 多年里对资源、资金、劳动力的巨大且持续的投入。但是发展到现在，这种高速模式已经到了一种不可持续的状况。

资源投入方面，中国经济发展要源头减量，也就是资源消耗及单位

① 本文根据作者 2024 年 6 月 25 日于"影响力·时代"峰会——新质生产力赋能高质量发展论坛上的主题演讲整理。

消耗量要下降，能源节能减排消耗要下降。目标是力争到 2035 年，单位能耗、单位资源消耗下降到世界均值；力争到 2050 年，我们成为世界经济强国，实现中国梦的时候，单位能耗、单位资源消耗达到发达国家的均值。

资金投入方面，从 1948 年第一套人民币发行到 2013 年的 65 年间，中国的广义货币（M2）达到了 110.65 万亿元。2013 年到 2020 年，M2 在 7 年间新增了约 100 万亿元。到 2023 年年底，M2 达到 292.27 万亿元，2024 年 1 月末达到了 297.63 万亿元，中国货币发行的速度和规模实际也已经出现了一个不可持续的状态。什么意思？如果在 20 年前，经济比较低迷的时候，政府、银行在一年中进行调控，使 M2 增加 1 万亿元、2 万亿元，股市会涨，房地产市场会涨，商品市场价格也会涨，GDP 也会涨 1~3 个百分点。但是近年，M2 即使一年增加 20 多万亿元，GDP 增长也很慢，比如 2023 年 M2 就比 2022 年增加了 20 多万亿元，但股市没涨，房地产市场、商品市场价格都没有涨，钱在银行的账上悬着，银行的钱也到不了老百姓手中，到不了企业手中。看货币总量，觉得像通货膨胀；看市场，又觉得像通货紧缩。所以，再靠原来的模式不断投放货币来拉动经济增长已经不那么敏感，不可持续了。

劳动力人口投入方面，中国人口在 1950 年是大约 6 亿，1980 年是大约 10 亿，到现在是大约 14 亿，处于一个不断增长的阶段，但是今后二三十年，人口会是一个下降的趋势。我们可以做一个静态的因子模型、理论模型或者一个概念模型的思考：按照现在的出生率，中国每年出生 800 多万人，现在的 14 亿人，在没有特殊干预的情况下自然增长，按人均寿命 80 岁计算，80 年后就剩下 7 亿人，减掉了一半。因此在未来，中国像过去十年、二十年那样通过较高的劳动力投入带来人口红利，带来竞争中的比较优势的阶段已经过去了，以后劳动力每年会少几百万，十年就会少几千万，这是一个必然的过程。

根据以上三个方面的推理，中国像过去那样靠资源投入、资金投入、劳动力投入拉动经济高速度、大规模增长的时代过去了。今后几十年，要靠新质生产力，靠技术创新，靠优势制度产生的资源优化配置，最终提高全要素生产率的比重。什么时候把这个短板补上了，我们经济发展的潜力就挖掘出来了，所以当下中央提出新质生产力正当其时。

发展新质生产力的创新路径

发展新质生产力的核心是创新，第一要义也是创新，本质还是创新。创新的形式各种各样，如我们说的三百六十行，每一行都有它相应的创新，那是不是三百六十行的创新统统都叫新质生产力？并不尽然。不要把新质生产力当作一个"筐"，什么事都往新质生产力里装。前段时间有记者报道某个乡政府学习中央文件，学习新质生产力，然后表态说要怎样把乡里的新质生产力抓好。这个表述的逻辑、语言、初心没什么大错，但是它的内涵是不对的，相当于把基层的所有活动都归到了新质生产力这个概念上，这就把新质生产力庸俗化了。

发展新质生产力的创新路径、实施措施是五大板块的五大颠覆性创新。所谓"五大板块"，就是指新能源、新材料、数字智能技术、生物医药和高端装备制造。这五大板块像五棵参天大树，每棵树各有若干枝干，枝干往上延伸还有细细的树枝和树叶，蔓延开以后在社会上形成一个巨大的行业密集体系。"十四五"规划里提到的九大战略性新兴产业（新一代信息技术、生物技术、新能源、新材料、高端装备、新能源汽车、绿色环保以及航空航天、海洋装备等产业）和六大未来产业（类脑智能、量子信息、基因技术、未来网络、深海空天开发、氢能与储能等前沿科技和产业变革领域），都可以归在这五大板块里。因此，我们要围绕这五大板块形成的主导方向进行研发投入和颠覆性创新。

（1）颠覆性的理论创新。比如新能源理论创新、人工智能理论创新等，这五大板块，每个板块都可能出现从 0 到 1 的理论上的重大发现和创新。

（2）技术上的颠覆性创新。有了理论创新并不等于有科研成果，理论必须通过技术创新，变成现实的产品或者成果，因此技术创新也十分重要。

（3）工艺创新。有了技术创新，从一般意义上来说，已经能够把理论模型变成实际成果，但是可能敲敲打打，做一个两个可以，要做几十万亿元的规模，就是大规模的生产，必须采用流水线，或者成熟的连锁工艺流水线，这也一定是一个相当成熟的有质量保障的流水线，而这种工艺流水线也需要创新。特斯拉的第一款车在 2008 年交付的时候，因为成本高，所以售价也很高，销量并不好。四五年下来，市场仍没有打开，市值也从 1000 多亿美元掉到了几百亿美元。之后，特斯拉来到中国，2018 年签约，2019 年初上海超级工厂奠基，在中国一年就能生产 50 万辆。这个规模达 50 万辆的生产线引发了马斯克的思考，他后来颠覆性地改变了工艺流程，把零部件组装式改成了压铸式，压铸一体化把许多零部件简化掉了，使得整体金属材料消耗减少了 10%，线上组装成本降低了 40%，这种改进可谓是一次工业革命。

（4）工具革新。人类历史上，很多工具的革新都能带来颠覆性的发展，比如说：有了显微镜，就能对细胞结构等进行分析；有了望远镜，可以对宇宙、航天领域进行分析；有了光刻机，可以做芯片。所以，工具上颠覆性的创新也是对时代的推进。

（5）要素创新。要素资源的颠覆性创新和现在的数据创新是一样的道理。

生产性服务业的创新发展是推动新质生产力发展的生态环境

任何一项技术创新都是不断分工细化的过程，分工细化以后就会有大量的生产性服务业。发展新质生产力会不断地产生非常具体的分工，就会不断地提高生产性服务业的比重。

生产性服务业大体上有十个方面：一是产业链的研究开发；二是产业链的物流配送；三是产业链上的检验检测及市场准入；四是产业链上的金融清算与服务；五是产业链上的绿色低碳与生态环境保护；六是产业链数字技术赋能；七是产业链上的贸易批发采购，可以是线上的贸易批发零售，也可以是线下传统的贸易批发零售；八是产业链上各种专利商标或者品牌的宣传和保护；九是产业链上的各种服务外包，包括律师服务、会计服务、人力资源服务、咨询服务、技术服务等等；十是产业链售后服务。

新质生产力发展过程中这十种服务占 GDP 的比重越高，代表社会发展越先进，高质量发展的比重越高。未来，我们的生产性服务业占 GDP 的比重会不断提高，十年二十年之后，当服务业占 GDP 比重达到 60%~70% 时，生产性服务业在服务总量里所占的比重也会达到 60% 以上。这是人类社会随着技术进步发展的逻辑性构架。在这样的构架下，服务业会出现五个特点。

一是越发达的国家，生产性服务业比重越高。比如美国的服务业增加值占 GDP 的 80%，其中三分之一是生活性服务业，三分之二是生产性服务业，也就是占 GDP 总量 80% 的服务业中有三分之二是生产性服务业，80% 的三分之二就是 53%，所以大致可以说美国 GDP 的 50% 是生产性服务业。而欧盟作为发达国家的组合体，服务业增加值占 GDP 的比重是 78%，78% 里面有 50% 是生产性服务业，也就是 GDP 里面有大约 40% 是生产性服务业。2023 年，我国 GDP 中服务业增加值占 54.6%，其中 50% 是生活性服务业，50% 是生产性服务业，也就是说 GDP 中生产性服务业占比在 27% 左右，和欧洲的 40%、美国的 50% 比，差距较大。这也是短板之一，我们要实现中国式现代化，必须加快发展生产性服务业。

二是服务贸易强。随着生产性服务业的增长，服务贸易进口、出口会越来越多。中国 2023 年整个贸易当中，货物贸易占比超过 80%，服务贸易占比只有 12%，所以中国现在的贸易结构里，服务贸易比重不够。二十大报告提到要"加快建设贸易强国"，所以我们必须着力发展服务贸易，只有服务贸易强才能成为贸易强国。

三是当新质生产力发展到一定阶段，生产性服务业发展到一定阶段，全要素生产率就会随之提高。这是因为生产性服务业里的各个要素都和全要素生产率推动增长有关。

四是当生产性服务业比重高了以后，价值含量、服务价值就会嵌入商品中。比如一款手机卖 6000 元，其硬件价值 3000 元，但是操作系统等看不见、摸不着的服务也占到 50%，价值 3000 元。所以越是高档产品，其内含的服务价值比重就会越高。

五是代表新质生产力的独角兽企业占比较高。当一个国家生产性服务业比重比较高，达到 30%、40% 时，独角兽企业的占比就会比较高，随之全要素生产率比重、服务贸易比重也会比较高。

与新质生产力相适应的生产关系

生产力的发展会带动生产关系，生产关系的优化能刺激生产力发展。因此，新质生产力需要与之匹配的基础性社会制度，并进行制度化的创新。

第一，增加研发经费的投入。新质生产力要重视创新，特别是原始创新。研究制定"十五五"规划和 2040 年远景目标时应该提出一个逻辑：设定全国研发费用要占 GDP 的 3%，那到 2035 年是不是应当进一步提升到 4%？这个指标是一个国家的制度化安排，是适应新质生产力发展必须调整的。

第二，增加原始创新研发经费的投入。科研创新首先是原始创新、从 0 到 1 的源头发明创造、无中生有的创新。在这方面，中国过去二三十年存在的问题是投资力度不够。到 2035 年应该力争使我国的原始研发创新投入占比赶上世界先进水平，达到 20%。这是一个基础性的制度，这个指标一调整，整个生产关系和新质生产力之间就比较匹配了。

第三，增强原始创新成果的转化力度。在研发成果的转化上，我国力度不够。也就是在从 0 到 1 发明以后，我国在从 1 到 100 的转化上力度不够。目前中国的转化量大体上是发明量的 20%，在世界范围处于偏低的水平。任何国家的发明创造转化量都不可能达到 100%，但应该达到 40%、50% 的水平。目前，我国的制度是科研成果的知识产权专利投资者占 30%，发明者、发明团队占 70%，看起来我国对发明团队高度重视，但实际上这些发明不见得能转化。最近这二十年，我国每年有上千个获得技术进步奖、创新成果奖的科研成果，但是很少有发明人因为知识产权变成亿万富翁，因为没有转化就没有产生生产力，就没有利润。而重视科研成果转化，还真要学发达经济体的做法。发达经济体不管是美国还是欧盟，知识产权专利都被分为三个部分，也就是对于任何科学发明的知识产权专利，投资者拥有三分之一，发明者拥有三分之一，转化者也拥有三分之一。这样一来，发明者如果自己能把它转化成生产力，那就可以拿三分之二。发明者能发明，但不一定能转化；转化者情商高，懂市场，只要制度保障到位，就会有大量的转化者参与进来，推动创新成果的转化。美国的《拜杜法案》就是有关这方面的法律规范，推动硅谷成为全球研发创新及科研转化的高地。在这方面，我国还缺乏制度机制来保障转化者的利益。发展新质生产力需要这样的转化，需要有一套行之有效的对于科研开发的投资、转化的法律制度，这也是生产关系促进新质生产力发展的重要一环。

第四，建立健全培养独角兽的资本市场体系。好不容易有了从1到100的产品转化，怎样把这些产品大规模生产，形成独角兽企业，从而使之成为一个重要的产业？这需要资本市场支持，需要私募基金、公募基金、天使基金的支持。虽然这些基金我们现在都有，也有二三十万亿元的资金量，但是大都以投资、投机为主，缺少耐心，很少有基金从产业萌芽状态就开始投入培养，都想吃现成饭。从这个意义上来讲，中国缺少耐心资本。所以，党的第二十届中央委员会第三次全体会议提出：发展耐心资本。

第五，解决数据产权问题。新质生产力是数字要素对传统要素的颠覆性创新。但数字要素的知识产权怎么清算？因为数字要素跟煤炭等消耗品不同，后者一用就消耗掉了，给你就是你的，而数据卖给你，你可以重复使用，可以不断使用，使用过程中数据有迭代，变成新数据，所以数据的产权、分配权、使用权，最初产生的效益和最终的效益怎么匹配，这方面的制度现在还没到位。在制度不到位的情况下，在不断推进数据活跃度的过程中，就会出现许多司法纠纷。所以从这个意义上来说，我们也要把这件事做好。

总之，发展新质生产力，就是要在五大板块的产业上发力，要在五个层次上进行颠覆性的创新，要培育和壮大生产性服务业，要着力促进全要素生产率的增长，要提供有利于创新发展的制度保障。只有各方面综合发力，形成体系推进，新质生产力才能快速生成，并推动我国经济社会持续健康发展、高质量发展，从而为提升国家总体竞争实力、促进社会进步和改善民生提供坚强有力的生产力支撑。

地方政府角色转型与经济政策新导向 [①]

黄益平

（北京大学博雅特聘教授、国家发展研究院院长、
南南合作与发展学院院长、数字金融研究中心主任）

二十届三中全会的政策新信号

如果认真学习二十届三中全会的文件，你可能会注意到三条重要的政策信息：健全预算制度，加强财政资源和预算统筹，把依托行政权力、政府信用、国有资源资产获取的收入全部纳入政府预算管理；中央财政事权原则上通过中央本级安排支出，减少委托地方代行的中央财政事权；规范地方招商引资法规制度，严禁违法违规给予政策优惠行为。

这三个政策信号合在一起，正是对当前经济中遇到的一些问题的直接反应。

回顾改革开放的历史，地方政府一直在中国经济发展中发挥着非常重要的作用。1978 年 12 月举行的十一届三中全会一直被公认为是改革

---

① 本文根据作者 2024 年 9 月 9 日于"大国·经济"第一季暨北大国发院承泽商学第七期活动的主题演讲整理。

开放政策的起点，但当年的公报里并没有出现"改革"与"开放"的字眼，最重要的提法是"全党把工作着重点转移到社会主义现代化建设上来"，而具体的目标是通过提升地方、企业和劳动者的积极性，改善工作效率。

事后有很多学者将"行政放权"视为中国经济改革成功的重要经验之一，即经济决策权限从中央转移至地方，这一变革大大提高了地方的积极性并极大地激发了经济的动能。地方政府在决策时，能够更贴近当地实际情况，更加优化资源配置，并能更灵活地应对地方新兴的经济形势，所以工作效率与经济效率的提升都十分显著。

在改革开放的头几十年，地方政府非常积极努力地推动经济增长。北京大学光华管理学院的周黎安教授等人的研究揭示了地方政府间存在的一种独特现象——"GDP锦标赛"。其背后的逻辑在于，地方GDP增长速度提高有助于提升当地主官获得晋升的可能性。这促使各地区之间展开了激烈的竞争，地方政府领导化身本地经济的"CEO"，纷纷努力使自己所在地区的经济增长速度超越过去及邻近地区，这也构成了我国在很长时期内经济增长的重要动力机制。因此，行政放权在推动经济增长方面具有积极作用，这是一个不容忽视的客观事实。

前面提到的二十届三中全会的几条政策精神，需要放在当前经济现实中来理解。关于融资由中央统筹的政策，实质上是财权问题；不能无依据地给地方政府加码，则涉及事权问题；规范招商引资，是如何调配资源以支持经济活动的具体做法。这些有可能表明，经济现实发生了改变，主要矛盾也出现了变化。

地方政府对中国经济的历史作用与新挑战

当前一个最显著的变化是地方政府的财力明显削弱，许多地方财政可以说是捉襟见肘。这一现象背后的原因错综复杂，但与经济体制变革紧密相连。

自1978年改革开放以来，中国经历了深刻的放权过程。伴随着财权下放，地方政府的财力在20世纪90年代初达到前所未有的高度，中央财力相对薄弱。为此，1994年实施分税制改革，核心在于将相当一部分财权重新集中到中央，以强化国家的宏观管理能力，并促进地方转移支付的有效性。此举在当时被视为必要之举，有助于维护国家统一与经济稳定。

然而，随着时间推移，分税制改革的弊端渐显，最突出的问题便是地方政府财权与事权不太匹配。众多地方政府面临着责任重大而财权有限的困境，这在很大程度上影响其履行职责的能力与效率，还曾出现中央向地方政府下发文件增加责任，但相应资金并未到位的情况，进一步加剧了地方政府的财政压力。

我刚参加工作时在国务院农村发展研究中心发展研究所，第一项工作任务是研究分析当时的粮食购销体制——统购统销制度。这一历史性的经济政策对今天的很多年轻人而言可能略显陌生，但老一辈对此记忆深刻。统购统销，简言之，即国家粮食部门统一收购与销售粮食，其背后的动因错综复杂。宋国青老师曾对此提出独到见解。

回溯至1986年，统购统销制度面临一个重大挑战：在改革开放过程中，粮食收购价格不断攀升，而销售价格并未提高。这一现象在当时的背景下不难理解：提高收购价格旨在鼓励农民增产，而销售价格提不上来则是由于城市居民的收入尚未增长到位。这很快导致粮价倒挂现象，即收购价格高于销售价格，由此产生的补贴压力主要由地方政府承担。

这一案例虽已远去，但其背后反映的政府财政困境与应对策略，至今依旧屡见不鲜。尤其是近十数年来，地方政府在财权有限而事权繁重的背景下，在增收方面展现出极强的创新能力。它们或积极争取中央转移支付，或依赖土地财政获取资金，又或通过建立融资平台筹集资金。这些举措虽在一定程度上支撑了经济增长，但随着财政压力的增大，特别是土地市场遇冷，融资平台监管收紧，地方政府的财政状况日益严峻。

招商引资政策利弊

自 2018 年起，中央政府着手深化财政改革，尤其是地方财政改革，旨在规范地方政府债务管理，通过"开前门、关后门"的方式，即明确地方债务限额、严控新增债务，遏制无序举债行为。这一系列举措无疑让地方政府在财政运作上为难，但从整体看，为构建更加健康、可持续的财政体系奠定了坚实基础。

从控制的角度出发，限制地方政府融资空间的必要性显而易见。众多地方政府在借贷时，往往不直接承担最终的偿债责任，这与美国地方政府可能面临破产风险截然不同。在中国，地方政府不可能破产却又大肆举债，这揭示了借贷过程中权利与责任的不对等性，因此，加强对地方政府融资的监管是合理举措。

然而，加强管理的过程中地方政府资金如果严重短缺，也容易引发一系列问题。其中最显著的变化是地方政府在宏观经济调控中的作用日趋减弱。

以往，中央政策一出，地方政府往往能迅速响应，甚至加码执行，从而有效刺激经济；而今，地方政府心有余而力不足，这一现象无疑对经济运行机制产生了深刻影响，并明显导致经济活力减弱。

此外，地方政府在招商引资方面的政策依然活跃且力度强大，这一领域也面临着新的挑战。

当前中国新能源产品面临双重困境：在国内，这些产品对经济增长的支撑作用尚显不足；在国际上，其规模已足够大，以至于引发了国际社会的担忧和竞争压力。

根据国内外学者对电动汽车补贴问题的研究，中国政府对每辆电动汽车的实际补贴额度与欧美国家相比并未呈现明显差异。

中国对电动汽车的显性补贴并不多，但隐性支持相对繁杂。各地方政府的招商引资政策包含多种多样的隐性补贴，如减免税收和降低土地使用费等。

招商引资政策的后果是在一些领域出现了非常严重的重复建设，比如全国目前有七八十家电动汽车公司，几乎每一家背后都有地方政府的影子。政府支持产业发展并不少见，产业政策也很普遍，但各地政府在缺乏独立的资产负债表的情况下，大量投入各种资源支持产能的复制，而不是技术门槛的突破，这可能是有问题的。正如国际组织的一位官员所指出的，中国新能源领域的"新三样"（电动汽车、锂电池和光伏产品）没有强大到足以支持中国经济的增长，但又超过了世界市场可以轻松接纳的规模。这一问题的关键不在于创新产业发展，而在于创新产业在地方政府的支持下过度集中。

产业政策在特定情境下确实可能发挥积极作用，但前提在于市场存在失灵现象。当市场失灵时，产业政策若能助其克服，则可能产生正面效应。然而，产业政策往往容易偏离初衷，导致效果不佳。究其根源，这些政策往往超越了单纯克服市场失灵的范畴，特别是在新能源产品领域。最需要政策支持的是那些技术门槛过高、单一企业难以承担或成本过高的项目。而当前许多地方政府的招商引资政策，却往往聚焦于复制和放大已成熟技术，甚至导致产能过剩和效率低下。因此，规范招商引资行为显得尤为重要。

进一步改革的新契机

地方财政力量减弱，虽看似不利，但从另一角度看，或许能成为推动市场化改革的新契机。过往的行政放权在促进中国经济增长中发挥了积极作用，但资源配置权限从中央政府向地方政府的转移，并不等同于市场化改革的完成。关键在于决策权应更多地向市场和企业转移，而非仅停留在政府层面。地方政府资源减少，干预能力受限，未必全然是坏事。

也许将来地方政府可以将有限的资源集中到以下三个领域：一是维护社会秩序、保障公平竞争，二是提供公共服务，三是建设公共基础设施。如果地方有能力、有资源，当然也可以制定并实施产业政策，但前提是地方政府要对资金来源与后果承担全部责任。

总之，若地方政府能逐步减少招商引资活动，更多地聚焦于克服市场失灵、维护市场秩序和提供公共服务等核心职能，这将是市场机制得以充分发挥作用的重要条件。正如十八届三中全会文件所强调的，使市场在资源配置中起决定性作用和更好发挥政府作用。这一转变对于推动我国创新能力的提升将具有深远意义。

政府与市场关系的三个重点 [①]

袁东明

（国务院发展研究中心企业研究所所长、研究员）

    党的二十届三中全会提出"以经济体制改革为牵引"，为进一步深化经济体制改革指明了前进方向、提出了明确要求。习近平总书记在《关于〈中共中央关于进一步全面深化改革、推进中国式现代化的决定〉的说明》中指出，"决定稿围绕处理好政府和市场关系这个核心问题，把构建高水平社会主义市场经济体制摆在突出位置，对经济体制改革重点领域和关键环节作出部署"。[②] 由此可见，政府与市场的关系不仅是经济体制改革中的关键议题，更是推动高质量发展的核心要素。因此，我认为这一议题极具前瞻性和现实意义。

    在市场经济国家的发展实践中，政府与市场的关系始终是一个核心议题。同样，在学术研究领域，无论是新古典经济学还是新凯恩斯主义，

---

① 本文根据作者 2024 年 9 月 22 日于北京大学国家发展研究院成立 30 周年庆祝活动之智库分论坛——"朗润·格政"第 188 期活动的主题演讲整理。

② 处理好政府和市场关系 [EB/OL].（2024-12-19）. http://www.xinhuanet.com/politics/2024 1219/288782a661f94951b2d0e4af8ae7aa82/c.html.

均对政府与市场的关系进行了深入探讨。自改革开放以来，中国也始终围绕这一关系推进经济体制改革。

总体而言，处理政府与市场的关系要依据不同的社会制度、发展阶段、历史文化等特定关系，因此，各国各时期的侧重点会各有不同。在当前探讨我国政府与市场的关系时，我们必须将其置于社会主义市场经济体制的大框架内，既遵循市场经济的一般规律，又体现社会主义的基本特质。

以下，我结合近年来实践中的问题及党的二十届三中全会《决定》内容，阐述个人对于这一议题的一些初步看法与观点。我认为有三个关系非常重要：国有经济与民营经济的关系、政府与企业的关系，以及大企业与中小企业的关系。

国有经济与民营经济的关系

国有经济与民营经济的关系这一议题的重要性不言而喻。改革开放初期，我们以国有企业改革为核心推动经济发展，这本质上也是政府与市场关系的一种体现。国有企业在西方经济学中被视为解决市场失灵、提供公共产品的关键力量，而在社会主义国家，它更是公有制的重要体现。因此，国有经济与民营经济的关系，是政府与市场关系的重要组成部分。

党的二十届三中全会的《决定》中明确指出，坚持和落实"两个毫不动摇"。这进一步强调了处理好国有经济与民营经济关系的重要性。就此，我有以下三个观点。

第一，处理好国有经济与民营经济的关系，须全面准确理解"两个毫不动摇"。

"两个毫不动摇"伴随着民营经济从初具规模到发展壮大的全过程而逐步确立，标志着民营经济或非公有制经济从最初的"必要和有益的补充"，逐步演变为社会主义市场经济不可或缺的重要组成部分。2002年党的十六大明确提出"两个毫不动摇"，强调了民营经济在国家经济发展中的重要地位及其持续壮大的趋势。

在阐述"两个毫不动摇"时，我们应避免片面强调其中一方面而忽视另一方面，即既要重视国有经济的发展，也要坚定不移地支持民营经济发展。

"两个毫不动摇"不仅是对国有经济与民营经济关系的精辟概括，更是对社会主义市场经济体制的高度政治归纳，也深刻体现了社会主义制度中以公有制为主体的基本原则。《宪法》作为国家根本大法，明确规定社会主义制度是我国的根本制度，公有制是这一制度的本质特征。同时，《宪法》第六条和第七条进一步强调了社会主义初级阶段公有制经济的主体地位和国有经济在国民经济中的主导作用。这为我们提供了处理国有经济与民营经济关系的根本遵循，即必须明确国有经济作为公有制经济的主体，应发挥其主导地位，并为民营经济的发展提供有力支撑和引领。

第二，处理好国有经济与民营经济的关系，须正确认识国有经济的主导性。

1997年党的十五大报告中已明确阐述，国有经济起主导作用，主要体现在控制力上，即其主导作用并非单纯依赖数量或比例上的优势。彼时，国有经济虽在国民经济中占据较高比例，但主导性的衡量标准在于其对关系国民经济命脉的重要行业和关键领域的支配地位。

党的十五大提出"控制力"的背景与当前社会经济环境已大相径庭。当时国有经济占比远超50%，现今国有经济比重已缩减至约三分之一，但国有经济主导作用的本质——控制力要求，依然具有指导意义。自党的十五大以来，国有经济的国家战略目标不断细化与拓展，从公共服务、前瞻性战略性产业、生态环境、科技进步、国家安全等，到二十届三中全会新增的应急能力、公益性领域及前瞻性战略性新兴产业，均彰显了国有经济在关键领域的核心地位。尤为重要的是，党的二十届三中全会特别强调要增强国有经济的核心功能，即国有企业需超越普通企业的范畴，在公共服务、应急响应、公益领域、新兴产业、国家安全、生态保护及科技进步等方面发挥不可替代的作用。

当然，将国有经济的主导性落实到核心功能上，既是挑战也是机遇。如何界定真正的控制力、评估当前国有经济是否已充分展现其控制力，以及如何在市场经济条件下实现国有经济的核心功能，均为亟待深入研究的课题。尽管如此，国有经济主导性体现于控制力的基本原则应该坚定不移，为新时代国有经济布局优化与结构调整提供了明确的方向。

第三，处理好国有经济与民营经济的关系，关键在于落实"优势互补""共同发展"的战略方针。

值得注意的是，这一方针在二十大报告中首次明确提出，为我们指明了方向。结合前文对"两个毫不动摇"的理解，国有经济与民营经济均为经济发展的重要基石，但各自的功能与角色有所不同。国有经济以控制力与主导地位占优，民营经济则展现出强大的创新活力与市场适应性。在此背景下，确保各种所有制企业在市场经济中实现公平竞争成为基本原则，当然，在现实中真正达到这一目标，仍是我们未来努力的方向。

当前，在诸多领域，尤其是竞争性领域，国有企业与民营企业虽能同台竞技，但仍存在部分领域对民营企业设置壁垒，仅允许国有企业进入。国际规则不排斥各国设立国有企业承担公共职能，但同样强调在竞争性领域的竞争中，国有企业与民营企业应遵循相同的商业规则。这既是我们追求的目标，也需我们认识到两者因功能差异而必然存在的差异性。

为进一步推动优势互补、共同发展，我们应勇于探索，在公平竞争的基础上，鼓励国有经济与民营经济错位布局、优势互补、相互融合，形成共同发展的良好格局。这意味着在布局上需有所区分，确保在竞争领域公平较量，在互补领域深化融合。当前，无论是上市公司还是非上市公司，国有资本与民营资本的混合所有制经济形态已广泛存在，资本层面的深度融合为两者的协同发展奠定了坚实基础。

政府与企业的关系

政府与企业之间的关系本质上也是政府与市场关系的体现，因为企业本身就是市场活动的主体。处理政府与企业的关系，核心在于构建和完善市场经济的基本制度框架，包括市场准入、公平竞争、产权保护以及社会信用体系等。同时，还需以问题为导向，针对企业在高质量发展过程中所面临的挑战，提出并实施有效的解决方案，这些解决方案须超越基础制度构建，直接针对企业当前最迫切的需求。

近年来我们也进行了广泛的调研，收集了企业家们反映的一些突出问题，包括要素获取不公平、政策不确定性大、市场准入歧视、用工难、舆论环境不佳、一些地方不诚信及拖欠款项，以及创新面临制度性障碍等，这些问题均被企业家们视为影响其发展信心的重要因素。

针对这些问题，党的二十届三中全会《决定》都做了非常明确的部署。在此，我结合《决定》内容就政府与企业的关系谈三点。

第一，要保护好民营企业和民营企业家的合法权益。产权保护作为市场经济的基础制度至关重要，现实中存在诸多侵犯企业合法权益的现象，针对民营企业的侵权行为尤其多。这些问题包括但不限于拖欠款项、招商政策不履约、民事与政企经济纠纷处理刑事化、乱收费、乱罚款等，均违背了契约精神。党的二十届三中全会《决定》对解决这些问题都做了规定，对侵犯各种所有制经济产权和合法利益的行为实行同责同罪同罚，完善惩罚性赔偿制度等；防止和纠正利用行政、刑事手段干预经济纠纷；健全涉企收费长效监管和拖欠企业账款清偿法律法规体系等。特别强调的是，产权保护应依法、平等且持久，党的二十届三中全会《决定》特别突出了"长久"性。

第二，按照市场制度和规则，依法平等获取和使用要素资源。当前，企业在按照市场规则依法平等获取和使用要素资源方面仍面临挑战，如土地、能源、碳排放指标及排污权等资源的分配尚未完全市场化，更多受制于地方政府尤其是基层政府。此外，随着技术、数据等新型要素的重要性日益凸显，企业对于平等使用的呼声也越来越高。解决之道在于深化市场化改革，推动要素及要素资源配置的市场化进程。党的二十届三中全会《决定》对此进行了全面部署，要求完善要素市场制度和规则，构建城乡统一的建设用地市场，培育全国一体化技术和数据市场，建立能耗双控向碳排放双控全面转型新机制，并完善主要由市场供求关系决定要素价格机制，最终推动生产要素畅通流动和各类资源高效配置。

第三，构建专业、公正、透明的行政执法体系。这是保障企业合法权益、维护市场秩序的关键。近年来，行政监管执法力量不断下沉至基层，但基层在承接这些任务时面临专业能力不足等问题。同时，随着高质量发展要求的提升，安全、环保、标准等方面的执法要求也日益严格，导致执法过程中可能出现偏差，如检查过多过频，政策执行"一刀切"，等等。这不仅增加了企业负担，也影响了政策的稳定性和可预期性。为此，党的二十届三中全会《决定》明确提出要深化行政执法体制改革，完善基层综合执法体制机制，特别是在涉及民营经济时，要加强事中事后监管，规范涉民营企业行政检查，以营造更加公平、透明、可预期的营商环境。

大企业与中小企业的关系

第三对关系是大企业与中小企业的关系。尽管企业间的关系主要遵循市场规律，但我国大企业对中小企业的账款拖欠及资金占用现象日益严重，已成为企业间关系中的突出矛盾。

从国际比较的视角来看，我国大企业的应付账款周期显著高于发达国家水平，这不仅增加了中小企业的财务压力，也影响了市场的公平与效率。我们基于上市公司数据进行了分析，发现我国上市公司 2022 年的应收账款周期平均达到 67 天，而英美等发达国家则普遍维持在 30 多天；上市公司的应付账款周期长达 104 天，远超主要发达国家五六十天的平均水平，且这仅是合同内约定的时间，实际账期可能因合同外条款及支付延迟而进一步延长。进一步分析显示，很多大企业的利润有相当一部分来源于对中小企业账款的占用，而高达 40% 以上的上市公司享受着负财务成本，即它们通过占用中小企业资金获得了实际的利益，同时又享受着政府给中小企业提供的优惠贷款政策。

为解决这一问题，我们可以借鉴国外经验，特别是与我们文化相近的韩国和日本的经验。这些国家的普遍做法包括规范合同要件，写明支付金额、日期、方式等事项，提供标准合同模板。明确规定交易双方的禁止行为，将拖延验收、擅自退货、强制转为票据支付等多种拖欠手段认定为违法行为。提高逾期支付利息，使逾期利率高于市场基准利率

5~14个百分点。严格执行逾期利息规定，由公平交易委员会受理申诉，依法处罚违反支付义务的大企业。将拖欠行为纳入反垄断规制，认定为"滥用市场支配地位"行为。支持大中小企业合作，专门出台合作促进法，促进大中小企业共赢。

党的二十届三中全会《决定》已提出健全拖欠企业账款清偿的法律法规体系，更多聚焦于国家机关、事业单位和国有企业拖欠问题的解决。为推动大中小企业更好地融通发展，形成健康的企业生态，我们还需进一步完善相关制度，明确界定企业间的交易规范，加强对账款拖欠行为的监管与惩罚，确保市场公平竞争，促进大中小企业间的良性互动与合作，这也是政府应履行的职责。

第二章

———●———

开放的新动能

以高水平对外开放推动新质生产力发展 [①]

黄益平

（北京大学博雅特聘教授、国家发展研究院院长、

南南合作与发展学院院长、数字金融研究中心主任）

对外开放是推动新质生产力发展的重要条件

发展新质生产力就是要提高总要素生产力，背后的关键是创新，包括科技创新、经济创新、企业创新、行业创新、业务模式创新等各个层面的创新。决定创新发展的因素很多。依据哈佛大学迈克尔·波特（Michael E. Porter）教授对国家创新能力的权威研究，大概有两类因素决定了一个国家的创新能力。一类是对创新的投入，包括科研人员、研发基金等，这方面我们发展得较好。另一类重要的因素是创新投入转化，转化效果受到一系列因素影响，比如对知识产权的保护力度、民营企业的活跃程度等。

国家的开放度是另一个影响转化效果的重要因素。当今世界很少有

① 本文整理自作者在中国宏观经济论坛（CMF）宏观经济热点问题研讨会（第 81 期）上的主题分享。

国家可以关起门来把自己需要的所有技术都自主研发出来,我们利用的知识、技术、能力可能需要在世界范围内搜寻、组合,即便我们自主研发,也需要借鉴世界各国的经验。所以,在推动国家创新能力提升、推动新质生产力发展的过程中,保持一定高水平的开放是非常重要的。这一点在今天的国际大背景下尤其重要,因为地缘政治冲突加大,国家安全问题变得尤其重要。维护国家安全是必要的,但如果我们要推动经济走向高质量发展,就同时需要保持开放,并且不仅是对共建"一带一路"国家、发展中国家的开放,对发达国家的开放也很重要,甚至更重要。

正视产能过剩问题

近期中国的经贸关系出现了一些新情况。2024 年 2 月,美国财政部副部长杰伊·尚博表示担心中国的产业政策会引发大量的产能过剩,冲击世界市场。同样在 2024 年 2 月的时候,美国贸易代表办公室发布的《2023 年中国履行加入世贸组织承诺报告》中,更是直截了当地指出,中国产能过剩的问题可能是国际贸易体系面临的最大挑战。欧洲方面,2024 年 2 月欧盟对交通装备制造商中车青岛四方公司展开调查,借口是怀疑该公司利用国家补贴在竞标案中削弱对手竞争能力。在2023 年 10 月,欧盟已经发动所谓对中国电动车出口的调查,指出政府补贴的问题。同时,与之前不太一样的地方是这些地方的企业界也变得活跃。2024 年 2 月,美国制造业联盟发布报告分析中企生产的汽车或零件是否通过墨西哥进入了美国,如果进入美国会对美国产生什么样的影响,同时也提出了一些贸易保护主义政策的建议。

这一系列事件的矛头指向是我们产业所谓的"产能过剩"的问题,

以及背后的产业政策，借口往往是对国际贸易秩序的"维护"。我们应该认识到这可能是地缘政治和地缘经济矛盾发展的一个很重要的部分，所以我们要坚决回应，捍卫我们维护自由贸易的权利，支持国际贸易体系的开放。

同时，我们也要思考是否引发了新的产能过剩问题。在过去中国经济发展的几十年间，确实存在产能过剩的矛盾，出现这种矛盾大概有两类原因。第一类原因是宏观失衡，投资强劲而消费不足，最终需求疲软。中国经济下一步的增长动力应该由投资驱动还是由消费驱动，在学术界有争议。在我看来，更重要的是将两个驱动力维持一个相对的比例，有足够多的投资去形成新的产能，也有相应的消费需求来消化新的产能，经济增长才可持续。第二类原因是行业层面的问题，主要体现在全国的资源过度集中于一些比较好的产品或新兴行业，短期内可能引发这些产业的产能暴涨，带动产业发展，但如果短期内没有市场消化产能，就会引发产能过剩的问题。所以，我认为我们在过去几十年的经济发展过程当中确实存在或多或少的产能过剩问题，但随着经济高速增长，之前的过剩产能后来就慢慢消化掉了。

如果说我国在改革开放的40多年间一直存在产能过剩的问题，那么为什么现在产能过剩变成了一个国际经济矛盾的焦点？一个关键的原因是从经济体量来看，中国已经从早期的"小国"现在变成了一个"大国"，所谓的"小国"就是我们的供求关系变化不会对世界市场造成根本性的影响，而"大国"增加或者减少供给可能影响国际市场的均衡。老百姓通俗的说法就是，今天已经变成我们买什么什么贵，卖什么什么便宜。我们增加供给的时候，可能世界市场的价格就被压低了。从消费者的角度来说，这不是一件坏事，但是从产业结构的角度，大国产生的供求冲击可能引发政治经济问题。所以，我们国家的产能过剩矛盾确实一直存在，目前这个矛盾除了地缘政治，也存在大国经济的影响，我们已经无法简单地通过大量出口消化国内的过剩产能而不引起部分国家的反弹。我们需要认真对待这种情况，如果这些所谓的"调查""指责"真的变成一场普遍的针对中国产品的贸易保护主义浪潮，这对我们下一步的发展尤其是创新发展极为不利。

产业政策着力点要注重创新链前端

第一，主动积极地利用多边框架，如WTO（世界贸易组织）和RCEP（《区域全面经济伙伴关系协定》），维护开放、公平、透明的国际贸易体系。我们要更加积极主动地推动和利用世界贸易组织和地区性的贸易协定。客观地来说，我们生产经济实惠的电动车、锂电池和光伏板等产品，对很多发展中国家可能是有益的，我们应该团结广大发展中国家和共建"一带一路"国家共同推动多边框架，维持一个开放的国际贸易体系。在应对欧美指责方面主动回应，对一些不合理的指责给予回击，从更大的框架来说，我们的主张是维持一个开放的世界贸易体系。

第二，逐步克服宏观失衡问题，包括投资过度、消费不足的问题。从根本上来说，这个问题就是国内的消费需求能否提升。因为在今天的国际经济政治环境中，中国作为一个大国仍然指望把大部分产品出口到世界市场，难度较大。如果我们国内消费需求得到较大提升，那么很多新产品和传统产品可以转为内销。所以，国内经济再平衡非常重要。提升国内的消费需要做的事情很多，但有一些举措短期可以做，有一些举措长期才能见效。结构性的举措可能有周期性的效果，通过改善收入分配、增加福利支持等方式增加居民收入也可以帮助总体提升消费，消除国内供求之间的缺口。

第三，支持创新和新质生产力发展。在新兴产业中，我们过去遇到一些"卡脖子"环境，因此需要自力更生地发展一些新兴产业，同时积极地利用产业政策实施创新。一方面是保持开放，另一方面是考虑在支持创新的过程中，让产业政策变得更加高效和市场化，更加符合国际经济环境的条件。举个例子，新兴产业中，"新三样"的发展取得了巨大成绩，但光伏行业形成了巨大的过剩产能，此类问题我们将来可能还会不断地重复。背后的原因可能是政府指向一个新兴产业，企业家全力以赴；中央政府指引一个方向，地方政府、金融机构全力以赴。这样做的好处是使得这方面的产业全面提升，但缺点是支持创新变成一个全国性的、各个地方、各个企业、各个机构都在做的事，最后很容易造成全国范围内极大的资源集中在少数行业中。因此，我们需要的创新是全方位的，而不是在某一个领域，我们需要考虑创新发展能否更加平衡、更加高效。

从产业政策的角度来看，我们需要做好四点。第一，支持创新的重点应该放在前端，放在创新的部分，而不是将更多的资源放在生产端。换句话说，产业政策要支持技术的突破，而不是产能的复制。第二，产业政策不要限制竞争，让创新发展更市场化，政府应该着眼于帮助行业克服一些所谓的"卡脖子"领域和技术的难题，而不是帮助一些特定企业发展。第三，产业政策要有退出机制，新兴领域的技术完成了突破，企业已经可以顺利生产后，政府不能无限制地补贴。过去，发展中国家有不少存在几十年的幼稚产业，这个教训一定要很好地吸取。第四，地方政府金融机构不能盲目地跟从一个方向，当大家都支持某一个行业，甚至这种支持成为一种"政治正确"时，加总起来就会变成大的宏观失衡。金融机构拿着政府的产业目录发放贷款的做法一定要避免。地方政府、金融机构或国有企业支持创新活动，一定要算经济账。

中国"单边开放"下的国际新秩序 [①]

郑永年

[香港中文大学（深圳）校长学勤讲座教授、
公共政策学院院长、前海国际事务研究院院长]

中国开放政策的三个阶段

中国的单边开放政策从实践到概念，再到理论的系统化经历了一个过程。改革开放以来，中国的开放政策经历了三个阶段，即"请进来"、"接轨"和"走出去"。每一个阶段，都包含着单边开放政策的成分。

在 20 世纪 80 年代改革开放初期，国家处于贫穷状态，急需依靠资本推动经济发展。由于内资缺失，吸引外资成为最有效的选择。因此，国家开始实行"请进来"的政策，主动为外资打开了国门，为外资进入营造了政策环境。外资进入中国也是一个非常复杂的过程。早期，西方资本对中国并没有表现出很大的兴趣。因此，首先进入中国的是海外华侨资本，它们对中国有比较深刻的认识。在华侨资本进入中国并取得了

---

① 本文根据作者 2024 年 11 月 5 日于第七届中国国际进口博览会"世界开放现状与前景"研讨会上的发言整理，原载于微信公众号"大湾区评论"。

成效之后，西方资本才开始进入中国。

1992年邓小平南方谈话之后，国家实行了更大规模的开放政策，外资开始大规模进入中国。其中真正具有划时代意义的是20世纪90年代的"接轨"政策。为了加入世界贸易组织，国家实行"接轨"政策，从中央到地方，主动修改了上万条法律、法规和政策。也就是说，加入世界贸易组织把中国的开放政策提高到制度层面，这为外商提供了最佳的营商条件和法制保障。

进入21世纪以来，中国开放政策开始进入"走出去"阶段。经过"请进来"和"接轨"两个阶段，中国很快从一个资本短缺经济体发展成为资本过剩经济体。和其他所有国家一样，一旦进入资本过剩的阶段，资本的国际化便不可避免。但是，资本过剩和"走出去"并不意味着中国不欢迎外国资本了。恰恰相反，进入这个阶段以来，中国的单边开放政策越来越有利于外国资本和商品进驻。中国国际进口博览会（以下简称"进博会"）便是典型，它为外商提供了一个进入中国市场的有效平台。

"单边开放"的必然性

实际上，过去数十年中国发展那么快，和单边开放政策分不开。这种发展模式和之前的英国、美国的发展经验有趋同的一面。这些国家都是根据自身需要实行单边开放政策而得到了迅速的发展。

这里尤其要强调一下美国的经验。自二战结束以来，美国的发展和其维持世界霸权的能力与其所拥有的三大开放系统直接相关，这三大开放系统是开放的教育-人才系统、开放的企业系统和开放的金融系统。美国在这些领域践行的就是单边开放政策，这使得美国形成了一个我所称的"地缘嵌入性世界级经济枢纽或者平台"——集中了来自世界各地的高端人才、优秀企业家和优质资本，这些要素都想进入这个枢纽，来了不想走，也走不了，因为只能在这个枢纽中得到发展。所以，尽管二战以来美国政治和社会已经经历了巨大的变迁，但这些优质生产要素从来没有离开过这个枢纽。

从英国和美国的单边开放经验看，中国依然有巨大的开放空间。而这些空间便是中国未来增长的最大动力。

这里需要强调"单边开放"和"对等开放"的不同之处。尽管在国际谈判中大家都强调"对等开放"，但实际上并不可行。虽然人们都期待国际秩序是民主的，大国和小国一律平等，但事实上很难真正实现平等，对等开放也是如此。从历史经验看，"对等开放"的概念臭名昭著，因为这是发达经济体要求欠发达经济体开放市场时所强调的贸易政策。欧美国家先发展起来，对其他国家实行殖民主义和帝国主义，用强大的武装力量打开其他国家的大门。美国在其成长起来之后，也强调"门户开放"政策，所以西方从来没有践行过"对等开放"政策。

回到"单边开放"的概念，在实践层面，中国早已实施"大国"和"小国"间的单边开放政策。最典型的例子体现在中国-东盟自由贸易协定上，中国针对一些较落后和较小的经济体，实行单边开放政策，只不过当时没有使用"单边开放"这一概念而已。

近年来，中国正式提出和使用这一概念。首先在签证方面，中国正在向越来越多的国家实行单方面免签政策。这里的"单方面"就是"单边"的不同表述。单方面免签政策取得了令人意想不到的积极效果。二十届三中全会公报使用了"单边开放"的概念，强调扩大对最不发达国家单边开放。2024 年在第 27 次中国-东盟领导人会议上，李强总理指出，中方愿探讨面向东盟国家实施单边开放等举措。①可以预见，中国会把单边开放政策适用到越来越多的领域。

无论从实践上还是从理论上，单边开放对于中国和对象国（无论是单一国家还是国家集团）的关系，乃至对国际秩序正在产生深刻而深远的影响。我们可以从几个角度来讨论这个问题。

来自世界秩序的挑战

单边开放在如何影响世界秩序变化？先要看今天世界秩序面临怎样的严峻挑战。

就经贸来说，美国自特朗普第一任期以来盛行经济民族主义和贸易保护主义政策，使得在全球范围内出现"去全球化"和"逆全球化"现象。美国等西方国家是上一波全球化的最大受益者。然而，由于全球化所创造的巨量财富得不到比较公平的分配，西方又开始搞贸易保护主义，破坏国际经济秩序。不仅如此，美国还使用排他性的方式重塑全球化，把很多国家排挤出自己的"小圈子"。这种行为正在导致全球贸易的碎片化。这个趋势如果不能扭转，现存全球贸易体系很快就会解体。实际上，越来越多的人相信，全球贸易体系已经解体。

在政治领域，世界面临意识形态两极化的风险。美苏冷战半个世纪，意识形态极化对世界秩序的冲击已经表现得淋漓尽致。今天，美国和一些西方国家继续践行意识形态两极化。美国拜登总统上任以来，一直把中美关系界定为所谓的"美国民主"与"中国专制"之间的关系。西方也一直在塑造所谓的"全球东方"的概念，提出所谓的"新轴心国"，

---

① 李强在第27次中国-东盟领导人会议上的讲话 [EB/OL].（2024-10-10）. https://www.gov.cn/yaowen/liebiao/202410/content_6979066.htm.

把中国、俄罗斯、朝鲜和伊朗绑在一起。

美国的最终目标是地缘政治两极化，把今天基于全球化之上的世界秩序转型为美苏冷战时期那样的两极化秩序。美国在包括中美双边关系、中国周边环境和中国在国际秩序中的角色等在内的各层面不遗余力地进行全方位的围堵和遏制。这不仅冲击了中美两国关系，恶化了中国的周边环境，更破坏了现存的国际秩序。

因此，对中国来说，最大的挑战便是：在这样的情况下，如何在实现内部可持续发展的同时维护和促进世界和平，重塑国际秩序。

重塑国际秩序"新动力"

从这个角度来看，单边开放可以说是中国同时实现内外部目标的最有效方法。

在内部，诚如前面所说，从以往的经验看，单边开放可以促进一个国家更快更有效的发展。这里的经济和政治逻辑很简单。就经济逻辑来说，只有在开放的状态下，才能实现生产要素的自由流动，让市场来配置资源。因此，单边开放有助于一个国家在国际层面吸引生产要素。就政治逻辑来说，在美国等西方国家践行意识形态和地缘政治两极化的情况下，国与国之间的协商和谈判变得越来越困难，甚至在一些领域，已经变得完全不可能了。在这样的情况下，单边开放是化解以美国为首的西方势力推行两极化的有效方法。正因为是单边开放，开放国不需要和对象国进行协商和谈判。迄今，中国的单边开放政策所取得的成果已经表明，单边开放的经济逻辑和政治逻辑已经开始发挥作用了。

在外部，单边开放是中国可以为国际社会提供的最好的国际公共品。众所周知，贸易投资会促进经济增长。过去的美国之所以强大，一是因为市场庞大，拥有庞大的以中产阶层为主体的消费群体；二是因为市场向其他国家开放，其他国家通过和美国的贸易投资往来促进自身的经济发展。但是，自特朗普第一任期以来，美国盛行"美国优先"政策。拜登尽管表面上强调盟友政策，但他的"中产外交"核心也是"美国优先"。虽然美国的贸易保护主义和经济民族主义主要针对的对象是中国，但也影响了美国和包括其盟友在内的所有国家之间的经贸关系。例如，前些年美国为了针对中国，和一些国家搞了一个"印太经济框架"，但参与国发现，美国并不想向这些参与国开放市场。

今天的中国有很大不同。中国现在是第二大经济体，也是目前在体量上最有潜力的单一经济体。较之发达经济体，中国经济增长还有巨大的空间，中等收入群体也在不断成长。中国多层次的消费群体对发达国家和发展中国家的企业有无限的吸引力。这一点我们已经在进博会上看到，我们不仅吸引了发达经济体的厂商，也吸引了发展中国家的厂商。中国的单边免签（证）政策正在扩展到更多的国家。尽管美国等一些发达国家对中国"脱钩断链"，但很多发展中国家希望通过引入中国的资本和技术来促进自身的经济发展。无论是进博会还是广交会，单边开放最终导向的都是双边甚至多边的贸易投资活动。

如果把中国的单边开放政策置于中国践行的包容性多边主义（inclusive multilateralism）构架内，对世界秩序的影响就更显著。尽管美国也宣称在践行多边主义，但它践行的是一种排他性的多边主义（exclusive multilateralism），即我们所说的"团团伙伙"。因此，我们认为，美国表面上在重塑全球化，但这种排他性的多边主义与全球化背道而驰，正在摧毁现存贸易多边主义，使得全球范围内的贸易体系高度碎片化，甚至封建化。比较而言，中国签署的贸易投资协定都是包容性的。单边开放不仅体现在中国和一些经济体之间的自由贸易协定上，也反映在诸如 RCEP、共建"一带一路"倡议、"金砖 +"和金砖国家新开发银行等多边组织上。尽管这些多边组织开始时也呈现出区域性，但正是因为其包容性，这些组织和全球化相向而行，构成了全球化的新动力。因此，无论是国家之间的单边开放政策还是在多边主义框架下的单边开放政策，从短期看，都在赋予全球化新的动力，从而在很大程度上抵消了美西方的逆全球化力量。从长期看，单边开放政策正重塑全球化，为全球经济发展创造新的条件。

同样重要的是，中国的单边开放政策和包容性多边主义，从短期来看可以使美国"两极化"的努力演变成"自我孤立主义"，从长远来看，还可以为美国提供动机再次加入国际秩序。美国的逆全球化政策，尤其是特朗普版本的贸易保护主义政策不仅造成美国盟友的担忧，也造成了其他国家的担忧。对包括美国盟友和其他发达国家在内的大部分国家来说，它们既不想和美国"脱钩"，也不想和中国"脱钩"，因为和任何一方"脱钩"都会导致巨大的损失。尽管今天美国的孤立主义有其理由，即所谓的"重振美国"，但这并不符合美国的长远利益。从经济规律来看，中国的单边开放政策力度越大，越会从国际层面吸引到更多的生产要素，越会对美国构成孤立主义的压力。美国资本的本质是开放，美国资本从长远看必然回归全球化。

概括地说，中国基于多边主义的单边开放政策越来越成为重塑国际秩序的重要动力。美西方一直在强调中国通过"一带一路"倡议等方式塑造以自己为中心的贸易秩序。从历史经验看，任何一种贸易秩序，不管是由哪一个国家倡导和开启，只要是开放包容性的，就能实现参与国共赢。过去的英国和美国也是这样。无疑，一个新的世界秩序，已经逐渐浮现成形。

中国企业不要低估出海的挑战 [①]

王勇

（北京大学国际关系学院教授、国际政治研究中心主任、美国研究中心主任）

全新的国际环境

持续近 30 年的"超级全球化"时代已经基本结束，大国竞争的时代卷土重来。在这一背景下，中美作为世界上最大的两个经济体，由曾经的全球化合作伙伴，如今逐步转变为正面的竞争对手。这种竞争不仅存在于中美两国之间，在其他多个阵营和领域也都存在，不是独有的现象。

中美战略竞争已经是当前国际关系的主轴，深刻影响着世界上其他地区的形势，乃至整个国际格局的发展和变化。各国都面临"选边站队"的压力。中美关系的未来充满不确定性，这种不确定性将一直伴随我国企业出海的整个过程。

怎么看当前的国际格局？关于这一点，有两份重要文件值得我们关注。

---

① 本文根据作者 2024 年 9 月 20 日于北大国发院承泽商学第 9 期的主题演讲整理，原题为《中国企业出海的机遇与挑战：国际政治经济学视角》。

一份是党的二十大报告，其中特别提到"世界百年未有之大变局加速演进，新一轮科技革命和产业变革深入发展，国际力量对比深刻调整，我国发展面临新的战略机遇"。关于我国发展面临的战略机遇，二十大报告中的提法也有所调整，更多地强调了战略机遇和风险挑战并存，并强调"准备经受风高浪急甚至惊涛骇浪的重大考验"。很多外国政要和学者对这一提法的含义非常感兴趣，也引发了许多讨论。

另一份重要文件是美国拜登政府于 2022 年通过的《国家安全战略报告》。该报告认为后冷战时代已经结束，全球化时代已经过去。过去 30 年，美国的霸权地位遭遇挑战，最大的挑战来自中国。相比之下，俄罗斯是短期威胁，中国是中长期威胁。无独有偶，近期美国高级官员在国会听证会做证时，专门强调中国的威胁远超当年的苏联。美国认为，中国既有能力也有意愿全方位挑战美国的国家利益，未来十年是关键时期。

总体看，该报告认为中国在六个方面给美国带来挑战，分别是：（1）企图扩展在印太地区的势力范围，成为世界领导力量；（2）利用技术实力和在国际机制中的影响力扩展其威权模式；（3）塑造全球技术规范以使其利益和价值观享有特权；（4）利用经济胁迫他国；（5）限制国内市场准入；（6）拥有一支强大且仍在扩张的军队。

其中，对美国而言，比较突出的是地区性的影响、科技力量的挑战和所谓意识形态的威胁这三个方面。

当前，中西方围绕产业政策、市场开放等议题的冲突已经非常明显。这不禁让我们想到国际关系领域的大国竞争规律。历史的兴衰总是伴随着大国间力量的转移，而新力量的崛起会挑战现有的霸权。中美之间是否会陷入"修昔底德陷阱"？这是我们需要考虑的问题。历史案例表明，权力往往不会以和平的方式交接，常常伴随战争。唯一的例外是二战后英国把一些地区的影响力和平移交给了美国。

有美国学者提出疑问：中美能否避免"修昔底德陷阱"？是否会爆发战争，甚至引发第三次世界大战？2023年8月，美国前国务卿基辛格到访中国，传递了明确的信息：中美必须防止重蹈第一次世界大战时英国与德国的覆辙。中美不能期望改变对方，但必须学会和平共处和共同演进。

压力重重的国际投资环境

除了地缘政治变化，出海的企业还需要了解投资所在地的变化。企业运营需要在特定的国家政治、经济、历史、文化背景下运作。当前全球化退潮，民粹主义、保护主义势力抬头，国际投资环境已经发生很大变化。

一方面，超级全球化带来全球经济的巨大发展和财富的爆炸性增长。另一方面，全球贫富差距加大，70%以上的财富掌握在少数人手中，加剧了社会的不稳定。这种情况在西方国家和一些发展中国家尤其明显，导致了更多排外主义者上台执政，进一步影响我国企业的投资环境。

冷战结束为经济全球化提供了机遇，在这个过程中，新自由主义的影响导致全球公共政策失衡。根据调查，70%以上的美国民众认为美国正在走向错误的道路，大资本正在绑架公共政策，民众抱怨日益严重。

国际贸易在全球GDP中的占比在1913年曾高达30%，在2008年全球化的高峰期更飙升至60%。此后全球化退潮趋势显现，2007年到2017年这十年间，跨境资本流动已经下降了65%。

全球范围内普遍存在的贫富不平等现象，使得许多国家国内矛盾突出，出现经济民族主义和贸易保护主义思潮，其国内营商环境因而恶化。2024年10月联合国发布的《2024年世界社会报告》显示，全球10%的人口拥有全球76%的财富。1990—2023年，美国1%超级富裕人群财富超过中产阶层财富总和。这种情况对全球的长治久安构成严重威胁，很多地区面临严峻的安全形势。

由于中国和西方的关系面临困难，更多的中国企业希望开拓更多的新兴经济体与发展中国家的市场。尽管我们也有能力多与发展中国家合作，但在这些国家经营也意味着要面临非常不稳定甚至不安全的局面。很多中国企业，特别是独角兽企业，认为国内竞争过于激烈，需要开拓海外市场，它们希望向华为、比亚迪等成功企业学习。从整体上看，我国企业处在出海发展的新阶段，在海外发展时的确面临许多新问题。

美国将中国定位为对其霸权的最大威胁，这也成了中国企业海外发展的最大障碍。在打压中国发展方面，美国两党的意见高度一致，中美之间的博弈和地区危机带来了全球分裂，这对于我国企业出海极为不利。无论是俄乌冲突还是其他冲突，都直接或间接地受中美战略竞争的影响。这些危机正在重塑全球大国关系的平衡，导致中美、中欧关系紧张。

从大国竞争看，美、日、欧对中国实施"去风险"政策，减少对中国进口产品的依赖，加强对中国高科技产品的管制。因此，中国企业在海外以及在国内发展，都面临西方国家的出口管制，未来的技术进步也将受到这些因素影响。

地区性危机对于共建"一带一路"构成新的挑战。在中东欧等地区，一些国家对中国的企业持怀疑态度，认为中国企业的经营活动将影响其国家安全。在这种情况下，我们在出海时同时面临地区性冲突和全球性危机的影响，或将面临更多政治和经济风险。

基于以上原因，出海企业必须具备非常强的国际视野，了解国际关系的变化以及相关国家政策的调整，注意选择适合的发展方向，在复杂的外部环境中探索更好的出路。

中国企业出海投资参考
——基于非洲国家的调研[①]

王进杰

（北京大学国家发展研究院助理研究员、
南南合作与发展学院助理研究员、非洲研究中心副秘书长）

  本文希望实现两个目的。第一，许多中国企业渴望在"一带一路"沿线国家寻找机遇，却对这些国家了解不足，为此，我们以非洲国家为例，分享在这些国家的调研成果，为中国企业提供一个深入了解"一带一路"沿线国家的窗口。这些案例还能映射出这些国家的投资和营商环境及潜力。第二，我们2018—2024年在非洲调研了9个国家，涵盖184家中资企业和近200家当地企业，希望能以数据为支撑分享对"一带一路"沿线国家的深入理解，助力大家更顺利地开展海外业务。

  围绕这两个目的，我主要分享三个方面的内容。首先是中国对非洲的投资现状。中国在共建"一带一路"倡议下的海外投资遍布非洲、东南亚及中亚等地，我们以非洲为例看看具体投资概况。其次是非洲的工

① 本文根据作者2024年9月20日于北大国发院承泽商学第9期的主题演讲整理，原题为《中资企业海外投资：基于非洲国家的调研分享》。

业化发展进程。这可以帮助企业更好地判断投资的优先领域和关键点，适应当地发展需求，从而制定更具针对性的投资策略，提升投资的成功率和可持续性。最后是可行的策略和建议。我们基于研究成果，希望助力中资企业在海外进一步拓展，指导大家行动，规划下一步的发展路径。

中国在非洲投资的变化与现状

中非关系历来友好，政策层面的利好持续增加。自 2000 年中非合作论坛启动以来，中非合作已历经 24 年。2013 年"一带一路"倡议提出后，中非合作进一步深化。无论在国际多边还是双边合作框架中，政策扶持、激励机制以及风险控制和保障体系都在不断完善，为中国企业"出海"提供了坚实的政策支撑。

除政策因素外，市场同样关键。非洲有丰富的资源，从资源采掘透明指数（extractive industries transparency initiative，简称 EITI）来看，全球企业都对非洲感兴趣，不只是中国企业。很多企业去非洲最初都是基于能源等资源开采的需求。如今，到非洲寻求资源仍是投资与合作的热点，但推动因素明显增多，非洲本土的市场容量在扩张，产业链也开始了全球化的承接，再加上其他经济体之间的贸易壁垒，都促使越来越多的企业将目光转向非洲。

从全球资金流动的视角看，全球第一大投资目标还是美国，美国吸引的全球资金最多。中国主要在亚洲经济体中表现突出，在全球并不是第一位。整体来看，资金的第一流向还是发达经济体，而不是发展中经济体。虽然发展中国家的增长空间看起来更大，但发达国家的投资机会更多，资金的风险相对小。

从非洲接受各国投资的数据来看，2017 年以来，非洲接受的投资规模增长比较有限，甚至出现下滑，原因可能与疫情、国际关系变动等都相关。直到 2023 年之后，非洲的投资活力才显著增强。非洲投资体量虽小，但潜力巨大，毕竟有超过 14 亿的巨大人口基数和进一步上升的市场前景。

从中国的对外投资来看，我们在非洲进行了大量投资，资金规模尤其可观，但是如果把这些数据与中国总体对外投资区域的数据去比较，会发现虽然非洲话题很热，但来自中国的实际投资量并不大，至少在中国整体对外投资中占比不高。2021 年和 2022 年，中国对非洲的投资总量，在整体对外投资中的占比只有 2.8% 和 1.1%，中国对外的大规模投资仍然集中在亚洲、欧洲和拉美地区。从行业类型来看，2022 年的数据显示，中国对外直接投资的行业类型中租赁和商务服务业占比最高，接近 30%，其次是制造业、金融业、批发和采矿等。

如果进一步细分数据，中国的投资主要集中在哪些非洲国家呢？目前来看，中国资本比较青睐的是南非、刚果（金）、赞比亚、埃塞俄比亚等。其中，埃塞俄比亚的劳动密集型制造业比较突出，其他三个国家在矿业和天然资源上占很大比重。当然，随着时间推移，这个版图会改变。

从企业的角度看，中国企业出海到非洲的最大挑战是缺乏国际经营人才，其次才是文化差异，以及来自国内同行的激烈竞争等问题。中国同行在海外的竞争已经越来越激烈，尤其是在一些特定区域，比如我们 2024 年调研的赞比亚、津巴布韦和摩洛哥，同业之间恶性竞争问题非常突出，这需要我们的商业伦理和商业文明不断完善和优化。

非洲的成长曲线与投资空间

如果了解非洲的发展历史，我们可能会对非洲的工业发展及其现状有更深刻的理解。

非洲的工业化进程可以追溯到殖民时期，特别是在南非和埃及等地，工业化的萌芽在19世纪末至20世纪初便已出现，主要集中在矿业和基础设施领域。然而，大多数非洲国家在获得独立后的20世纪60年代才开始由本国主导工业化进程，并探索适合自身发展的工业化路径。随之而来的是许多非洲国家希望发展本土经济，推进工业化。这一时期，由于经济基础薄弱，缺乏资金和管理经验，大多数国家选择实施"进口替代"战略，即通过发展本国工业来减少对进口商品的依赖。然而，由于工业基础薄弱，进口替代的成效有限，许多国家的工业化进展缓慢。

20世纪70年代的国际石油危机对非洲刚刚起步的工业化造成了沉重打击。进入80年代，非洲国家未能持续推进有效的工业化政策，越来越依赖外部资金支持。然而，盲目遵循"华盛顿共识"，在缺乏保护措施的情况下贸然开放市场，使得非洲经济不仅未能实现增长，反而出现倒退。即便在21世纪的前十年，中国因为加入WTO而经济再次腾飞，亚洲也有不少国家成为全球投资的重点，然而非洲的发展却喜忧参半，甚至被称为全球化进程中"被遗忘的角落"。

非洲投资在新世界能有一定程度的转机部分离不开美国的政策支持。《非洲增长与机会法案》（AGOA）于2000年由美国推出，旨在促进撒哈拉以南非洲国家的经济增长。通过AGOA，符合条件的非洲国家可以将6000多种产品免税出口至美国市场，包括纺织品、服装、农产品、汽车零部件等。AGOA极大地促进了非洲国家的出口增长，使它们的出口产品得以免税进入美国市场，特别是纺织和服装行业的出口大幅增加，创造了大量就业岗位，并使其减少对初级产品出口的依赖，助力其工业化进程。然而，AGOA对成员国设定了特定的标准，包括人权、民主治理和经济自由化等要求。如果某些国家被认为未能符合这些条件，美国可能会取消其 AGOA 资格。例如，埃塞俄比亚、马里和几内亚等国因政治动荡或人权问题而被取消了 AGOA 资格。失去 AGOA 资格的国家在工业化进程上遭遇挫折，失去出口激励的它们被迫重新依赖初级产品出口，难以实现产业升级。

非洲更大的转机源于 2019 年正式建立的非洲大陆自贸区（AfCFTA）等促进非洲统一大市场的组织，这一系列政策给非洲工业化带来起飞的新机遇。通过减少关税和消除非关税壁垒，AfCFTA 促进了非洲国家间的商品和服务流动，推动区域内贸易增长，使非洲国家能够更好地满足区域内市场需求，减少对外依赖。同时，AfCFTA 提供了一个相对统一的市场，激励各国投资制造业和高附加值产业，推动产业链延伸，减少对原材料出口的依赖，助力经济多元化和工业化，提高了非洲对外国直接投资的吸引力，为非洲带来了资本、技术转移和就业机会，增强了其抗风险能力，使非洲在国际谈判中拥有更大话语权。

然而，非洲各国经济发展水平不一，较强经济体可能更容易获益，而较弱经济体则面临激烈竞争，甚至出现本地产业被冲击、就业减少的问题。

在这一背景下，许多非洲国家也开始积极借鉴中国的发展经验，选择在地理位置优越的地区，营造局部优良的投资环境，以吸引更多外国直接投资。这些国家通过政策扶持、税收优惠等方式，为企业入驻提供便利。为应对长期存在的缺水、缺电问题，一些非洲国家将水电、道路、港口等基础设施集中布局于工业园区，形成高效的交通和能源供应网络。这些工业园区通常提供"一站式"服务，从场地选址、设施建设到税务、物流服务等各个环节，帮助企业降低运营成本，提升生产效率。有些工业园区还形成了"前港-中区-后城"布局的优势，整合了港口物流、工业生产和员工生活区等多种功能。这些工业园区通过引入中国和其他国家的先进技术和管理经验，帮助非洲本地企业与国际市场接轨，提高了产品的附加值和市场竞争力。同时，园区的建设带动了当地就业，促进了技能提升，为非洲国家带来了切实的经济与社会效益。

随着非洲投资的升温，一种担忧也随之加剧：非洲是否具备承接全球产能转移的条件？乐观者认为，非洲具备两个关键优势，使其成为未来产能转移的重要目的地。首先，非洲拥有丰富的自然资源，包括石油、天然气和矿产资源，为引入外资和发展配套产业提供了有利条件。这些资源不仅满足了工业化发展的基础需求，也提升了非洲在全球供应链中的战略地位。其次，非洲拥有庞大的人口基数和年轻的人口结构，多数非洲国家的人口年龄中位数为 18~20 岁，总生育率（每名女性平均生育孩子的数量）在 4~5 个，部分国家如尼日尔接近 6 个，这种年轻的人口结构为非洲提供了独特的劳动力和消费增长潜力。这意味着未来几十年，非洲将持续拥有充足的劳动力供应，与此同时，年轻的人口结构带来了消费潜力，为区域经济的增长提供了强劲的内需动力。在中国等国家面临人口老龄化和生育率下滑的问题时，非洲的年轻人口结构为其未来发展提供了独特的竞争力，也为中非合作提供了巨大契机。

我们的调研还显示，低廉的劳动力成本是吸引中国企业投资非洲的重要因素之一。撒哈拉以南非洲国家和地区通过发展劳动密集型产业，逐渐在全球产业链中占据了一席之地。纺织品、制造业等行业已开始在非洲崭露头角，部分国家甚至成了出口基地，推动了本地就业和产业升级。

然而，悲观者认为，非洲自身的多重问题可能会制约其承接全球产能转移的能力。首先，许多非洲国家的政局尚不稳定，政治不确定性给投资者带来了风险。其次，不少非洲国家的基础设施较为落后，尤其在交通、物流和能源供应方面，仍需大量投入才能支持大规模产业转移。

此外，非洲国家之间的交通、法规和经济政策尚未完全协调，区域间贸易壁垒较高，使得跨境供应链的建立变得困难。虽然非洲大陆人口红利潜力巨大，但单个国家通常难以构成庞大的国内市场，这意味着外资进入后可能面临市场需求不足的风险。

在这种复杂的背景下，非洲未来能否承接全球产能转移，将取决于各国在基础设施建设、政策稳定性和区域一体化方面的努力。

中国企业"走出去"且"立得住"的关键要素

中国企业想要出海成功，需要摸索出一条投资路径，从初期进入市场到最终实现持续共赢的渐进过程应该如何规划？

首先，中国在非洲已经扎根的企业的经验表明，在进入非洲市场的初期阶段，这些企业往往通过慈善和公益项目先与当地社区建立关系。这种"慈善先行"的策略不仅帮助企业树立了正面的品牌形象，还增进了当地政府和民众对中国企业的信任，为后续的投资活动奠定了坚实的社会基础。

在获得初步信任后，中国企业开始通过金融资本的方式深入非洲市场。通过直接投资、贷款等金融手段，中国企业为非洲的经济发展提供了其急需的资金支持，尤其是在基础设施建设和产业发展方面，这一资本的注入对促进当地经济发展起到了关键作用。这不仅帮助中国企业在非洲建立了经济影响力，也带动了当地的就业和经济活力。

然后，随着资本投入的逐步深入，中国企业愈加重视人力资本的培养，开始致力于当地劳动力的开发和培训。通过雇用当地员工并提供职业技能培训，中国企业有效地提升了非洲劳动力的整体技能水平，进一步满足了企业的运营需求。同时，这一人力资本投资提高了当地的就业率，帮助非洲劳动力提升了技能，增强了其对企业的认同感和归属感，为双方的长远合作创造了条件。

在建立了本地化人力资源体系的基础上，中国企业逐步推动技术转移，将先进的生产技术和管理经验带入非洲市场。技术转移不仅提升了非洲本地企业的竞争力，也加速了产业链和供应链的本地化建设，助力非洲经济可持续发展。这一阶段的技术分享，使得非洲国家能够在全球价值链中占据更高的位置，推动了产业的进一步升级和优化。

最终，中国企业通过一系列深耕本地市场的措施，实现了与非洲国家的持续共赢。在这一过程中，中国企业获得了稳定的收益和长期的发展机会，而非洲国家则因技术进步、就业增加和产业升级等多方面的收益实现了经济的可持续发展。这一投资路径不仅展示了中国企业在非洲逐步深入的策略，还体现了从公益合作到经济共赢的长远布局，强调了社会责任、金融支持、人力开发和技术分享对可持续发展的重要性。

对中国企业出海的三条建议

中国企业正在掀起出海热，对此，我有三条建议。

第一，要想拓展目标市场，先要真正去了解目标市场，更要做好培养市场的准备。中国企业在海外拓展时，无论是入驻园区、启动项目还是进行投资，都需事先做好详尽调研。这一点极为关键，因为非洲拥有54个国家，各国在法律法规、行业发展及市场特性上均存在显著差异。前期的调研将直接决定后期发展是否能顺利和成功。除了了解市场，更需要培养市场。中国企业在拓展海外市场时，不应仅关注短期的销售和市场份额，更要注重培养长期的市场需求和消费者认同。市场培养包括品牌形象的树立、产品的本地化适配以及对当地文化和需求的深入了解。

例如，在进入非洲或东南亚市场时，中国企业可以通过赞助公益活动、支持当地社区发展等方式与当地民众建立情感连接，增加品牌的亲和力。此外，企业还需要关注市场教育，通过宣传推广、用户培训等方式，使消费者认识到产品的独特优势，逐步形成对品牌的忠诚度。这种长期的市场培养有助于中国企业在激烈的国际竞争中立足并获得持续发展。

第二，输出技术，但是技术不能超越当地优势产业范围。出海意味着国际化，企业必须组建一支熟悉当地情况的人才队伍。这支队伍应具备多元文化背景，对目标市场有深入了解，具备适应产业发展的技能，从而为企业的海外拓展提供有力支持。在进行技术输出和投资时，中国企业要根据当地经济发展水平和产业结构，谨慎选择适合的技术，不宜引入超出当地优势产业范围的过于先进的技术。过于超前的技术不仅可能因为缺乏配套设施和技术人员而难以落地，还可能增加当地的接受成本，阻碍市场推广。例如，在一些基础设施相对薄弱的国家，使用过于复杂或技术门槛过高的设备可能会导致维护困难甚至设备闲置。因此，中国企业应根据当地的产业基础、劳动力素质和市场需求，提供适合当地发展的技术解决方案，使技术更贴近实际需求，这也有利于技术的推广。

第三，做好本土化，本土化的关键是为当地发展提供切实有效的解决方案。企业要想走出去并立得住，就必须本土化。在本土化的过程中，企业的关键是精准定位，找到合适的合作伙伴，或在外部寻求资源，如部分企业可通过代理商或渠道商来初步拓展市场，最终实现本土化的深度合作。与单纯的产品销售相比，提供符合当地实际需求的综合解决方案往往是更好的投资方式。

中国企业在出海过程中，应关注当地的具体需求和痛点，为其提供具有实效性的整体解决方案。例如，在电力不足的非洲国家，中国企业可以不只是提供单一的光伏设备，还可提供电力管理系统、维护服务、技术培训等，为基础薄弱的国家打造一套完整的"产品＋服务"的解决方案。通过提供完整的解决方案，中国企业能够更好地融入当地经济，并为当地的可持续发展做出贡献。这种做法不仅能帮助企业建立更强的竞争壁垒，还能帮助企业在全球市场中树立负责任的企业形象，推动其长远发展。

第三章

——————•——————

产业的新动能

新质生产力与新型工业化[①]

黄群慧

（中国社会科学院经济研究所研究员，中国社会科学院大学经济学院教授、
博士生导师，中国企业管理研究会副会长、理事长）

习近平总书记自 2023 年提出"新质生产力"概念之后，围绕这个新概念发表了一系列重要论述。作为符合新发展理念的先进生产力，新质生产力由技术革命性突破、生产要素创新性配置、产业深度转型升级催生，以劳动者、劳动资料、劳动对象及其优化组合的跃升为基本内涵，以全要素生产率大幅提升为核心标志。[②]第一次工业革命和第二次工业革命是人类生产力发展的两次跃升，进而开启和推动了人类的工业化和现代化进程。当今世界正处于新一轮科技革命和产业变革深度演化的过程中，以劳动者、劳动资料、劳动对象及其优化组合跃升为基本内涵的新质生产力，正显示出巨大的生命力，必将对新型工业化产生巨大推动作用。实现新型工业化，是以中国式现代化全面推进强国建设、民族复兴伟业的关键任务，因此，把握新质生产力与新型工业化的关系，以新

---

① 本文选自《中国社会科学》2024 年第 6 期。
② 加快发展新质生产力 扎实推进高质量发展 [N]. 人民日报，2024-02-02（1）.

质生产力推动新型工业化进程，以新型工业化战略牵引新质生产力发展，是推进中国式现代化的关键要求。

生产力与工业化的关系：产业联系的演化视角

生产力是生产能力及其要素的发展。马克思全面分析了劳动生产力的多种影响因素，还特别强调指出："正是由于这种工业革命，人的劳动生产力才达到了相当高的水平"。[①] 这意味着人类历史上生产力水平的大幅提升可以归因于工业革命。开始于18世纪60年代的工业革命，掀起了人类从农耕时代走向工业时代的现代化大幕，也开启了经济学意义的现代经济增长-工业化进程。200多年的工业化历程表明，世界上凡是生产率快速提高以及生活水平大幅增长的国家，基本都是通过工业化实现的。工业化可以认为是经济现代化，是经济增长和人类现代化的引擎。在经济学中，工业化表现为一个国家或地区人均收入的提高和经济结构高级化的过程，其核心是通过技术突破和生产组织方式变革，以技术-经济范式革命带来总产出和劳动生产率的大幅提升。也就是说，伴随着工业化进程的深化，劳动生产力水平会得到持续提高。如果将工业化作为经济发展和现代化过程，技术进步带来的生产力发展和生产力水平提升就是工业化进程的驱动因素；如果将工业化作为经济发展和现代化战略，推进工业化进程就能够促进生产力发展和生产力水平提升。

马克思用"发动机-传动机构-工作（工具）机"描述了机器大工业工作原理，指出工业革命背景下生产力水平提升的重要原因是机器（物化劳动）替代劳动（活劳动），从而揭示了工业革命提高生产力水平的

---

① 马克思，恩格斯.马克思恩格斯选集（第3卷）[M].北京：人民出版社，2012.

根本原因。在一定意义上，用劳动资料中的机器替代劳动力的劳动，可以认为是科技进步推动生产力要素的优化组合过程，这正是企业创新提高效率的过程。企业创新的进一步集合就是产业形成和创新发展、提高经济效率的过程，整体而言即工业化进程。如果把"发动机-传动机构-工作（工具）机"理解为一个抽象的模式或者模型，并将这个模型拓展到工业化进程中的产业部门，①就大致对应了工业化的产业体系。这个产业体系主要体现为"能源产业-交通运输业-制造业"，而这大体构成了一个国家总体的工业体系。也就是说，复杂庞大的工业体系的内在联系在很大程度上可以用马克思"发动机-传动机构-工作（工具）机"逻辑来描述。

与演化经济学所强调的通用性技术创新对工业革命具有重要意义不同，马克思认为，劳动资料中纺织机械这种工具机的革命而非蒸汽机的动力革命，才是第一次工业革命的起点和诞生的标志，纺织机械的发明是机器大工业与工场手工业相区别的根本性标志。从这种意义看，强调制造业在产业体系中的重要地位，遵循了马克思的基本逻辑。如果说科学技术是第一生产力，创新是发展的第一动力，而制造业又是科技创新应用最集中、科技创新活动最活跃、科技创新成果最丰富、科技创新溢出效应最强的产业，②那么，制造业就是提升生产力水平的最重要的驱动部门。制造业作为生产力要素载体的产业体系，其发展无疑对生产力发展具有决定性意义。

伴随着工业化进程的深化，科技创新推进生产要素优化组合，驱动制造业转型升级，进而带来经济结构高级化，形成经济效率、生产力水平和人均国民收入水平的持续提高。与第一次工业革命、第二次工业革

---

① 刘刚. 工业发展阶段与新质生产力的生成逻辑 [J]. 马克思主义研究，2023（11）.
② 黄群慧. 论新型工业化与中国式现代化 [J]. 世界社会科学，2023（2）.

命以及当今世界所处的新一轮科技革命和产业变革的演进周期大体相对应，工业化进程基本经历了轻纺织业主导-重化工业主导-信息通信电子业主导的制造业演化过程，这也被认为是经历了劳动密集型产业主导-资金密集型产业主导-技术密集型产业主导的演化过程。对于一个后发赶超的工业化国家而言，上述演化过程分别对应了其工业化初期、中期和后期阶段，制造业主导产业往往是其工业化水平的一个重要标志。实际上，经济发展的主导产业通常表现为增长率高于平均的产业增长率，这些部门一般是创新速度最快的部门，也是承载新旧生产力交替、推动生产力由量变到质变的最关键部门。①

从三次产业结构演进过程看，一国的工业化过程一般遵循农业主导、工业主导和服务业主导的高级化规律，在工业化后期一般都是服务业占主导地位。这种"库兹涅茨事实"的结构转换，是否意味着到工业化后期制造业对于生产力发展和经济增长不再重要，甚至可能会提出疑问：工业化进程是否一定是必不可少的呢？实际上，正是由于制造业的劳动生产率高于服务业，而服务业存在"鲍莫尔成本病"，服务价格持续上升，才推动了服务业占比持续提高。从更广泛的意义上来看，制造业处于农业、工业和服务业的价值链核心地位，具有知识生产、技术创新外部性、制成品出口、推进城市化和制度改善等特点，进而决定了工业化是一国生产力提高、经济发展的必不可少的过程。② 近十多年来，以美国为代表的工业化国家的"再制造业化"潮流也说明，即使在数字经济发展背景下，工业化对生产力发展仍至关重要。只是与前两次工业革命的核心即以机器替代工人的体力劳动不同，新一轮科技革命和产业变革

---

① 方敏，杨虎涛.政治经济学视域下的新质生产力及其形成发展 [J].经济研究，2024（3）.

② 菲利普·阿吉翁，赛利娜·安托南，西蒙·比内尔.创造性破坏的力量 [M].余江，赵建航，译.北京：中信出版社，2021.

的核心是以人工智能系统替代人类的脑力劳动，而以智能制造为核心的产业变革可以认为是工业化的新类型及高级阶段。[1]

需要进一步说明的是，虽然工业化过程的基本演化逻辑是"科学技术革命性突破-生产要素质变跃迁组合-产业结构优化升级-经济效率和生产力水平大幅提升"，但并非所有国家的工业化都按照这个逻辑自然演进，而是呈多样化特点。工业化过程的发动主体可以划分为个人或私人发动、政府发动以及政府与私人共同发动三种类型，英、美、法等国大体归为第一类，苏联大体可归为第二类，而德国、日本等国大体归为第三类。[2] 实际上，个人发动的工业化进程可以认为是自然演化的，大多是先发国家的工业化，而政府发动的工业化进程大多是后发赶超型国家的工业化，其工业化不仅仅是一个经济发展过程，也是一种经济发展战略，实现工业化是国家经济发展战略目标，而推进工业化则是一种战略。当然，后发国家政府往往需要基于本国国情和上述工业化一般演进规律制定实施其工业化战略。从国家发动工业化这个意义上看，生产力和工业化的关系，可以认为是通过推进工业化战略而促进生产力水平的提高，也可以说发展生产力是推进工业化进程的必然要求。对于我国而言，新型工业化既是一个现代化战略，也是一个现代化过程，实施新型工业化战略可以促进新质生产力发展，而发展新质生产力可以推进新型工业化进程。

从新质生产力到新型工业化：以现代化产业体系为载体

当今世界正处于新一轮科技革命和产业变革的深度演化期，全球科

---

[1] 贾根良. 第三次工业革命与工业智能化 [J]. 中国社会科学，2016（6）.

[2] 张培刚. 农业国工业化问题初探 [M]. 武汉：华中工学院出版社，1984.

技创新空前密集活跃，产生了大量创新族群，包括以人工智能、量子信息、移动通信、物联网、区块链为代表的新一代信息技术，以合成生物学、基因编辑、脑科学、再生医学等为代表的生命科学技术，以清洁、高效、可持续为目标的能源技术，以及融合人形机器人、数字化、新材料的先进制造技术，这些技术创新正推动生产力加速跃升，体现出与传统生产力发展不同的质态。如果说以前工业革命推动生产要素组合变化主要是以实物化资本替代劳动者的体力劳动，那么新一轮科技革命和产业变革则推动了对劳动者脑力劳动的替代，使得生产力要素出现了组合方式的全新跃迁；以前工业革命中驱动生产力变革的通用性技术创新主要集中在能源、动力、材料等领域，新一轮科技革命和产业变革下的通用性技术创新更突出表现在信息处理、数据运算、通信连接和减排降碳等领域，与以前的以实体为主的劳动对象不同，数据和信息作为劳动对象具有多主体的可重复使用性；从现代化基础设施建设看，在以前的工业革命中，主要建设的是铁路、公路、机场、电网、输油管道等交通和能源基础设施，新一轮科技革命和产业变革更需要互联网、算力网、通信网、大数据等信息基础设施。

作为新质生产力载体的产业体系正向数字化、智能化、绿色化、融合化方向转型发展。基于技术成熟度的分类，产业体系可由未来产业、新兴产业和传统产业组成。其中，处于孕育和萌芽期的未来产业涉及类脑智能、量子信息、基因技术、未来网络、深海空天开发、氢能与储能等重点方向和领域。新兴产业是处于成长期的产业，其中，战略性新兴产业包括以重大技术突破和重大发展需求为基础、对经济社会全局和长远发展具有重大引领带动作用、知识技术密集、成长潜力大的产业，包括新一代信息技术产业、高端装备制造产业、新材料产业、生物医药产业、新能源汽车和动力电池产业、新能源产业、节能环保产业、数字创意产业、商业航天航空、相关服务业等领域。传统产业的主导技术往往处于成熟期，一般是产生于前两次工业革命时期，在工业化初期、中期处于支柱和主导地位。新质生产力的发展，不仅直接体现在通过以颠覆性技术和前沿技术催生新产业、新模式、新动能，引领发展战略性新兴产业和未来产业，还体现在以科技创新改造传统产业，推动未来产业、战略性新兴产业与传统产业深度融合，从而促进传统产业深度转型升级。尤其是数智化技术，具有广泛渗透性和高效赋能性，不仅被广泛应用于全产业体系，还被应用到从研发设计、生产制造到服务维修的全价值链条。推动传统产业数字化、绿色化转型以及服务化融合，也是新质生产力发展的重要路径和关键内涵。

随着未来产业、新兴产业的发展以及传统产业的转型升级，产业体系现代化水平不断提升，以产业结构升级为典型特征的工业化进程也在持续深化。在新一轮科技革命和产业变革的背景下，新质生产力作用逐步凸显和增强，中国的工业化进程必然被赋予智能化、数字化、绿色化、服务化的新内涵。党的十六大报告强调，实现工业化仍然是我国现代化进程中艰巨的历史性任务，并首次提出我国应该走新型工业化道路，即坚持以信息化带动工业化，以工业化促进信息化，走出一条科技含量高、经济效益好、资源消耗低、环境污染少、人力资源优势得到充分发挥的新型工业化路子。近二十年来，信息化进一步深化，数字化、智能化技术不断突破发展，加之绿色低碳发展要求，新型工业化的新内涵体现为以数智技术和绿色低碳技术主导驱动的产业创新发展、产业结构转型升级。因此，立足新时代新征程推进新型工业化，要求大力发展新质生产力，更加积极主动适应与引领新一轮科技革命和产业变革，以人工智能赋能全产业体系，推动制造业高端化、智能化、绿色化发展，推动战略性新兴产业融合集群发展，推动现代服务业同先进制造业、现代农业深度融合，促进数字经济和实体经济深度融合，优化基础设施布局、结构、功能和系统集成，不断增强产业链供应链韧性和安全水平。

如果将工业化理解为一个国家或地区以技术进步和产业结构升级为典型特征、人均国民收入持续提高的经济增长与经济现代化过程，新型工业化就更多体现为中国作为后发赶超型国家，为了适应与引领新一轮科技革命和产业变革，基于自己国情和工业化一般规律而选择的经济发展与现代化战略，其本质是通过发展新质生产力，大幅提高总产出和全要素生产率，实现现代化强国建设目标，完成民族复兴伟业。从国际上看，在世界百年未有之大变局下，全球产业链、供应链、价值链正在深度调整，大国围绕着制造业布局的竞争和先进制造技术的博弈日益加剧，工业化的全球格局和技术内涵都在发生深刻变化，这就要求以推进新型工业化增强发展的主动性，争夺国际竞争制高点。从国内条件看，我国已经基本实现了传统意义上的工业化，但工业化进程还不协调，制造业"大而不强"，信息化、数字化、智能化水平有待提高，工业化速度与资源环境承载力不平衡，城镇化与工业化良性互动发展还不充分，这就要求把高质量发展要求贯穿到新型工业化全过程，确保到2035年基本实现新型工业化、信息化、城镇化、农业现代化的发展目标。

发展新质生产力、建设现代化产业体系和推进新型工业化，具有一个统一的经济发展逻辑主线，就是完整、准确、全面贯彻新发展理念，统筹发展和安全，实现以新发展理念为指导的发展——高质量发展。新发展理念包括创新、协调、绿色、开放和共享五个方面，要求实现创新成为第一动力、协调成为内生需要、绿色成为普遍形态、开放成为必由之路、共享成为根本目的的高质量发展。首先，新质生产力是符合新发展理念的先进生产力，是创新驱动主导的更高发展水平的生产力，本身就是绿色生产力，是推动高质量发展的生产力。新质生产力已经在实践中形成并展示出对高质量发展的强劲推动力、支撑力。基于新发展理念的要求，发展新质生产力要求创新是第一动力、发挥主导作用，要求生产要素优化组合、结构协调平衡，要求绿色低碳发展、人与自然和谐共生，要求全球范围开放融合、互联互通，要求实现以人为本、共享包容。[①]其次，现代化产业体系是现代化经济体系的重要内容和关键系统，加快建设以实体经济为支撑且自主可控、安全可靠、竞争力强的现代化产业体系，是构建新发展格局、推动高质量发展的必然要求。建设现代化产业体系，既要遵循现代产业发展的一般规律，又要符合高质量发展要求，形成具有完整性、先进性、协调性、安全性、开放性、包容性的产业体系。最后，新型工业化是新时代新征程以中国式现代化全面推进强国建设、民族复兴伟业的关键任务。推进新型工业化，要求坚持以新发展理念为引领，把高质量发展的要求贯穿新型工业化的全过程，把建设制造强国同发展数字经济、产业信息化等有机结合，推动经济发展的质量变革、效率变革、动力变革，为中国式现代化构筑强大物质技术基础。

以发展新质生产力推动新型工业化的政策方向

以发展新质生产力推动新型工业化，要求科技创新沿着数字化、智能化、绿色化和融合化方向持续推进产业创新，推进产业升级和结构优化，形成现代化产业体系。以科技创新引领现代化产业体系建设，是通过发展新质生产力推动新型工业化的基本路径，需要着重把握以下几方面的政策方向。

第一，深化科技体制改革，强化基础研究能力，推动前沿技术、底

---

① 黄群慧，盛方富.新质生产力系统：要素特质、结构承载与功能取向 [J].改革，2024（2）.

层"根技术"突破。改革开放尤其是新时代以来，我国科技创新能力和产业体系的技术先进水平不断提高，全社会研发经费支出居世界第二位，研发人员总量居世界首位。我国已进入创新型国家行列，但科技创新能力和工业化技术先进性与世界先进水平还有差距，尤其是原始创新能力和底层技术开发能力十分欠缺，技术创新的主导模式是基于西方底层技术在中国市场上进行的二次创新，在全球制造能力谱系中还没有形成独特能力，核心基础零部件（元器件）、关键基础材料、核心基础工业、行业技术基础等工业基础能力薄弱。例如，高端芯片、半导体关键设备及材料对外依存度超过90%，几乎全部高档液压件、密封件和发动机需要依靠进口。我国研发经费投入中的基础研究经费投入占比远远低于欧美等经济体。值得强调的是，抢占未来战略制高点，大力发展新质生产力，需要超前布局未来产业，而未来产业具有强科学依赖性，更需要加大基础研发投入，提高基础研究能力。为此，要强化企业科技创新主体地位，不断完善社会主义市场经济条件下的新型举国体制，大力弘扬科学家精神、企业家精神和工匠精神，推进创新链产业链资金链人才链深度融合，尤其要强化基础研究能力、原始创新和颠覆性技术创新，提高自主创新能力。

第二，把握新一轮科技革命和产业变革趋势，以人工智能赋能新型工业化。人工智能是基于算力、算法和数据等关键要素发展起来的、引领新一轮科技革命和产业变革的战略性技术，能够逐步使机器具有人类的智能，具有渗透协同性、颠覆创新性、自主生成性和高效赋能性，对人类经济社会发展具有重大和深远的影响，是新质生产力的典型代表。当前，我国已建设近万家数字化车间和智能工厂，在人工智能赋能新型工业化方面取得了初步的成效。未来，我国应进一步加快以人工智能全方位、深层次赋能新型工业化，针对装备制造业、电子信息、原材料、能源电力、消费品等重点行业，构建重点行业大模型和工业知识库，以场景应用为牵引，大力发展智能产品，以制造业全流程智能改造实现人工智能和制造业深度融合，推进制造强国、网络强国和数字中国建设。另外，在全球产业链供应链加速重构的背景下，要避免因制造业外移、过快或过早"去制造业化"而引发产业链供应链安全问题，把产业核心技术和基础能力保留在本土。因此，可借鉴日本在 20 世纪 80 年代中期的制造业布局模式——"母工厂"的经验，叠加当今世界智能化、数字化的技术发展趋势，大力建设"智能母工厂"，推动形成具有技术先进性、体系完整性和产业安全性的现代化产业体系，大力推进新型工业化。

第三，积极探索有效投资机制，适度超前加大信息基础设施、融合基础设施和创新基础设施等新型基础设施的建设力度。在生产力要素中，基础设施可作为劳动工具的一个集合，是生产力发展到高级阶段的生产活动开展的重要基础。在一国工业化进程中，基础设施发挥着越来越重要的作用。完善的现代基础设施既是实现工业化的基本动力也是工业化实现的重要标志。不同社会发展阶段的基础设施，不仅反映了生产力的水平，也影响和推动着社会生产生活方式的变革。新型基础设施是新质生产力的基础支撑，不仅包括 5G、大数据、人工智能、云计算、工业互联网、新能源汽车充电桩、高铁等重点领域，在更广泛的意义上，涵盖所有新型工业化和新型城镇化的基础设施，既包括新一代信息基础设施和新能源基础设施，也包括经信息化、智能化、绿色化改造的传统基础设施，还包括创新基础设施，如重大科技基础设施、科教基础设施、产业技术创新基础设施等。尤其是围绕科技创新，尽快建成布局完整、技术先进、运行高效、支撑有力的创新基础设施体系，加大力度建设大型科学装置和公共科研平台，推进"连接+算力"基础设施的高质量发展，推动传统基础设施的数字化转型。当前，我国正在推进全国一体化算力网建设，要探索有效的投资机制和产业政策，加大算力行业投资，扭转算力行业碎片化趋势，提高算力行业效率。

第四，优化新质生产力布局，促进各类优质生产要素高效配置，因地制宜发展新质生产力。围绕区域协调发展战略、区域重大战略、主体功能区战略以及新型城镇化战略等，优化新质生产力布局，促进区域协调发展，形成构建优势互补、高质量发展的区域经济布局和国土空间体系。同时，还要因地制宜发展新质生产力，防止一哄而上、泡沫化，也不搞一种模式。各地应坚持从实际出发，先立后破、因地制宜、分类指导，根据资源禀赋、产业基础、科研条件等，有选择地推动新产业、新模式、新动能发展，用新技术改造提升传统产业，积极促进产业高端化、智能化、绿色化。[①] 一方面，加快推进全国统一大市场建设，通过统一的基础制度规则、统一联通的市场设施、统一的要素资源市场、统一的商品服务市场、统一的市场监管以及破除地方保护，打通制约经济循环的关键堵点，营造稳定公平、透明、可预期的营商环境，进一步降低市场交易成本，促进科技创新和产业升级，促进商品要素资源在更大范围内畅通流动，使优质生产要素向新质生产力发展方向集聚。另一方面，各地要因地制宜地制定实施促进新质生产力发展的产业政策。对于以招商引资为重要抓手的地方政府而言，各地招商政策的重点都针对高新技术和战略性新兴产业，较少考虑本地区的比较优势，较易造成产业趋同、重复低效的投资现象。尤其是在数字技术革命背景下，曾作为中国经济发展重要驱动力来源之一的传统招商引资模式，已在很大程度上不再适用于新质生产力的发展需要。

第五，扩大高水平对外开放，深度参与全球产业分工和合作，加快

---

① 因地制宜发展新质生产力 [N]. 人民日报，2024-03-06（1）.

形成具有全球竞争力的开放创新生态。开放发展是发展新质生产力、推进新型工业化的必由之路。随着现代信息技术催生的万物互联社会的加速到来，社会化大生产和生产力发展的全球化特征愈发鲜明。当今世界科技发展需要形成开放创新生态，以共同应对全球性技术难题和进行技术治理。特别是在人工智能技术加速发展、应用场景不断拓宽的时代，人工智能开放源代码日益普遍，人们越来越认识到人工智能开源开放的必要性和重要性。与此同时，我国的诸多优秀开源项目也得到了广泛认可。立足新时代新征程，高水平对外开放至少具有两方面特征。一方面，我国国际合作的比较优势从低成本劳动力主导转向主要依托超大规模市场优势，对外开放要以国内大循环吸引全球资源要素，并以此为基础增强国内国际两个市场两种资源联动效应。另一方面，稳步扩大规则、规制、管理、标准等制度型开放，积极对接《全面与进步跨太平洋伙伴关系协定》《数字经济伙伴关系协定》等国际高标准经贸规则，这要求我国深入实施自由贸易试验区提升战略，将其打造成为高水平自主创新高地、高素质要素集聚高地、高标准规则测试高地。同时，我国要加强与共建"一带一路"国家在市场、规则和标准等方面的联通，通过深化金砖国家新工业革命伙伴关系，促进金砖国家在数字化、工业化、创新和投资领域实现高质量发展与高水平安全相统一。此外，我国还需加快调整完善产业安全管理体系和产业安全政策体系，以有效应对西方国家的"脱钩断链"威胁、数字化驱动的产业链供应链重构、"卡脖子"技术供给能力不足、劳动密集型产业过快向外转移、工业基础原材料和能源供给冲击等多重因素叠加可能引发的重大产业安全风险。

数字经济的发展与治理 [①]

黄益平

（北京大学博雅特聘教授、国家发展研究院院长、
南南合作与发展学院院长、数字金融研究中心主任）

数字经济是第四次工业革命的产物，也是我国离国际经济技术前沿最近的经济部门，我国一些头部数字经济企业甚至排在全球的前列。作为一个发展中国家，我国的这个成就十分了不起。同时，数字经济对于我国经济实现高质量发展，也具有举足轻重的意义。但在过去一段时期，数字经济领域也出现了一些诸如损害消费者利益和不正当竞争等不规范行为。如何构建有效的数字经济治理体系，促进数字经济健康发展，是中国式现代化的一个重要课题。

数字经济发展是市场化改革的重要成果

数字经济是继农业经济、工业经济之后的主要经济形态，是以数据

---

① 本文根据作者于十三届全国人大常委会专题讲座第三十一讲的主题演讲整理。

资源为关键要素，以现代信息网络为主要载体，以信息通信技术融合应用、全要素数字化转型为重要推动力，促进公平与效率更加统一的新经济形态。①《"十四五"数字经济发展规划》提出："以数据为关键要素，以数字技术与实体经济深度融合为主线，加强数字基础设施建设，完善数字经济治理体系，协同推进数字产业化和产业数字化，赋能传统产业转型升级，培育新产业新业态新模式，不断做强做优做大我国数字经济。"

数字经济包括五大类产业：数字产品制造业、数字产品服务业、数字技术应用业、数字要素驱动业和数字化效率提升业。前四类为"数字产业化"部分，指为产业数字化提供数字技术、产品、服务、基础设施和解决方案，以及完全依赖于数字技术、数据要素的各类经济活动，这是数字经济的核心产业。第五类则为"产业数字化"部分，指利用数据与数字技术对传统产业进行升级、转型和再造的过程。② 据北京大学课题组测算，2012—2018 年间，数字经济部门对 GDP 增长的贡献率达到了 74.4%。③ 另外，据中国信息通信研究院估计，2021 年，我国数字产业化规模为 8.35 万亿元，占 GDP 比重为 7.3%。产业数字化规模达到 37.18 万亿元，占 GDP 比重为 32.5%。④ 同年美国数字经济规模蝉联世

① "十四五"数字经济发展规划 [EB/OL].（2021-12-12）. https://www.gov.cn/gongbao/content/2022/content_5671108.htm.

② 国家统计局. 数字经济及其核心产业统计分类 [EB/OL].（2021-05-27）. https://www.gov.cn/gongbao/content/2021/content_5625996.htm.

③ 北京大学平台经济创新与治理课题组. 平台经济：创新、治理与繁荣 [M]. 北京：中信出版集团，2022. 课题组所计算的"数字经济部门"主要包括信息与通信技术（ICT）制造以及密集使用 ICT 的制造业和服务业，这个范围与国家统计局和中国信息通信研究院的定义可能有差异。

④ 中国信息通信研究院. 中国数字经济发展报告（2022 年）[R/OL].（2022-08-19）. http://www.caict.ac.cn/english/research/whitepapers/202208/P020220819505049573088.pdf.

界第一，达到 15.3 万亿美元。中国位居第二，规模为 7.1 万亿美元。[①]

平台经济是数字经济的一种特殊形态，是指依托于云、网、端等网络基础设施并利用人工智能、大数据分析、区块链等数字技术工具撮合交易、传输内容、管理流程的新经济模式。常见的数字平台包括电子商务、网络约车、文娱、社交媒体、搜索、数字金融等。我国在自 1994 年接入互联网之后的近 30 年间，涌现了数量巨大的互联网公司，其中一些已经成长为全国甚至全球的头部平台。根据美国调查公司 CBInsights 的统计，截至 2022 年 9 月底，全球总共有 1199 家"独角兽"企业，即估值超过 10 亿美元的初创企业，其中美国公司占比54.1%，排名全球第一；中国公司占比 14.4%，位居第二。

一般认为我国数字经济具有"大而不强"的特点。[②]"大"主要体现在覆盖的用户广、市场的规模大和企业的数量多，"不强"主要是指质量不高，技术优势不突出，关键领域的创新能力也不足。2021 年，我国数字经济规模占 GDP 的 39.8%，显著低于德国、英国和美国的65% 以上。对比中美最大的 10 家创新企业，我国有 7 家的业务模式是由商业模式驱动，另外 3 家则是技术创新驱动；美国则有 7 家是由技术创新驱动，只有 3 家是商业模式驱动。另外，我国几乎所有的头部平台都是以消费互联网为主，只有少数兼营产业互联网。而在美国，专注消费互联网与产业互联网的头部平台的数量几乎相等。如果说美国数字经济的比较优势在技术，那我国数字经济的比较优势则在市场。

考虑到我国还是一个发展中国家，数字经济"大而不强"的特点也

① 中国信息通信研究院. 全球数字经济白皮书（2022 年）[R/OL].（2022-12-07）. http://www.caict.ac.cn/kxyj/qwfb/bps/202212/P020221207397428021671.pdf.

② 何立峰. 国务院关于数字经济发展情况的报告 [EB/OL].（2022-11-28）. https://www.gov.cn/xinwen/2022-11/28/content_5729249.htm.

不能算是一个缺陷。无论看数字经济的规模，还是看头部平台的数量，我国都稳居全球第二，这是一个非常了不起的成就。在过去的五六年间，我国前沿数字技术的创新能力实现了突飞猛进的进步。根据英国学者的统计，如果把美国、欧洲、日本和中国的专利数放在一起，我国的区块链技术专利占比80%，计算机视觉技术专利占比60%以上，自动驾驶技术专利占比约40%，我国在这些领域的专利数都超过了美国。[1] 自18世纪中叶以来，全球已经发生过四次工业革命。在第四次工业革命期间，我国第一次紧随着数字技术进步的步伐，运用大数据、云计算、互联网、区块链和人工智能等新技术创新经济活动，这是一个历史性的进步。

我国的数字经济发展能够取得巨大的成就，贡献因素很多，最为重要的是有为政府和有效市场的结合，有为政府不仅改善营商环境、克服市场失灵，还适当超前地建设了大量的数字基础设施，有效市场则将大量的资源特别是资金配置到新兴的数字经济产业。一方面，数字经济是我国市场化改革最为耀眼的经济成就之一，同时也创造了许多中国梦的典型案例。几乎每一家头部企业，最初都是由一位或数位年轻人形成创业的想法，然后利用市场动员起规模庞大的技术、人才、资金，让新的数字经济产品或模式迅速落地并不断地迭代、改进。另一方面，数字经济的发展也得益于我国相对发达的数字基础设施。无论看移动电信的覆盖面，还是看互联网的普及率，中国都显著领先于绝大多数发展中国家，这得益于多年来政府在数字基础设施领域所做的"适度超前"的布局与投资。目前，我国已建成全球规模最大、技术领先的网络基础设施。截至2021年底，我国已建成5G基站142.5万个，总量占全球60%以上，5G用户数达到3.55亿户，行政村通宽带率达100%。

---

[1] Antonin Bergeaud，Cyril Verluise."中国技术实力的崛起：前沿技术的视角"，POID 工作论文，POIDWP039，2022年10月14日，伦敦政经学院。

另外，一些因素在特定阶段也发挥了推动数字经济发展的重要作用，包括超大规模的人口、较弱的个人权益保护以及与国际市场的相对分隔，但其中有些因素已经发生改变或者很快就会改变。首先，超过 14 亿的人口数量有利于创新、试验新产品、新业务模式，对于发挥数字经济的规模效应尤其重要，我国一些头部平台拥有数亿甚至 10 亿用户。其次，过去我国对个人权益特别是个人隐私保护存在不足，这为数字经济创新提供了很大的空间，但许多业务侵犯了个人权利，野蛮生长，这正是数字经济专项整治试图重点解决的问题之一。最后，迄今国内数字经济行业与国际市场是分隔的，这为国内企业的成长赢得了时间和空间，但可以预期的是，国内外市场分隔的局面不可能长期持续。

随着我国经济开启新时代新征程，数字经济发展也在步入新的阶段。一方面，高质量发展是建设社会主义现代化强国的首要任务，数字经济理应承担起助力高质量发展的使命。数字经济已经形成了较大的规模，在一些技术领域也在快速地赶上来，但技术优势还需要进一步培育，在商业模式创新的基础上，更加重视关键领域的创新能力，提升数字经济发展的质量。业务重点也要进一步扩展，更加贴近实体型经济，从消费互联网扩大到产业互联网，从"新零售"扩展到"新制造"。另一方面，现在数字经济治理从专项整治走向常态化监管，一些比较突出的问题已经得到了纠正，数字经济发展也开始走入一个新的更为规范、健康的阶段。但监管与治理是一个长期的任务，正如习近平总书记指出的：要规范数字经济发展，坚持促进发展和监管规范两手抓、两手都要硬，在发展中规范、在规范中发展。①

---

① 习近平主持中央政治局第三十四次集体学习：把握数字经济发展趋势和规律　推动我国数字经济健康发展 [EB/OL]．（2021-10-19）．https://www.gov.cn/xinwen/2021/10/19/content_5643653.htm.

数字经济的收益与挑战同样突出

数字技术带来的经济改变是革命性的，《"十四五"数字经济发展规划》就提出："数字经济发展速度之快、辐射范围之广、影响程度之深前所未有，正推动生产方式、生活方式和治理方式深刻变革，成为重组全球要素资源、重塑全球经济结构、改变全球竞争格局的关键力量。"加快数字经济的高质量发展，对于我国在 2035 年达到中等发达国家水平、在 2049 年建成社会主义现代化强国，都具有十分重要的意义。

数字技术对经济运营机制的改变可以用"三升三降"来概括，"三升三降"即扩大规模、提升效率、改善用户体验、降低成本、控制风险和减少直接接触。这些改变主要是基于数字技术所具有的一些全新的经济特性，比如规模经济、范围经济、网络外部性、双边或多边市场等。规模经济意味着企业的规模越大，平均成本越低、经营效率越高，这可能是得益于数字技术的长尾效应，即在完成固定成本投入之后，进一步扩大经营规模的边际成本很低。范围经济是指同时生产多种产品的总成本低于分别生产各种产品的成本之和，这可能是数字经济领域跨界竞争现象十分普遍的主要原因。网络外部性是指一个网络的使用者越多，其人均的使用价值也就越高，网络本身的市场价值也就越大。而双边市场是指相互提供网络收益的独立用户群体的经济网络，一组参与者加入平台的收益取决于加入该网络的另一组参与者的数量，这样，数字平台在对一方定价时往往会考虑对另一方的外部影响。正是基于这些特性，许多数字平台都动辄拥有数亿用户，而且同时提供多种线上服务，甚至还对用户提供免费甚至有补贴的服务。

数字经济给我国的生产方式、生活方式与社会治理方式带来了翻天覆地的改变。一是提升了人民群众的生活质量。购物、点餐、约车、订酒店等日常生活所需要的服务几乎全部可以在线上安排，用户既节省了时间与开支，还能享受更为丰富的消费品类。在新冠疫情期间，线上交易对于消费发挥了重要的稳定器的作用。二是改善了经济活动的普惠性。利用规模经济和长尾效应，数字经济服务已经覆盖超过10亿的个人和将近1亿的个体经营者，同时还降低了创新与创业的门槛，在活跃了经济微观细胞的同时，还创造了两亿左右的灵活就业机会。三是加速创新并孵化了许多新的数字经济业态。几乎所有的数字经济企业都是创新型机构，它们依靠新技术孵化新的制造与服务业态，大多数头部平台还都是知识产权的大户。四是利用数字技术改造传统产业，达成提质增效的目的。产业数字化从聚焦个别经营环节到覆盖整个产业链生态系统，形成了越来越强的经济动能。

我国的数字金融创新提供了一个有代表性的案例，它既是扎根中国大地的金融革命，又是国际前沿的金融创新。两家头部移动支付机构的活跃用户规模领先全球，在支付效率与安全性方面也表现出色。而几家新型互联网银行一方面利用数字平台快速、海量、低成本地获客并积累数字足迹，另一方面利用大数据与机器学习方法进行信用风险评估，这个被称为"大科技信贷"的创新业务模式可以服务大量既无财务数据又缺乏抵押资产的"信用白户"。在新冠疫情期间，一些传统金融机构暂停了服务，数字金融机构却在持续地提供支付、投资及信贷等服务。国际货币基金组织（IMF）总裁格奥尔基耶娃因此亲自出面邀请我国学术机构一起于2020年6月联合组织关于大科技信贷的闭门研讨会。"北京大学数字普惠金融指数"显示，在2011—2021年间，数字普惠金融发展水平的地区差异大幅缩小，数字金融服务已经跨越"胡焕庸线"，触达广阔的西部地区。[1]

---

[1] 黄益平，杜大伟. 数字金融革命：中国经验及启示 [M]. 北京：北京大学出版社，2023.

但数字经济领域也出现了不少值得深入思考并解决的问题。

第一，数字经济的规模效应是否必然导致垄断？做大企业规模、形成市场势力是每一个企业家追求的经营目标，而规模效应也意味着规模越大、效率越高，这样就可能造成一家独大、赢者通吃的局面。在现实中，许多头部数字经济企业确实都是"巨无霸"，在国内市场占据很大的份额。数字大平台冲击线下小厂小店的现象并不少见，平台的使用者更无法判定平台资源配置与定价的公平性。前些年诸如"二选一"之类的排他性协议也很常见。因此，市场参与者常常会担心大企业利用市场支配地位实施垄断行为。

第二，如何在大数据分析效率与个人隐私保护之间取得平衡？数据是"新的石油"、新的生产要素，通过大数据分析撮合供需双方、管理信用风险等大量新兴业务模式已经成功落地并取得了不错的经济效益。但过去信息保护不到位，不合规、不合法地搜集、加工并使用数据的现象十分普遍，个人隐私与商业机密泄露的事件时有发生。效率与权益之间的平衡点应该在哪里，这是一个重要的政策难题。如果数据保护不到位，就会损害个人与机构的权益，甚至引发社会与经济风险；如果保护过度，大数据分析可能就无从做起。

第三，数字平台究竟会促进还是遏制经济创新？数字经济企业确实都具有很强的创新基因，如果没有创新能力，它们也不可能快速发展，成长为有一定规模的企业。但数字平台企业在成为"巨无霸"之后，是否还会保持创新动力与能力，是一个值得观察的问题。所谓的"猎杀式并购"，就是一些头部数字平台利用充足的现金流，大量收购相近业务领域的初创企业，然后束之高阁，其目的是消灭潜在的竞争对手。另外，一些头部平台通过"烧钱"做大市场，这类商业模式的创新也许会挤占过多的创投基金，从而影响硬科技创新。

第四，数字经济如何才能更好地助力我国实现共同富裕的愿景？从其普惠性看，数字经济应该是有利于改善收入分配的，约两亿个门槛低、工作时间灵活的"零工"就业机会是一个很好的例子。但可能还有"硬币"的另一面：一是数字经济企业的快速成长往往伴随着一大批传统企业的倒闭，这样就会有很多员工需要再就业；二是"零工"就业的工作条件并不好，许多外卖员"被困在算法里"，而且他们的社会保障通常也不是很完善；三是数字经济领域的财富集中度非常高，行业参与者并不一定都能获得与其贡献对等的收入与财富。

最后，怎样完善数字平台的治理功能？数字平台的治理功能既包括平台本身的治理，也包括社会治理。在传统经济中，企业、市场与政府分别发挥经营、交易与调控的功能。但平台企业打破了上述三者之间的分工边界，它既是经营主体，又是交易场所，同时还发挥一定的调控作用。平台兼具经营、交易和调控功能可能导致的一个问题是平台既做裁判员又当运动员，这样就有可能破坏市场秩序，造成不公平竞争，损害消费者利益。同时，平台也可以发挥辅助政府治理的积极作用，包括参与电子政务、数字政府、城市大脑的建设。但平台巨大的影响力如果折射到社会、政治或意识形态领域，就会变成一个非常敏感的话题。

治理体系的构建需要从理念创新入手

数字经济的优势很突出，挑战也很严峻。2020年底的中央经济工作会议提出"强化反垄断"与"防止资本无序扩张"，由此开启了数字经济领域的专项整治政策。在之后的近两年间，决策部门制定了相关的法律，也采取了不少监管举措。2022年底的中央经济工作会议则明确提出，"要大力发展数字经济，提升常态化监管水平，支持平台企业在引领发展、创造就业、国际竞争中大显身手"。从专项整治走向常态化监管，治理体系会变得更加明确，从而提供一个比较稳定的政策环境，这将有利于数字经济实现高质量发展。

数字经济具有许多全新的特性，因此不应简单地套用传统经济的治理方法，甚至也不宜照搬欧美的一些政策实践。在欧美有一种观点，认为数字经济治理只要集中关注几家头部平台就可以了，[①] 这个思路对中国不太适用。欧美的常态化监管相对比较成熟，因此，加强数字经济治理的重点就在于规范头部平台的行为，特别是反垄断。而我国的治理框架刚刚开始搭建，需要关注的不仅仅是头部平台的垄断行为，所有数字经济企业的经营行为都需要规范。

数字经济治理中经常碰到的垄断问题与数据问题提供了两个很好的实例，印证了为什么不能简单地套用传统经济的治理方法。而这就要求在严谨分析的基础上，做政策理念的创新，然后才能构建适应数字经济特性的治理体系。

反垄断是平台经济专项治理政策的主要内容之一。我国的《反垄断法》明确了三类垄断行为，即经营者达成垄断协议，经营者滥用市场支配地位，具有或者可能具有排除、限制竞争效果的经营者集中。2021年2月7日，《国务院反垄断委员会关于平台经济领域的反垄断指南》发布，这是第一份关于平台经济反垄断政策的完整框架。[②]2021年4月10日，国家市场监管总局对阿里巴巴就其"二选一"行为做出处罚，这是平台经济领域第一张反垄断罚单。2021年11月18日，国家反垄断局正式挂

---

① 见英国数字竞争专家主席杰森·福尔曼（Jason Furman）2019年3月的《解锁数字竞争》研究报告。

② 国务院反垄断委员会关于平台经济领域的反垄断指南 [EB/OL].（2021-02-07）. https://www.gov.cn/xinwen/2021-02/07/content_5585758.htm.

牌，标志着我国反垄断政策特别是平台经济领域反垄断政策走入全新的阶段。

自1890年颁布《谢尔曼法》以来，美国反垄断政策的思想大致可以划分为两个阶段，20世纪80年代之前的"结构主义"和之后的"行为主义"。结构主义主要基于这样一个观察，即市场集中度和企业绩效呈正相关。因此，如果政府可以直接调整市场结构，就可以起到釜底抽薪的反垄断效果。形成于20世纪初的布兰迪斯主义不仅仅反对垄断，还直接反对庞大。行为主义对结构主义的主要批评是，如果单纯地惩罚大企业，就是在惩罚竞争优胜者，这对行业发展、经济增长都是不利的。是否存在垄断，不能只看市场结构，还应该看市场行为。如果企业在做大经营规模的同时增进了消费者福利，那就不应该受到惩罚。而反映消费者福利的一个指标就是价格，如果企业利用市场支配地位，提高价格从而获取超额利润，那就是垄断行为。

不过消费者福利或价格这个简单易行的标准在数字经济的垄断行为面前往往显得无能为力，因为许多平台经常压低消费者价格甚至提供免费服务。但多边市场与网络效应等特性表明，不收费并不一定意味着"免费"，也并不一定表明这些企业不拥有垄断地位。通过补贴一边的用户以扩大市场规模，恰恰是平台企业经常采用的提高营业收入甚至形成市场支配地位的重要策略。虽然"免费"的服务在短期内对消费者有利，但如果这个商业策略的目的是做大市场规模甚至改变市场结构，最终获取垄断地位，那这个策略从长期看对消费者是不利的。消费者福利标准不适应平台经济领域的垄断，直接推动了布兰迪斯主义在美国的重生。

但这又回到了行为主义对结构主义的批评，"大就是问题"的视角更不适数字经济领域，因为它与数字技术的特性是背道而驰的。传统经济学理论认为，市场支配地位越强，价格就越高，"无谓损失"或福利损失就越大。但数字经济最重要的特性就是长尾效应、规模经济。如果以规模判定垄断，就会出现一个无法化解的矛盾：数字经济企业要么做不起来，要么一旦做大，就很可能被反垄断、被分拆。如果那样，数字经济也就永远无法发展。

数字经济的范围经济特性有可能让充分竞争与规模经济实现共存。不喜欢大的企业规模或者高的市场份额，主要还是担心造成"赢者通吃"的局面，但这是传统经济的理念，比如在石油或者钢铁行业。范围经济意味着一旦平台在一个行业做大，很容易展开跨行业竞争，比如短视频平台做外卖、社交平台做搜索。这些平台即便能够做大，也并不一定能够独霸市场，在2013—2020年间，电商市场份额发生了非常大的改变，原先"一家独大"的电商平台失去了超过一半的市场份额，这说明它之前并不拥有市场支配地位。

判断数字经济领域是否存在垄断，不应该简单地看"消费者福利"，更不应该只关注"企业规模"，而应该重视"可竞争性"条件，即潜在竞争者进入或退出市场的便利度。[1]如果便利度高，潜在竞争者就可以对在位企业形成较大的竞争压力。在这种情况下，即便一个行业只有一家或少数几家企业，在位企业也无法自由地实施垄断行为、榨取高额利润。需要指出的是，"可竞争性"条件的决定因素是潜在竞争者进入的沉没成本，这里所说的沉没成本不只包括营业牌照，也包括用户和数据等条件。另外，较强的"可竞争性"虽不必然导致较高的竞争程度，但仍然可以阻止在位企业实施垄断行为。

因此，"可竞争性"条件是一个可以指导平台经济领域经济监管与

---

[1] Baumol, William J. Contestable Markets: An Uprising in the Theory of Industrial Structure[J]. American Economic Review, 1982, 72(1):1-15.

反垄断执法的重要概念。用"可竞争性"的分析框架来讨论我国当前面临的问题，起码有两个方面的重要启示。

一是与美国相比，我国平台经济领域的竞争程度似乎要高一些。在美国，四家头部平台长期主导一些行业，它或许更应该担心垄断问题。为什么美国平台企业跨行业经营的现象相对少一些？可能有多种原因，比如更为严厉的监管限制、数据与人工智能的应用导致了更高的进入门槛以及"心照不宣的合谋"。但无论如何，目前我国平台经济跨行业竞争的现象十分普遍，竞争程度较高。相比较而言，我国平台经济领域反垄断的紧迫性没有美国那么强烈。

二是平台经济的监管政策也应该关注"可竞争性"条件。如果保持很高的"可竞争性"，形成垄断的可能性就会下降。即便发现垄断行为的证据，也尽量不要采取分拆的做法，而应该尽力减少潜在进入企业的沉没成本，降低进入与退出市场的门槛。如果用户人数是重要的进入门槛，可以考虑在不同平台之间实现联通。以电信网络为例，只要有手机、能联网，就可以联系到所有人，这并不取决于用户加入的电信系统的大小。如果数据是主要成本，也许可以考虑允许用户携带数据或者在不同平台之间实现某种形式的共享。当然，这些措施不可能彻底消除那些大平台的相对优势，但也不应该无视头部平台在做了大量投资以后获取一定回报的正当要求。采取政策措施保障一定程度"可竞争性"条件的目的是防范出现垄断行为，而不是盲目地追求平台之间的绝对平等。

数据要素的治理思路也同样需要创新。2020年4月，《中共中央、国务院关于构建更加完善的要素市场化配置体制机制的意见》首次将数据与土地、劳动力、资本、技术等传统要素并列，并强调要加快培育数据要素市场。数据成为生产要素，将改写生产函数，放大其他生产要素的贡献度并提高总要素生产率。这其实是为发展中国家提供了一条赶超领先经济的新途径。

根据《数字中国发展报告（2021年）》的数据，2017—2021年，我国数据产量从2.3ZB增长至6.6ZB，2021年的数据产量在全球的占比为9.9%，位居世界第二。[①] 但据国家工业信息安全发展研究中心的测算，2020年我国数据要素市场的规模约为545亿元，约为美国的3.1%、日本的17.5%。我国数据虽产量巨大，但使用效率还有待提高。因此，如何培育数据要素市场，提升数据要素的供给能力，构建数据治理体系，充分发挥海量数据和丰富应用场景优势，确保数字经济高质量发展，是中国式现代化建设中的一个重大课题。

数据要素治理体系是指统筹数据要素生产、流通、使用、收益分配过程的一系列政策与制度安排。传统要素的治理体系有两个重要的原则，一是明确所有权，二是保障公平交易。这两个原则同样适用于数据要素的治理，但在具体做法上需要创新，因为与传统生产要素相比，数据要素具有一些鲜明的特征。数据要素形成过程中参与方比较多，并且在使用过程中各方的重要性也有很大差异，这意味着数据很难像土地、劳动和资本那样清晰地确定所有权。同时，数据不仅包含部分有关个人隐私和商业机密的信息，还呈现出非排他性、非竞争性和非耗竭性的特性，再加上比较难形成标准化的产品，信息不对称的矛盾十分突出，因此也无法像土地、劳动和资本那样在市场上流通。

2022年12月，《中共中央、国务院关于构建数据基础制度更好发挥数据要素作用的意见》(以下简称《数据二十条》)，提出了一系列创新性的数据治理思路与制度。其中最值得关注的设计可能是数据产权结

---

① 国家互联网信息办公室. 数字中国发展报告（2021年）[R/OL]. (2022-08-02). https://www.cac.gov.cn/2022-08/02/c_1661066515613920.htm.

构性分置制度，即数据资源持有权、数据加工使用权、数据产品经营权"三权分置"。对公共数据、企业数据和个人数据，实行分类分级确权授权。其中，对于公共数据，主要是强化统筹授权使用和管理，打破"数据孤岛"；对于企业数据，市场主体享有依法依规持有、使用、获取收益的权益；而对于个人信息，则推动数据处理者按照个人授权范围依法依规采集、持有、托管和使用数据。这些都是基于一个重要前提，即不损害个人隐私、商业机密和公共利益。与数据产权结构性分置制度相配合，还要建立数据要素各参与方合法权益保护制度，充分保护数据来源者和数据处理者的合法权益。

影响数据要素使用效率的另一个重要环节是流通。近年来我国已经成立了约40家数据交易所，但业务开展很不理想，也说明数据交易比其他生产要素或商品交易更为困难。《数据二十条》明确支持数据处理者在场内和场外采取开放、共享、交换、交易等方式流通数据，并且提出要加强数据交易场所体系设计，统筹优化布局，严控交易场所数量，突出国家级数据交易所的基础服务功能，强化其公共属性，同时鼓励数据商进场交易。审慎对待原始数据的流转交易行为，对于公共数据尤其要按照"原始数据不出域、数据可用不可见"的要求，以模型、核验等产品和服务等形式向社会提供。不过，无论是场内还是场外交易，除了权益保障，还有一个很重要的条件是克服数据交易中的信息不对称，这可能是当前交易所业务不活跃的主要原因。相对而言，直接交易的点对点模式和间接交易的数据商模式，增加了一道供需匹配的环节。因此，短期内也许应该把重点放在支持这类场外交易的规范发展上，等条件成熟了，再鼓励他们进场交易。

数据要素治理还有一个其他生产要素不存在的问题，即算法治理。《数据二十条》提到了算法审查，但并没有具体说明怎么做。北京大学课题组曾经提出了一个算法审计的设想。[①] 算法是大数据分析生产率的一个重要支柱,对于数字经济中经营效率的提升和信用风险的管控做出了重大贡献。与此同时,算法黑箱、算法歧视等问题也时有所闻,关键是数字经济企业的大部分合作者和消费者完全无法判断算法的公平性,监管部门在现行政策框架下也很难真正做到穿透式监管。算法治理的核心可以包括三个层面:一是企业自我实行合规管理并制定科技伦理准则,坚持科技向善的导向;二是建立算法备案机制,起码可以对监管部门做到规则透明;三是监管部门或受委托的第三方定期或不定期组织算法审计,也可以在收到其他市场参与者投诉的时候启动审计。

构建中国特色的数字经济治理框架

构建适应数字经济特性的治理体系,促进数字经济的健康发展,对于我国实现经济高质量发展、建设社会主义现代化强国,具有十分重要的意义。在构建数字经济治理框架的过程中,可以参考如下几个方面的思路。

(一)明确数字经济治理体系的宗旨是创造良好的政策环境,形成稳定的政策预期,同时应准确界定"资本无序扩张"的含义,通过"在规范中发展、在发展中规范",实现数字经济"做强做大做好"的目标。

好的数字经济治理体系的核心应该是良好的政策环境和稳定的政策预期。我国的数字经济发展已经站在了全球的前排,但也出现了一些不规范甚至不合法的行为。规范行为最有效的方法是确立并落实清晰的治理规则,而不是运动式的整治,因为规范的目的是发展。对于"资本无

---

① 北京大学平台经济创新与治理课题组. 平台经济:创新、治理与繁荣 [M]// 沈艳,张俊妮. 平台经济中的数据治理. 北京:中信出版集团,2022.

序扩张"的含义，最好能做出更为清晰的界定，比如干预政治、影响意识形态，这有利于在政策执行过程中避免出现扩大化的解读。设置"红绿灯"的做法具有清晰的政策指向，也比较容易理解并执行。不过，如果能用"负面清单"的概念替代"红绿灯"的提法，应该会更加有利于我国治理规则与国际规则的接轨。

（二）搭建数字经济治理体系的顶层结构，设立高规格的数字经济治理机构，统筹政策制定并协调政策执行。同时完善数字经济的法律体系，尽快制定《数字经济法》，统领数字经济的治理政策。

数字经济领域既有行业监管部门，比如交通运输部、中国人民银行和工信部，又有一般性的监管机构，如市场监管总局和网信办。大部分数字经济企业技术领先、业务综合性强，建议在国务院层面设立一个高规格的机构或者授权一家现有的综合性机构，这个机构主要代表国务院承担两个方面的责任：一是统筹数字经济治理政策的制定，包括与全国人大的联络；二是协调治理政策的执行，特别是消除监管空白、防止重复施政，同时也要把握不同机构推出新政的节奏。

我国已经颁布了不少与数字经济治理有关的法律法规，包括《消费者权益保护法》《电子商务法》《反不正当竞争法》《反垄断法》《网络安全法》《数据安全法》《个人信息保护法》等，其中的一部分并非专为数字经济制定，不同法律之间还存在衔接不顺的问题。建议全国人大尽快推动制定一部能够覆盖所有数字经济领域的纲领性的《数字经济法》，该法将来可作为数字经济领域的基本法，统领全国平台经济的治理实践。

（三）建立三个层次的数字经济治理架构：第一层是反垄断执法，纠正市场失灵，恢复市场效率；第二层是经济监管，维持市场有效运行；第三层是企业合规管理，确保经营活动与法律、规则和准则保持一致。

这三层架构受同一套治理规则指导，追求共同的合规经营目标，但三者的功能应适当分离，在运营中则可以既有分工又有合作。

反垄断执法的目的是尽快地恢复市场秩序，特别是增强行业的"可竞争性"。目前这个责任主要在国家反垄断局以及国务院反垄断委员会。在执行的过程中，建议重点关注"可竞争性"条件，市场份额不一定能准确地反映垄断行为。如果关注消费者福利，需对数字经济中消费者的各种显性、隐形的成本和收益做综合、细致的计算。《国务院反垄断委员会关于平台经济领域的反垄断指南》明确表示，对于"二选一""差异化定价"等行为，需要认真分析其经济合理性。不过，通常情况下应慎用反垄断执法这类刚性手段。

经济监管的职责主要是维护市场的有效运行，包括保障公平竞争、保护消费者利益。数字经济企业的监管职能同样应该适当集中，改变"九龙治水"的现象。与反垄断执法相比，经济监管更加柔性、常态化。考虑到数字经济监管本身具有很强的创新性，建议采取"回应型"的监管方式，监管者与企业之间保持日常性的沟通，及时发现问题、化解问题，同时给予被监管对象申诉的机会。也可以采用在数字金融领域常见的"监管沙箱"的做法，数字经济企业提出创新计划，然后在监管的全程监测下试运营新业务。

合规管理是现代企业制度的重要部分，其目的是确保经营活动符合法律、规则和准则的要求。合规管理在数字经济领域尤其重要，因为大部分企业的业务都涉及海量的数据、丰富的场景以及复杂的算法，完全依靠外部资源实施监管，难度非常大。通过合规管理，企业可以主动与监管部门合作，克服技术障碍，落实治理政策。企业可以主动向监管部门备案算法，并为监管部门或第三方独立机构实行算法审计提供技术条件。企业还应该制定科技伦理准则，为"科技向善"提出更高的标准。

（四）将数字经济纳入国家的财税体系之中，先行在国内试行已经达成国际共识的数字税"双支柱"方案，改善数字经济收入在不同要素之间的分配规则，规范收入分配秩序和财富积累机制，促进共同富裕。

数字经济的一些业务尚未纳入正规的统计体系，征税的难度也很大，但财税政策覆盖数字经济既有利于实现公平税负，也有助于资源在全社会的有效配置。近期税务部门已经加大了对平台企业、网络直播等领域偷漏税行为的处罚力度。建议以落实"双支柱"方案为切入点，让财税政策体系完整地覆盖数字经济，根据各地平台经济活动的水平分配超大平台的税收收入，同时确定最低实际税率水平，避免各地恶性争夺平台企业总部。这些举措既能促进地区经济平衡发展，也可以为未来与国际税收体系接轨铺路。另外，建议根据数字经济的特点完善财税政策，包括充分利用数字技术，以及改善数字经济收入在不同要素之间的分配规则，规范收入分配秩序和财富积累秩序。

（五）积极参与国际数字经济与数字贸易规则的制定，推动我国数字经济实现高水平、制度性的开放，大力促进数字贸易的发展，同时也为我国的数字经济企业到国际市场大显身手创造条件。

数字经济领域的开放是我国高水平开放政策的重要部分。无论是企业走出去或者引进来，还是参与数字贸易，都要基于国内国际规则的衔接。目前美国与欧盟已经分别提出了对数字贸易规则的诉求。作为数字经济大国，我国应尽快提出关于跨境数据流动、知识产权、消费者隐私、属地限制、垄断和数字税等方面的主张，积极加入《全面与进步跨太平洋伙伴关系协定》（CPTPP）、《数字经济伙伴关系协定》（DEPA）等多边协定，尽可能与数字技术较发达的欧美国家接轨，避免被排除在新规则制定过程之外。大力推进与共建"一带一路"国家之间的数字投资与数字贸易，边实践边完善规则，助力我国数字经济平稳开放。

医疗健康的经济学逻辑与改革方向 [①]

刘国恩

（北京大学博雅特聘教授、国家发展研究院经济学教授、
全球健康发展研究院院长、中国卫生经济研究中心主任）

卫生经济学与健康经济学之比较

卫生经济学与健康经济学的内涵一致，交集很大。当然，严格来讲，健康经济学的重点内容与卫生经济学有所不同，英文词汇也不同。卫生经济学是 healthcare economics，健康经济学是 health economics，但在国内外都存在把这二者混同使用的情况。卫生经济学重在研究卫生资源的有效配置，包括如何提高医药市场、医疗机构、医保支付的资源配置效率，以及医务人员工作市场的资源配置和制度安排，从而更好地满足人们对医疗卫生服务的需求。

健康经济学和卫生经济学高度相关，但除了研究医疗卫生服务对健康的决定作用，它还更强调个人与环境等因素对健康的影响，包括个人

---

① 本文根据作者于 2024 年接受网易财经智库的专访内容整理。

遗传基因、健康行为与生活方式，以及人们所处的社会、经济、政治、生态等环境对健康的影响。

总体来说，我们可以把影响健康的因素分成四大类：一是医疗卫生服务，这也是卫生经济学强调的主要部分；二是健康行为，吃什么、穿什么、行什么、做什么，即健康行为经济学；三是环境，既包括生态环境，也包括社会环境、经济环境、政治环境，这些都对人们的身心健康产生影响；四是遗传基因，基因也在一定程度上决定人们的健康水平，比如有一些基因变异导致的遗传性疾病、罕见病，并非后天医疗服务、个人行为或环境条件所致的问题。

如何配置医疗卫生资源

关于医疗卫生资源如何配置的问题，是卫生经济学研究的重点。具体到资源配置的方式，是要更多通过政府的行政手段还是通过市场的价格手段，这并不是一个简单的问题，甚至可以说是卫生经济学者讨论、争议的主线。总体而言，基于多年的研究，以及参与相关政策的观察，我个人的体会还是那句老话：尽管"市场之手"与行政干预都有必要，缺一不可，但各有不同分工的比较优势。

比如，现在国家实施的全民基本医疗保险就是政府主导的制度安排，如果没有行政手段，只根据个人需要缴纳保险基金购买商业医疗保险，不仅覆盖全民的目标难以实现，同时也会面临很强的选择性偏差，导致医保难以为继。比如，年轻、健康的人群面临的疾病风险较低，他们更倾向于不买保险；而中老年、有慢病风险的人群就倾向于购买保险，导致所谓的逆向选择问题。面临逆向选择，医保机构能够规避风险的手段无非是要么整体提高保费，这会导致健康人群购买保险的比例越来越低，走上所谓"死亡螺旋"的不归路，直到终结；要么针对高风险人群收取"歧视性"的高额保费，这不仅有悖"风险分担"的医保原则，在政治上也难以行得通，不是现代社会应对疾病负担的明智策略。

所以，为了实现全民医保的目标，发挥政府行政权力的优势，通过强制性的法律法规，要求居民个人或雇主集体加入全民医保，可以在很大程度上避免逆向选择的"死亡螺旋"问题。因此，只要在政治上可行、经济上有条件，政府主导就可以更顺利地推进全民医保的筹资工作。

不过，全民医保筹资上来是一回事，资金如何配置下去又是一回事。对于前者，政府主导具有明显优势；对于后者，情况则不同，市场竞争可能更具优势。对此，我们曾经有过关于两大模式的讨论。

一是医保资金直接划拨到医疗服务机构，即所谓的"补供方"。补供方模式主要通过行政手段，把资金事先配置到提供医疗服务的机构，旨在为民众就医时提供部分收费或不再收费的"免费"服务。很明显，因为缺乏需方"用脚投票"的直接监督和市场竞争，补供方模式的效率、公平和廉洁对行政计划和执行能力要求很高，包括制定周密的支付标准、执行规范、临床路径、监督检查等方方面面，当然也寄希望于更高的服务机构及其医务人员的职业操守和道德水平。与其他非竞争行业的问题一样，补供方模式面临的最大挑战是所谓"公地悲剧"问题：低效、贪腐、浪费。

二是让医保资金紧跟患者脚步买单，并具有"团购"的优势，即所谓的"补需方"模式。补需方模式把筹集的医保资金放在全民共享的基金池，代表民众形成强大的医疗服务购买平台，负责为居民的就医买单。补需方模式具有几大优势，包括增加了集体的"团购"和谈判能力，分担了疾病风险和负担；同时还能发挥患者"用脚投票"的作用，让患者自己决定去哪儿就医、何时就医，并基于就医体验和结果进行选择调整，促进医疗服务市场基于以患者为中心的供方竞争。

在 2009 年国家医改方案形成之前，关于国家基本医疗保障的模式选择，社会上下曾就"补供方"和"补需方"进行过大讨论，选择结果即今天我们所见的"补需方"主导的全民医保制度，这一制度覆盖了95% 以上的人群，而且城乡居民还具有自愿参保和就医选择的自主权。当然，全民医保制度的完善并非一蹴而就。2019 年之前，全民医保包括了城镇职工医疗保险、城镇居民医疗保险、新型农村合作医疗三大不同体系。2019 年以后，经过不懈努力，中国全民医保进一步实现了制度并轨，从制度上消除了城乡二元差别，实现了同地区、同保障的城乡居民基本医疗保险。从制度层面看，全民医保制度系统性消除了城乡身份歧视，完全称得上是中国现代公共政策进步的一大里程碑。

如何认识医疗健康产业的特征

从宏观经济的角度看，医疗健康服务的作用不仅在于满足人们的需求，同时也是现代经济服务业的重要组成部分。二战后 70 多年来的各国数据显示，医疗健康服务业占 GDP 的比重逐年增加，其增长速度几乎都超过所在国家宏观经济同期增长的速度，也成为经济学概念定义的所谓"奢侈品"。医疗健康服务的"奢侈品"属性不会是多数产业的共性，因为宏观经济是由若干产业构成，不可能每一个产业的增长率都持续超过宏观经济增长率。医疗健康服务的奢侈品特征体现在两个方面。

一是人们在创造经济财富的过程中，把越来越多的资源用于促进健康与长寿的相关服务，对人类发展而言，其意义不言而喻。

二是医疗健康的临床服务具有高度劳动密集型的特质，在临床医疗和健康护理机构，提供服务的主体仍然是医生、护士等专业医务人员。

尽管在原料、药品、器械等技术要素类物品的研发和生产过程中，自动化、机器人、人工智能的作用越来越大，通过替代人工劳动，不断提高工作效率和服务质量，但在临床医疗服务的"最后一公里"，人们看病就医仍然期待有温度的医务人员之手，为其提供面对面的温馨服务。美国医学院校有句医学格言：有时是治愈，常常是帮助，总是去安慰。通俗地讲，临床大夫能为患者提供专业服务价值，这种价值不仅仅局限于有时能够治愈疾病，即使无法治愈，也能为患者提供不可或缺的专业帮助和温馨安慰。

医生并非圣人，人类的大多疾病，尤其是若干慢病，病因极其复杂，能否治愈具有高度个体差异性与不确定性。事实上，根据国内外的流行病学数据，医生能够彻底"手到病除"的疾病也不过 20% 上下。问题是，如果不能够获得医生"神来之手"的治愈，是否意味着医生没有价值呢？当然不是，人们看病就医，除了治愈的情况，多数情况之下，医生仍然可以提供缓解、控制症状的专业帮助，比如流血止血、缺氧给氧、疼痛止痛、咳嗽止咳、发烧降温等服务。在此服务过程中，并非一定需要顶尖水平的大夫，普通医务人员的温馨、及时服务更为重要。除此之外，医务人员还能为患者提供专业的认知辅导和心理安慰，这对医患双方共同应对疾病和医疗的挑战至关重要，医务人员也是家庭成员或朋友难以取代的重要角色。

如果把"治愈、帮助、安慰"三大服务要素都系统考虑进来，不难理解医疗服务为何具备突出的劳动密集型特征，尤其是提供帮助和安慰的温馨之手，很难想象冰冷的机器能够取而代之。事实上，根据美国劳工部发布的就业数据，在 1998—2018 年的 20 年间，非农业的全行业就业指数从基数 100 上升到 117，其中 2008 年金融危机时，全行业平均水平出现大幅下跌，之后反弹。然而，同期显著高于全行业就业指数的是三类医疗机构的就业增长：医生诊所（从100上升到154），护理机构（从100上升到134），以及医院系统（从100上升到131）。更有意思的是，以上三大医疗就业指数并未受到2008年金融危机的任何"扰乱"，从1998年到2018年的指数曲线一路向上，似乎与美国宏观经济周期没什么关系。

为什么医疗服务在GDP中的占比不断提升

医疗服务的就业指数之所以没有随着经济周期变化而发生变化，根本原因之一是医疗服务需求具有刚性。经济好的时候，人们会生病看病，但时间成本是个问题；经济不好的时候，人们也会看病就医，甚至可能更多，因为不仅时间成本更低，低迷的经济和失业的焦虑还可能导致人们面临更高的疾病风险。所以，无论经济好坏，人们看病就医可以照常进行，反映在宏观统计数据当中，就是我们看到的医疗服务产业在各国GDP中的占比持续增加。目前，美国医疗服务占GDP的比重高达18.5%以上，为全球之最。中国近期这一比例超过了7%。

医疗服务占GDP的比重不断上升，产生了很多值得研究和探讨的重要问题，也是社会上下人们热议的主题。从正面来看，有两点值得一提。一是人们愿意把更多的财富投入到健康促进和寿命延长上来，享受更长更好的美丽人生。二是有利于现代服务业经济的就业市场，尤其在经济不景气时，医疗服务市场的就业韧性更大。

从另一方面看，医疗服务占GDP的比重不断上升，也使医疗通胀问题成为各国争论和担忧的焦点。对此，经济学家们常常关注三个具体问题。

第一，由于边际报酬递减"铁律"的约束，医疗投入不断增长，但健康回报越来越低，因此医疗资源使用效率也在递减。

第二，机会成本越来越高，由于资源有限性的约束，人们把越来越多的资源用于医疗服务，就意味着必须放弃本可以在生活其他方面的投入和享受，比如教育、住房、娱乐和休闲。换言之，医疗服务没有"免费的午餐"。

第三，制约经济增长。20世纪60年代，美国纽约大学的著名经济学家威廉·鲍莫尔注意到，现代服务业在宏观经济中的比重不断增加，一方面为长期经济增长提供更为广阔的需求空间，另一方面也会因为劳动生产率低而相对制约经济增长。以音乐为例，200年前人们到现场听四重奏，4个人演奏2个小时，假定市场门票价格反映了当时演奏家们的劳动生产率。今天人们去音乐厅听四重奏，同样是4个人演奏2个小时，演奏家的劳动生产率并未提高，可是人们得付出高于200年前数倍的票价。为什么呢？因为在今天，如果人们仍然想到现场听音乐四重奏，而不希望用非真人的廉价音乐技术取而代之，由于劳动力市场的流动竞争，人们不得不为之付出远高于音乐人劳动生产率对应的票价。

其实，现代服务经济的高昂成本现象极为普遍，因此也被称为著名的"鲍莫尔成本病"。无论医疗服务、教育服务、娱乐活动，还是体育活动，都广泛面临"鲍莫尔成本病"的现象。服务消费行业的一个共同特征是人们在消费过程中能有情感体验和参与感，自动化手段难以在技术上满足人们的个性化需求，即使在技术上可以实现，也很难达到人类享受同类成员服务的情感体验高度。因此，相对于如食品、衣物、住房、汽车、电脑、手机等物品需求，情感体验类服务一方面难以通过技术创新提高劳动生产率，一方面又具有永无止境的需求特性，从而成为现代经济中越来越占主导地位的需求源泉。

宏观数据显示，现代服务业在宏观经济中的比重越来越大。近年来，中国服务业在现代经济中所占比重跨过了 50% 大关，发达国家的这一比例几乎都高达 80% 以上。随着人类文明的进步，服务业在现代经济中的比重将进一步提高。从长远看，考虑到"鲍莫尔成本病"的约束问题，除非人类科技实现对服务业劳动生产力的重大突破，宏观经济的长期增长必然趋于缓慢。当然，人们不必为此沮丧，因为增长本身并非发展目的，如果缓慢但更高质量的增长能够促进人类的健康、长寿和幸福，何尝不是人类发展追求的更好目标？从这个角度理解"鲍莫尔成本病"现象，我以为其不仅反映了对现代经济增长的约束，也刻画了人类文明进步的足迹。

新冠疫情带给我们哪些警示

人类经过近 3 年艰苦的努力，终于走出了新冠疫情的阴霾，值得庆幸。回顾全球疫情的蔓延，世界各国都经历了痛苦的灾难性过程，代价高昂：除了新冠病毒直接导致的生命、健康损失，人们还付出了巨大的"次生灾害"代价，包括非新冠患者的医疗可及性、经济下行、停产停学、收入损失等等。

人们可以从 3 年疫情防控中总结不少经验和教训，当未来再次面临全球性大流行疾病的袭击时，可以更好地借鉴与应对。关于再次暴发全球大流行疾病的风险，科学界的共识是有增无减，因为人类活动越来越多地涉及其他物种的生存空间。除非人类采取降低大流行疾病风险的一致行动，否则大流行疾病的暴发并非小概率事件。同时，人类目前尚缺乏能力预知下一次大流行疾病的类型、规模、发生时间和地点。

大流行疾病的病原体主要是微生物。比如病毒，其原生地可能面临生存危机，由于自然进化机制，其中能够成功将较大动物作为宿主的致害病毒，就有可能通过人类食物链或与宿主动物的更多接触而传播到人类，所以，保护动物的健康和栖息之地，也是人类健康可持续发展的重要措施。无论是2003年的非典，还是2020年的新冠病毒，虽然人们并不确切知其源于何处，但其传播机制明确：通过第三方动物宿主感染到人类。因此，只要人类在发展过程中减少破坏动物生态，减少狩猎野味的猎食行为，同时保护生物多样性，对于实现人类的可持续发展目标，一定不无好处。

另外，我想谈谈环境健康问题。人类可持续发展需要宜居的生态环境。从自然的生态环境来看，人类健康离不开两大必要环境条件：一是适宜的气温，二是清洁的生态。在气候面前，人类是脆弱的，温度不能太高或太低。如今，气温不断升高已是常态，气温经常创新高，既非偶然事件，更非局部问题。全球气温升高，并非自然现象，而是人类现代生活释放过多以二氧化碳为主的温室气体所致。

比尔·盖茨在2021年出版的《气候经济与人类未来》一书中，系统阐述了人类活动导致气候变化的相关主题。根据其科研团队的评估预测，如果人类今天不采取一致行动进行节能减碳，任由化石燃料能源维持人类的生活和增长方式，到21世纪末，人类由气候变化导致的死亡可能翻番，每年将有高达1000万人死亡，该数字相当于今天全球所有传染病导致的总死亡人数。更糟糕的是，贫穷国家因此承受的打击最大，因为这些国家的工作、生活条件对气候变化的适应性非常弱。2020年，作为最大的碳排放经济体，中国提出了令人振奋的"双碳"目标，旨在2030年实现碳达峰、2060年实现碳中和。中国提出"双碳"目标，并非仅为应对国际社会的所谓要求，更是为了我们民族和人类的健康福祉和可持续发展。

除了气候变化，环境污染对人类健康的影响也非常大，也更直观。

人们普遍认为，PM2.5 等悬浮颗粒物通过空气污染，会对呼吸系统造成直接负面影响，这没错。但事实上，空气污染对心血管系统的负面影响更严重。大量研究表明，威胁中国居民心血管系统的"一号死亡杀手"是脑卒中，其次是心脏病。究其疾病机制，心血管系统堵塞是主因，其中 40% 以上来自室外和室内的污染。除此之外，我们对臭氧造成的空气污染也不能掉以轻心，臭氧污染不易溯源和观察，但对人们健康的危害并不小。另外，环境污染还通过对土壤、饮水和食材等生活原料的破坏，对居民健康构成威胁。

三年新冠疫情的影响和防控，带给人类不少启示，以下几点值得重视。第一，各国应该更为协调一致地进行防控，包括采取药物与非药物的行动和全球治理，这样才能更有效地应对全球疾病大流行，降低危害人类健康与生命的直接损失。第二，需要更加重视次生灾害，优化防控措施，降低应对突发危机的过度反应，避免"病重乱投医"的得不偿失。第三，促进人类健康，需要更为宏观的系统观进行整体规划，进一步推进国际社会倡导的"同一健康"（One Health）理念，其核心是构建人类健康、生态健康、动物健康"三位一体"的立体系统，通过更为全局的资源配置和系统行动，促进人类、动物、环境的共生条件的改善及其可持续性。对此，北京大学全球健康发展研究院于 2023 年底，启动了一项雄心勃勃的"星球健康坐标"工程，旨在构建人类健康、动物健康、生态健康的动态坐标系统，追踪各国的健康发展足迹和相对方位，以期助推人类健康发展的行为更为理性，从而使人类的发展行稳致远。

如何更好应对未来的疾病大流行风险

新冠疫情之后，国内外专家学者更加重视未来疾病大流行的风险。

应对全球疾病大流行的准备工作涉及方方面面，无法赘述，但一个关键问题值得深入讨论：如何优化防控策略，从而更有效、更和谐、更低代价地降低人传人风险。

就非药物的防控措施而言，可以采取的措施不少，包括个人防护、病毒检测、追踪隔离等。其中，个人防护是极其重要的基础，人们的参与意愿决定了参与程度和防控质量。要想提高个人防护的参与度，无非有两种方式：强制手段和激励措施。经济学认为，世界上没有免费的午餐，强制做法固然可以快速实施，但其综合成本并不小，包括人们的抵触、逃避、冲突，都可能影响防控质量。

回头看，个人防护的选择还可探讨其他选项，提高人们的积极性和参与度。对此，行为经济学也许为我们提供了不少启示。面对突发大流行疾病，完全的自由放任当然很难行得通，但简单强制的"一刀切"也有代价，行为经济学思想试图在自由放任和强制干预之间找到更好的解决方案。行为经济学的诸多实验发现，在自由放任和强制干预之间可以找到效果更好的折中办法，即让"家长"发挥所谓的"助推"作用，而非强制要求，仍然由当事人自主决策，这样可能获得比自由放任或强制要求更优的结果。

以个人核酸检查为例，在疫情期间，要求在公共场合或交通出行时提供健康码。依据行为经济学，可以参考庇古税收方法，不妨实施个人防护的"违规税收"措施，即个人如果不能出示健康码，可以进行活动，但购买商品、餐厅买单或支付交通票价时，价格会系统性上涨30%或更高。"违规税收"措施具有几点优势：一是个人需要支付明确的"一视同仁"的经济代价，其感受更为直接，防控效果可能更好；二是增加违规税收，可以补充疫情期间短缺的公益资金；三是保留了个人防控"第一责任人"的有限选择权，有助于提高个人的责任意识，减少逃避和冲突事件的发生。事实上，2022 年底解除防控后的一段时间，人们观察到，大家在超市、商店自发佩戴口罩的比例不降反升，这是很有意思的行为经济学案例。

个人行为与医疗技术，哪一个对健康的影响更大

2016 年，中共中央、国务院印发的《"健康中国 2030"规划纲要》提出，"坚持政府主导与调动社会、个人的积极性相结合"，"形成热爱健康、追求健康、促进健康的社会氛围"。可见在健康事业上，政府的有为与个人的努力都不应忽视。

实际上，个人健康行为对自己生命健康的决定程度很大，远高于医疗技术手段的作用，这可能与人类进化的结果不无关系。从人类的直系祖先智人在非洲生活到走出非洲，至今大约 30 万年，人类社会大致经历了三大阶段：一是长期的狩猎采集文明阶段，二是农业文明阶段，三是现代工业文明阶段。

我们假设这三个阶段的时长大约为 1 天。这 30 万年时间从零点开始，狩猎采集文明的阶段从零点开始一直持续到 23 点之后；在余下不到 1 个小时的时间，人类来到 1 万多年前的农业文明阶段；之后继续走到最后 1 分钟左右，人类才进入最后 200 多年来的工业文明。

在人类进化的过程中，从时间上来看，狩猎采集文明阶段的祖先行为对人类生物学基础的形成有决定性作用，其中包括两大核心特征。一是食物多样性。狩猎采集文明阶段的人类祖先并不知道可以驯化动植物，几乎每天都得外出采野果、打野兽，弄到什么吃什么，食物风险高，但混杂食物保持了微量元素的多元化，长期下来，形成了今天对我们影响至深的依赖食物多样性的生物学基础。二是运动代谢功能。狩猎采集文

明阶段的人类祖先因为需要寻找野生动植物，涉足的觅食地理范围大，并且需要经常迁移，平均每天行走的路程在 5~10 公里。

到了农业文明阶段，人们有了驯化动植物的认知和能力，食物总量增加，但很快被更多的出生人口和非农阶层的兴起所消化，人均食物无法显著增加，所吸收的微量元素也更加单一。农业文明阶段的人类祖先在健康方面还面临两个新问题：一是劳动者更为艰辛，面朝黄土背朝天的劳作不仅时间长、空间狭小、运动受限，也使他们的骨骼、肌肉出现更多问题；二是集体定居引发公共卫生问题，导致瘟疫、传染性疾病开始泛滥。

工业文明以来，人类实现了两大划时代的进步。

一方面，劳动生产率得以大幅提高，大多数国家首次逃离了长期束缚人们的"马尔萨斯陷阱"，在人口快速增长的同时，实现了人均收入不降反增的伟大奇迹。与此同时，当代人们仍然面临健康运动不足的困扰。首先，因为工作节奏更快，所以时间变得稀缺；其次，与农耕文明一样，工业文明阶段的工作方式也束缚着人们的活动，甚至在工作之余，先进技术手段对人力的替代，比如乘车、乘电梯、看电视、打电话等等，都更进一步"驯化"了人们少动的行为。正如生物学家拉马克所言，人体服从"用进废退"的规律，所以在工业社会以来，代谢性慢病成为当代人面临的主要健康问题。因此，对于现代人，只要条件许可，能积极主动锻炼，特别是坚持行走，就有利于身心健康，这是祖先遗传进化形成的生物学法则。

另一方面，在 30 万年的历史长河中，工业文明只是最后一分钟，但人类现代医学的发展可是突飞猛进，尤其是形成了关于微生物致病的理论认知，从而发明了前所未有的医学技术。1928 年，英国细菌学家弗莱明在培养皿中培养细菌时，发现从空气中偶然落在培养基上的化学物质周围没有细菌生长，这种化学物质具有抑制细菌生长的作用，之后他成功提炼出了青霉素，从而开启了人类能够控制细菌感染的抗生素时代。

在抗生素出现之前，人类祖先在健康方面遇到的最大挑战是传染性病菌感染，还有直到 20 世纪初才逐渐被认识的病毒。一旦发生传染性病菌或病毒感染，无论是小到伤口化脓、细菌性肠道感染、产妇产褥热，还是大到如黑死病瘟疫的全球性传播，人们都束手无策，坐等足够多的死亡中断自然传播链，病菌才可能终结复制。

二战结束前夕，美国有幸首先上市了抗生素，为盟军提供能够量产供应的抗生素，大量伤员得以救治，这也成为欧洲战场打败希特勒的一大医学武器。与此同时，抗生素在 20 世纪的问世，也先后为发达国家和不发达国家的大量病菌感染患者带来了福音。时至今日，在人类公共卫生和临床医学的病菌感染治疗领域，抗生素仍然发挥着不可替代的决定性作用。

现代医学在 20 世纪下半叶取得的另一个代表性成果是降压药的研制成功。如果说心血管疾病是现代人类最普遍的慢病，那高血压可以说是"万病"之源，曾经长期无药可治。二战时，就在欧洲战场迎来胜利的前夕，美国罗斯福总统不幸在 1945 年 4 月 12 日过世，距 1945 年 5 月 8 日德国签署无条件投降书不到一个月。负责总统健康的主治医生在其回忆录中遗憾地写道，总统患了严重高血压，事发时无药可救，只能眼睁睁看他离去。他沮丧地说，如果后来的便宜可及的降压小药片能够提前 10 年问世，罗斯福总统可能活到战后重建，世界发展版图会大不一样。

紧随降压药之后，人类医学又推出了一代代降血脂药物，为现代人常见的"三高"疾病提供了空前有效的治疗手段。事实上，在过去几十年中，人类预期寿命的提高，最大贡献正是来自对心血管系统疾病的有效管控。两年前，美国哈佛大学学者发表的科学论文显示，降压药、降血脂药对心血管疾病死亡风险降低的贡献率在 50% 以上，超过如控烟、饮食等公共卫生措施的贡献。

尽管现代医学手段对人类健康的贡献非常大，但它毕竟属于疾病发生后的"补救性"医疗措施。大量实证研究表明，如果人们能够注重健康行为、改善生活方式，尽量做到少发病、晚发病，人类健康风险可以降低一半以上。流行病数据还显示，即使对于"众病之王"的癌症，也有高达 1/3 以上可以预防，其中决定性因素就是人们的生活方式，其中食物多样性和充分运动是两大关键，也是成本-获益最佳的手段。对此，2016 年的《"健康中国 2030"规划纲要》明确倡导，健康的第一责任人是每个人自己，只要个人主动采用健康行为，让生活方式得以改善，实现健康中国的目标就更有希望。

如何促进医药创新

医药创新是 21 世纪的主旋律。如果进行行业间的对比，无论从绝对规模还是从增长幅度来看，医药创新的投入几乎都领先于其他行业。社会该如何引导、促进、支持医药创新，从而为人类医学进步提供可持续的手段？

我以为，针对医药创新，全面理解专利保护的本质非常重要。根据国际通行原则，专利期一般在 20 年。专利之所以重要，是因为技术创新具有高度不确定性，投入大、时间长、风险高。正如中国国际经济交流中心毕井泉理事长所言，新药研发"九死一生"，特别需要全社会的高度关注和支持。根据医药创新相关数据，美国一种创新药物从投资到成功上市，平均需要 10 年以上的时间，平均投资规模在 20 亿美元以上。根据北大课题组在中国国内开展的实地调研，中国创新药的研发时长和美国差不多，也在 120 个月左右，平均研发投入在 2 亿美元规模。另外，从投入结构的阶段性看，中国在临床后的投入是大头，美国在临床前的基础研究投入比例更大。

因为新药研发的高投入和巨大不确定性，成功研发上市的药品自然需要专利保护，从而获得合理的投资回报，为研发主体继续医药研发提供激励和经济基础。美国商务部门口有一个牌子，上面写着美国总统林肯曾经的一句名言："专利制度就是给天才之火浇上利益之油。"专利保护的核心是什么？我以为有两点缺一不可：一是专利期内不得有人无偿抄袭专利技术；二是专利期内企业拥有独家的市场定价权。前者是后者的技术基础，后者是前者的回报保障，二者可以说是专利保护最本质的"二元属性"。在真实世界中，专利保护"二元属性"的理解和执行并非总是到位，所以政策改善的空间还是很大。

新药定价与医保购买如何平衡

专利方可以自由定价，医保购买方也可以还价，这是天经地义的，也符合市场游戏规则。根据现代经济学原理，不仅生产创造价值，交换同样产生价值。道理很简单，只要双方自愿，交换必然产生价值，使双方受益，否则交换就不会发生。因此，在药品谈判过程，讨价还价的机制、规则应当尽可能对等自愿，使供需双方都能获益，市场才可能持续发展。此外，议价谈判的基础既需要考虑专利药的"使用价值"，也应考虑其"交换价值"，即在市场上的稀缺性。

关于医保谈判，我举一个案例。2019 年，中国上市了一款特别有名的药物——诺西那生钠注射液，它是脊髓性肌肉萎缩症（SMA）的治疗药物，于 2016 年 12 月 23 日首次在美国获批，是全球首个 SMA 靶向治疗药物。脊髓性肌肉萎缩症主要发生在儿童身上，一旦得了这种常染色体隐性遗传病，儿童基本上站不起来，发育会受到严重影响甚至停止，大多数还面临着死亡风险。

诺西那生钠注射液是针剂，打一针的市场报价在 70 万元人民币左右。第一年的治疗需要 6 针，按照 70 万元一针计算，6 针就是 420 万元；之后每年平均需要两三针，且终身用药。2021 年底，此药顺利进入国家医保谈判，并谈判成功纳入医保，每针费用从 70 万元降到 3.3 万元，俗称"灵魂砍价"。这的确是一个巨大降幅，社会各界对此有不同看法，持否定态度的观点主要担心其对医药创新的消极影响。

据我所知，从 70 万元降到 3.3 万元，并非医保"拍脑门儿"的结果，其实是经过了比较系统的专家评估和谈判过程。自 2018 年国家医保开始药品目录的年度更新调整以来，正式引入了 3 个专家组对参选药物进行系统评价的机制。一是临床专家组，负责对参选药品基于临床经验进行评估，其判断原则是临床必需程度；二是基金测算组，主要评估新药纳入医保后，医保预算基金是否支付得起，会不会过度挤压对其他必需药物的支付；三是药物经济学组，其工作重点在于基于客观数据和实证研究，对标同适应症的目录内药品，分别测算新药品可能增加的临床获益和费用支出。通俗讲，临床专家组、基金测算组、药物经济学组评估的工作重点为：是否临床必需，是否支付得起，是否值得支付。为了做到独立、客观、公正，三个专家组的工作地点和时间安排也避免交叉。

在药物经济学组中，每个药品都由两位专家背靠背独立评估，并且严格要求互不交流和打听信息。药物经济学组组长的主要任务是督导、培训参与评估工作的专家，尽可能标化评估方法和判断准则。组长们都不直接参与对任何药品的评估，只是听取各位专家的独立报告，提出一些必要的建议，供评估专家参考。就经济学评估的价值标准而言，按照世界卫生组织的参考建议：如果一款新药使用后，能够将患者有质量的生命延长一年，即所谓质量调整生命年（QALY），而其增加的费用不超过所在国家人均 GDP 的 3 倍，就认为其是物有所值的推荐产品。当然，各国根据不同发展阶段的人均收入、疾病人群和疾病特性，可以适当下调购买的阈值标准。

基于目前中国人均 GDP 1 万多美元的现实，对于绝大多数医保目录药品而言，医保支付一个 QALY 获益的平均价格在 1 倍人均 GDP 上下。如果用这把尺子来度量，诺西那生钠注射液相当于目前其他药品平均支付标准的 2 倍多。这意味着，药物经济学组专家们给出的推荐标准已经做了额外价值的考量，考虑了脊髓性肌肉萎缩症属于罕见病、儿童病以及所需药物具有药品创新性等。

从药物经济学的评估来看，尽管我们做了诸多基于客观、独立的科学证据进行的价值评估，参考了国际同行的基本原则，我们的评估谈判机制仍然还有不少可以完善的空间。比如，创新药物上市时间短，人群应用规模不大，其综合价值在短期内难以得到充分展现，从而可能存在价值低估的问题。另外，任何物品的市场价值都应包含使用价值和交换价值，后者反映的是物品稀缺性，除非真实发生市场交换，否则第三方的评估难以考虑。当然，随着上市后的真实世界检验，新药的疗效问题、副作用等也会更多暴露出来，从而降低市场预期和支付意愿。

如何应对老龄化

老龄化是全球性趋势，既是人类长寿化的反映，也受人类生育率转型下降的影响。总体来说，老龄化应该是人类文明进步的标志，虽然也不乏各种挑战。中国人口的老龄化转型很快，受全球化、高增长、城市化、社保制度等多种因素的影响，其中退休制度和医疗制度的影响尤为重要。

关于退休制度，退回 20 世纪的 1951 年，国家颁布的《劳动法》规定退休年龄是女性 50 岁、男性 60 岁，远高于当时的人均期望寿命 37.45 岁，当时看不无道理。到了 2023 年，中国人均期望寿命已高达 78.6 岁，无论怎么看，退休政策恐怕都有必要与时俱进。首先，从现代社会的高龄人群看，生物学年龄和实际功能性年龄的差距越来越大，后者更为"年轻"。与我们的父辈在 60 岁后成为"老人"相比，今天的 60 岁人群，还身强力壮的真不是少数。以在我们国发院工作的几位老同事为例，张维迎老师和我都是退休返聘，年龄差不多；周其仁老师和林毅夫老师比我们更年长，但都仍然精力充沛地活跃在北大讲台上，深受学生欢迎，一站就是几个小时，毫不逊色当年。如果强制要求大家按生物学年龄退休，集体退出劳动力市场，是人力资本和劳动生产力的巨大浪费，不仅直接减少养老金的收入，还增加了养老金的支出。其次，过早退休也不利于老年人群的身心健康。国内外研究表明，过早强制退休，增加了退休人群的慢性疾病和死亡风险，尤其是男性，过早退休触发的健康问题比女性表现得更为突出。当然，退休也有不少好处，人们可以更为自由地支配时间，兴趣盎然地享受退休生活，安排早年想做但未能实现的很多活动，这些优点都无可非议。

在不少发达国家，退休制度的年龄规定更多用于领取退休金的"地板线"条件。比如美国，如果不到 65 岁的"地板线"退休，除非特殊情况，否则退休金的领取会大打折扣。中国人口多，个体的身体、偏好、家境情况差异大，有人想按时退休，有人希望继续工作。在这种情况下，我们不妨考虑弹性退休制度（不含机构行政职位），领取合法退休金的退休年龄可以不变，但为人们提供是按时退休还是继续工作的自由选项，鼓励人们在自愿决定条件下，继续自己擅长的相关工作。基于社会、政治、经济、养老和健康等各个视角，弹性退休制度都是值得探讨的优化选项。

关于医疗制度，可以把医疗健康服务分成两个部分：诊疗性服务、照料性服务。前者离不开大医院系统的支持，后者则更多依靠基层诊所和社区体系的便捷、经济和效率优势。对于上了年纪的人群，诊疗性服务和照料性服务相辅相成，关系非常密切。事实上，人体的功能必然随年龄增长逐渐减弱，如果照料帮助、健康维护及时，并非一定发展为到大医院进行诊疗的需求。反之，如果照料性条件缺失，自然增加本可避免或延后的医疗性需求，不仅对患者身心健康造成损害，也增加了家庭和社会的医疗负担。发达国家在应对老龄化问题的行动方面走在前列，形成了不少可以借鉴的做法、模式。比如，发达国家大力推行所谓"去机构化"的医院外服务平台，强化社区医疗的功能配套，一方面为长寿社会的社区居民提供更适宜的工作、生活条件，另一方面大力发展根植社区、方便可及和经济实惠的长期照护服务。

对医疗卫生体制改革的建议

医疗卫生体制改革是一项巨大的系统工程，可以说改革永远在路上，其中两个方面值得进一步探讨。

第一，医保需要继续完善支付手段。在全民医保制度下，医疗服务主要通过第三方医保购买支付。全民医保涉及三方主体的责权利益，因此改革主线永远是关于如何让需求、供给和支付三方的激励兼容，即让各方通过更有效的支付都能获益。这并非易事，正如当年温家宝总理所言，"医改是世界性难题"①，这话一点不假，也不过时。

各国的医保支付方式很多，更新迭代也层出不穷，从初级的按诊疗项目付费到按诊疗次均付费、按病种付费、按人头付费、按总额预算付费、按绩效付费（P4P），再到各种组合付费（如中国的DPI，即区域点数法总额预算和按病种分值付费），无一不在寻求平衡服务三方的责权、利益关系。遗憾的是，人们至今仍然没有找到一个令各方都满意的"最佳"模式，也许永远也找不到。究其根本原因，与经济学讲的激励相容问题不无关系。上述各种模式尽管各有特色，但有一个共同之处：以人们生病为支付基础。那么，问题来了：服务需方不想生病，但希望有慷慨的医保；服务供方则希望患者越多越好，医保慷慨最好；医保方需要买单，自然希望一方面患者越少越好，一方面供方收费越低越好。如此基于疾病-医疗-医保的三角关系，目标和利益相互冲突，如何能有三方激励相容的支付方案？

如果不是疾病-医疗-医保的三角关系，还能有另类模式吗？我们来做一个思想实验，不妨设想：如果具有完备的全民医疗健康档案，信息系统完全互联互通，通过数字技术和人工智能分析，也许可以形成个体化居民健康护照，包含决定个人健康的关键信息：生物学信息、行为方式信息、社会经济信息和医疗服务信息等。基于居民健康护照的风险调整，医保根据总预算为每人配置年度常规医保预算，非常规服务（如意外伤害）另行处理。居民根据个人意愿与医疗健康服务机构签约，医保跟随居民脚步，支付基于居民健康护照分级的KPI服务。相对于疾病-医疗-医保的服务模式，居民健康护照形成的是健康-医疗-医保模式，

---

① 温家宝. 关于发展社会事业和改善民生的几个问题 [EB/OL].（2010-04-01）. https://www.gov.cn/ldhd/2010-04/01/content_1570906.htm.

二者的核心差别在于后者为"健康"买单，能够促进三方的激励相容：居民需方希望健康，服务供方与医保方也希望人们健康，只要居民健康，三方都会因此受益。如此一来，医疗健康机构也有更大动力，积极主动开展促进居民健康的科普、运动、膳食、行为、预防等活动，同时也有动力系统性减少过度诊疗，因为三方能共享居民健康与成本节约的成果。

第二，除了医疗健康服务的作用，个人行为和生活方式对健康的决定性作用更大。因此，2016 年发布的《"健康中国 2030"规划纲要》，呼吁发挥个人作为健康第一责任人的作用。当然，从政策文件落实到居民行动并非易事。对此，我们也不妨开开脑洞，看看从行为经济学中能否得到一些启示。

行为经济学认为主流经济学关于"经济人"的假设太强，人们的行为其实并非总是理性的，这为适当的行为干预提供了理由和可能。行为经济学旨在在自由放任行为与强制的"家长式"作风之间寻找更为恰当的关系，从而能够"助推"一把当事人，使其仍然能够自主决定，但能取得更加理性的效果。比如，为了促进人们运动，对于前述的个人健康护照信息，在进行年龄调整后，个人健康运动积分可以兑换商品、服务的优惠。"健康城市"的居民健身、减肥行动，也可以推出类似的个人激励计划。又比如，为了促进健康饮食，餐饮消费的结算可以设置"健康定项"折扣，商家还可免交相关税费。再比如，全民医保也可以通过大数据分析，研究如何把城乡居民的主动健康行为与医保的缴费和待遇优惠关联起来，为助推全民主动健康行为注入更为积极的力量。

人工智能技术的影响因素与产业政策度量[①]

李力行

（北京大学博雅青年学者、国家发展研究院经济学教授、
中国公共财政研究中心主任）

数字化技术的发展经历了多个阶段。从工业机器人代表的自动化技术，到互联网和软件引领的信息化技术，再到如今智能制造的崛起，特别是人工智能及其大语言模型的应用，这些变革都反映了技术进步的轨迹。

同时，相关的政策也在不断演进，如 2013 年提出的《工业和信息化部关于推进工业机器人产业发展的指导意见》、2015 年出台的《中国制造 2025》，以及 2017 年首次出台的《新一代人工智能发展规划》，都标志着技术发展与政策支持的紧密结合。

数字技术的供给与需求存在相互作用

技术创新与技术采纳相互作用。技术创新为产业提供了技术供给，

---

① 本文根据作者 2024 年 6 月 16 日于北京大学国家发展研究院"朗润·格政"第 186 期论坛上的演讲整理。

而产业如何应用这些技术则反映了市场需求。这种供给与需求的相互作用决定了技术在现实中的应用程度。以工业机器人为例，随着劳动力成本上升、人口老龄化以及刘易斯拐点的到来，市场对替代劳动力的技术需求日益增加，推动了工业机器人技术的广泛采纳。在这里，工业机器人技术的发展主要受到需求方的推动。

此外，数字平台与灵活用工的结合则体现了技术创新在供给方面的推动作用。灵活用工早已有之，而以美团为代表的生活服务型数字平台，通过技术创新，使得供方、需方、商家、消费者和外卖员等各方能够通过掌上 App 实现高效连接，进一步推动了灵活用工模式的发展。这一过程中，技术创新在供给方面发挥了关键作用。

在研究技术对劳动力的影响时，技术采纳无疑是一个关键因素。我们的研究团队构建了暴露指数这一框架，用以评估人工智能大语言模型在理论上能够替换各种职业或技能的程度。然而，实际替换过程涉及采纳的问题。企业在决定是否采纳某种数字技术时，会综合考虑成本和收益。

在以前的分析中，我们曾经对不同行业的人工智能技术采纳率进行了预测，并预测了到 2049 年的采纳率，涵盖了低、中、高三个层次。其中，旅馆和住宿服务业的预测采纳率较高，达到 50%、60%、80% 不等。然而，对于科学研究等行业，当时的预测采纳率非常低，仅为 9%、10%、13% 不等。这一预测显然未充分考虑最近一段时间大语言模型在科研领域的应用，它们实际上能够在很大程度上辅助或替代科研人员的工作。因此，准确预测技术采纳率是一项极具挑战性的任务。

在实际操作中，衡量技术采纳的最佳方式之一是分析招聘数据。招聘活动直接反映了用人单位对技术的需求，且涉及实际的资金投入。人工智能技术的特点在于其供给主导性，即创新主导性。目前，我们仍不确定大语言模型在日常生活中能够带来哪些具体变革，各大互联网公司也都在探索大语言模型的商业化应用，希望找到能够推动其落地的爆款应用。因此，从这一角度看，人工智能技术的发展可能并非由需求主导，而是由供给推动。我们期待这种供给能够创造出新的需求，并在此过程中，对采纳率背后的成本和收益进行深入分析。

技术创新受到多重因素的影响。

首先，技术创新取决于要素禀赋，这些要素包括企业家精神、资本投入等。要素禀赋的发达程度直接影响技术创新的可能性，其中科研人员的密集程度也是一个重要特征。当要素禀赋更为丰富时，新技术创新的出现就更加有条件。

其次，一般性质的制度环境也对技术创新有着重要的影响。例如，法治的完善能够更好地保护产权，而金融制度的发达，如风险资本等直接针对创新的融资方式，则能更有效地推动技术创新。

此外，营商环境的普遍改善也为技术创新提供了良好的环境。

人工智能产业政策的现状

产业政策本身是一个充满争议的话题。实施产业政策的经济学逻辑主要基于产业的正外部性和国家安全属性。由于产业的研发能够产生外部性，反哺其他行业，同时某些行业具有国家安全的属性，其市场价值与社会价值可能存在不一致，因此需要政府资助以平衡社会收益与边际市场收益。

此外，产业政策也旨在解决多重均衡下的协同失效问题，如产业链上下游之间可能存在的互相"敲竹杠"现象，通过第三方协调机制可以减少交易费用。

实施产业政策的手段多种多样，包括但不限于研发补贴、税收优惠、融资支持、土地优惠、公共品的有偏提供、关税和贸易保护、政府采购、投资目录以及强制规定等。这些手段通过多种方式促进产业发展和技术创新。

产业政策常受到质疑，主要原因在于，政府作为实施主体时，由于信息不足，难以准确识别并资助那些急需支持的企业，往往只能在事后进行奖励，而非及时提供雪中送炭般的支持。这种滞后性不仅限制了政府对高风险创新的及时支持，还容易引发寻租腐败，对市场竞争产生不利影响。

当前新产业政策经济学的研究焦点已从是否实施产业政策转向如何有效实施产业政策。

在讨论人工智能的产业政策时，我们必须认识到人工智能技术的高度不确定性，特别是在技术路线选择方面。例如，谷歌的技术路线未能成功，而 OpenAI 的路线却取得了显著成果，当前多数大模型均遵循 OpenAI 的技术路线。因此，政策制定者需要进行技术路线的甄别，鼓励前沿技术的研发，而这些技术往往掌握在科研机构手中。

此外，人工智能产业的发展需要多方面的协同，包括应用端和研发端，是典型的产学研高度协同的行业。过去，产业政策在 4G 通信技术和高铁等领域的成功应用，证明了在大规模系统集成方面，政府作为第三方进行统筹和协调的重要性。然而，对于需要大量市场试错的行业，政府往往难以提前选定。因此，我们应特别关注人工智能产业在产学研协同方面的特征。

人工智能产业政策的度量

为了度量产业政策的有效性，我们试图从地方政府实施产业政策的角度入手，通过分析地方政府工作报告，利用大语言模型等人工智能技术，识别并区分报告中提及的产业政策与实际实施的产业政策。这种方法使我们能够提取出与产学研协同、数据算力基础设施改善、传统行业智能化改造以及政府数字政务相关的特定产业政策，从而更准确地评估产业政策的影响和效果。

我们针对人工智能相关创新进行了度量，具体做法是通过关键词搜索专利申请数据，筛选出具备人工智能特征的专利。同时，在研究公司和产业成长的过程中，我们也对人工智能的采纳程度进行了度量，主要依据招聘数据，分析不同城市、不同行业在职位描述中对人工智能技术的需求程度。此外，我们还利用上市公司数据，对企业在2013—2022年间的成长进行了度量。

首先，根据对地方政府工作报告的分析，我们发现自2017年提出人工智能规划后，大量政府工作报告中开始提及人工智能，形成了一条明显的增长趋势线。在此之前，报告中主要关注人工智能的具体应用，尤其是在智能制造领域，而在2016年、2017年之后，人工智能提及量出现了显著增长。

其次，我们根据算法区分出了四类具体实施人工智能产业政策的类型，包括数据算力基础设施、产学研融合、政府人工智能场景，以及利用人工智能改造传统行业。其中，产学研协同创新的政策在2015—2016年开始呈现大规模上升趋势。特别值得一提的是，数字政务这一类别被提及较多，表明政府正在为人工智能提供应用场景，从需求侧推动人工智能的发展。

最后，我们关注了人工智能相关企业的进入情况。根据2017年发布的战略性新兴产业行业代码，我们筛选出了新注册企业中属于人工智能行业的部分。数据显示，在2019—2020年之后，这些企业的数量出现了显著增长，显示出人工智能行业的蓬勃发展态势。

人工智能相关职位招聘在总招聘平台发布的广告中所占的比重自2014年起呈现出逐渐上升的趋势，至2022年，大约10%的职位与人工智能相关。需要注意的是，这一相关性依赖于所使用的关键词库。一类关键词直接关联于人工智能、智能制造等领域；另一类则涵盖更广泛的应用软件，因为人工智能的工作需求主要集中于软件的应用。采用不同的关键词搜索策略会得到不同的比例，但大致维持在10%左右。

关于人工智能相关职位招聘在行业和城市间的分布，数据显示，芜湖、苏州、北京等城市是人工智能职位招聘较为集中的城市。而在行业层面，电信、仪表、计算机通信、电器、机械等行业则显示出较高的人工智能职位需求。

在专利方面，人工智能相关专利申请数量稳步上升，尤其在2017年和2020年出现了显著的增长。为了探讨人工智能产学研协同发展政策与专利申请之间的关系，我们采用了事件分析法。分析结果显示，在人工智能产学研协同政策提出之后，当地注册企业所申请的相关专利数量显著增加，平均增长率高达23.6%。

为了进一步研究人工智能产学研协同政策在何种情境下效果更佳，我们进行了回归分析，发现高等学校的数量，特别是"211工程"高校的数量，与该政策的效果呈正相关，即一个城市的高等学校越多，尤其是"211工程"学校越多，人工智能产学研协同政策的效果就越明显。此外，我们还讨论了合作专利的申请情况，发现包括学校和企业在内的不同机构之间的校企合作在专利申请方面表现出显著的重要性。

经过分析我们发现，人工智能产学研政策与政府其他相关政策，尤其是那些侧重于需求侧的政策，如算力基础设施的提供和政府公共数据平台的开放，具有正向的协同作用。这体现了供需两侧政策在推动人工智能产业发展中的共同作用。

为了更深入地理解这些政策的影响，我们尝试区分了人工智能产业在政策中被提及与具体实施的差异，并探讨了"说"与"做"在其中的重要性。初步结果显示"做"相对于"说"更为重要，但这仍需进一步的研究和验证。

我们还对比了与人工智能相关的专利和无关专利的申请情况。发现与人工智能不相关的专利确实未受到显著影响，这在一定程度上验证了我们的分析框架的有效性。

我们利用上市公司的数据探讨了人工智能技术的采纳与企业成长之间的关系。在此，我们定义解释变量 AI 为城市行业招聘广告中人工智能相关职业的占比，而被解释变量则包括上市公司的营收、就业和市值等关键指标。根据分析，我们观察到二者显著相关。此外，我们还进行了事件分析，并探讨了这一关系对全要素生产率的影响。

为了更全面地理解这一关系，我们将分析结果与美国的相关研究进行了对比。具体而言，一项 2022 年的研究发现，在 2010—2018 年的 8 年间，当人工智能的暴露度增加一个标准差时，与之相关的工作空缺会增加 16%。而另一项 2024 年的研究则表明，在相同的时间段内，公司在人工智能上的投资上升一个标准差，会导致公司雇员人数上升 21.9%。

对比我们的研究，我们发现在 2015—2022 年的 7 年间，中国城市行业层面的人工智能招聘职位占比上升一个标准差时，对应的企业层面的雇用人数能够上升 6.1%。尽管这一影响略小于美国研究中职位暴露度和企业投资所产生的系数，但整体上两者是可比的。

需要指出的是，这些研究主要揭示了相关关系，而非直接的因果关系。对于因果关系的识别，需要更深入地考虑长期差分的影响，即基于 2010 年或 2015 年的暴露度和投资数据，对未来七八年的变化进行预测和分析。

作为总结而言，我们初步发现了一些人工智能产业发展的相关关系。

首先，各地人工智能产业政策与人工智能专利申请之间存在正向关系。

其次，人工智能技术的采纳与相关企业增长之间也呈现出相关性。然而，需要明确的是，这些关系目前仅限于相关性分析，尚不能直接推断出因果关系。

此外，这些关系的存在也受选择效应的影响，即并非所有企业都会无差别地采纳人工智能技术。那些采纳了人工智能技术的企业往往具有较强的需求，或较低的采纳成本。

因此，我们不能简单地将这些结果推广至整个产业或全国范围，认为所有企业都会采纳人工智能技术并因此实现增长。为了更深入地理解这些关系的本质和机制，我们还需要进行更多深入细致的研究。

详解低空经济产业链，开启万亿元产业新空间[①]

朱克力

[国研新经济研究院创始院长，中国（成都）低空经济研究院院长]

2024 年 4 月 7 日，中国民用航空中南地区管理局向总部位于广州的亿航智能控股有限公司颁发无人驾驶载人航空器生产许可证，这也是全球电动垂直起降飞行器（eVTOL）行业内首张生产许可证，各路媒体纷纷表示"广州在全球率先进入无人驾驶载人飞行时代"。

而在稍早的 3 月，同样在广东，eVTOL"盛世龙"从深圳蛇口邮轮母港起飞，20 分钟后抵达珠海九洲港码头，而这段距离地面车程一般需要 2.5~3 小时。

同样在 3 月，广州天德广场一架无人驾驶飞行汽车以自动驾驶模式垂直起飞，飞向广州塔，掠过广东省博物馆、花城广场、海心沙亚运公园等地标性景观……

2024 年或会成为人类低空经济元年。

其实，我国低空经济的引爆点可以回溯到 2023 年 12 月 29 日。那

---

① 本文发表于《企业管理》杂志 2024 年第 12 期，原题为《拆解低空经济产业链》。

一天，全国首个获得民航局适航审定受理批复的有人驾驶载人 AE200 电动垂直起降飞行器在沃飞长空汉源综合试飞验证基地首次试飞成功。

这不仅标志着"成都造"飞行汽车取得了里程碑式的重大突破，也因其可搭载 5 人的标准舱和近 300 公里的航程，让 eVTOL 或成为城际飞行最理想的解决方案。

产业蓝海：应运而生，顺势而为

在人类经济发展和生活体验"敏捷至上"的今天，先进空中交通（AAM）正迅速重塑传统航空产业格局，重新定义人类"从 A 点到 B 点"的通达方式。

应运而生、顺势而为的低空经济，正以其技术多元、要素集中、服务泛在、场景复杂的特征，迅速成为战略性新兴产业，是新质生产力的富集场域。

这几乎是将人类现有二维交通系统的全部要素复制一套到低空，形成交错穿插的三维通行场景，相关制造业、服务业均形成巨大的低空场域增量，叠加数字技术、人工智能，未来城市的科幻感走进现实，必将构成人类经济发展征途中又一片浩瀚的产业蓝海。

低空经济的主要内涵包括低空基础设施建设、低空航空器制造（飞行器制造）、低空运营服务和低空飞行保障等。对于低空经济的产业分类，不同的视角有不同的范围界定。

从产品类型看，低空经济可分为：各种无人机、轻型飞机、直升机、eVTOL 等航空器类产品，这是低空经济的核心组成部分；发动机、螺旋桨、电池、传感器等航空配件与设备产品，这是保障航空器正常运行的核心部件；围绕低空飞行的服务和保障类产品，包括飞行培训、航空器维修与保养、航空气象服务、航空通信导航等。

从应用场景看，低空经济可分为：应用于日常生活的民用低空经济，包含航拍、旅游观光、空中交通等；应用于生产领域的工业低空经济，包含农业植保、电力巡线、环境监测等；应用于安全领域的军事与公共安全低空经济，包含侦察、目标打击、救援等。

从产业结构看，低空经济可分为：航空器研发与制造，涵盖航空器设计、研发、制造、销售等多个环节；航空器运营与服务，涵盖航空器租赁、销售、维护、保养等服务；低空基础设施与服务平台，涵盖机场、起降点、空管系统等硬件设施和飞行计划制订、航空气象服务、航空通信导航等软件平台。

除了以上几种分类，按技术创新水平可分为有人驾驶飞机、直升机等传统型低空经济，无人机技术、人工智能、大数据等创新型低空经济。按发展阶段可分为初级低空经济、中级低空经济和高级低空经济等。

无论从哪种视角分类，产业链内在联系的结构属性和价值属性大致可以从飞行空间服务、飞行器制造两条主线形成上下游对接机制，以"看不见的手"推动低空经济关联主体实现产品服务、信息反馈等价值交换。

飞行空间服务自上而下由飞行空间基础设施建设、通航服务和应用场景构成产业链条，飞行器制造自上而下由原材料和零部件、装备制造及应用场景构成又一产业链条，两个链条功能互补互嵌、相辅相成，共同构成低空经济产业链，如表3-1所示。

表 3-1 低空经济产业链

上游：低空基建及飞行器零部件			中游：通航服务及装备制造		下游：飞行器服务及飞行应用场景		
飞行空间	地面基础设施	通用机场建设、无人机起降平台、飞行场地、新能源航空器能源基础设施、安全保卫设施、空中交通管制设施	低空保障	地面保障服务、空中保障服务、适航审定检验检测服务	低空服务	低空供能	航空燃油、充电桩
						航空维修	航线维护、机体大修、发动机维修、机载设备维修
						飞行培训	维修培训、飞行培训
	地面通信系统	低空网络设施、低空数据设施、低空监管设施				航空租赁	飞行器租赁、机队服务
飞行器	关键材料	钛合金、碳纤维、复合材料等，动力系统材料、燃料电池材料	低空飞行器整机制造	无人机、飞行汽车、eVTOL、直升机、轻型固定翼飞机	应用场景	低空经济＋物流、低空经济＋交通、低空经济＋农业、低空经济＋旅游、低空经济＋消防、低空经济＋安防、低空经济＋应急、低空经济＋体育、低空经济＋影视、……	
	元器件	航空继电器、发动机点火器、电路保护电器、航空接触器					
	动力系统	中小型航空发动机					
	机载系统	机载感知系统、机载通信导航系统					
	飞控系统	自动飞行控制系统、无人驾驶飞控系统					
	抗干扰系统						

来源：朱克力.低空经济：新质革命与场景变革 [M].北京：新华出版社，2024.

基础层：低空经济产业链上游

低空经济产业链主要由飞行空间和飞行器两条纵线贯通，因此产业链上游主要由低空新型基础设施建设端和飞行器零部件制造端构成，这是整个产业链的基础建设层，前者是飞行空间的物理支撑，后者是飞行器的基本构成。

低空新型基础设施建设端是低空经济的硬件基础，主要包括地面物理类基础设施建设和地面信息类管理保障软件系统建设。

地面物理类基础设施是各类低空经济活动的关键载体，形成低空经济"设施网"。当下地面基础设施主要包括通用机场和地面通信系统。通用机场有低空飞行起降站、能源站、紧急备降、停机设施等基础功能设施。

目前，我国低空基础设施领域企业有航新航空、海格通信、航天宏图、深城交等，机场设备制造领域企业有威海广泰、中集集团、广电运通等，机场建设领域企业有中国民航、中化岩土、西北民航、上海城建、北京金港、中铁航空港、安徽民航等。

地面通信系统是低空飞行活动完成信息交互的支撑系统，包括低空雷达、卫星通信系统和5G网络等低空网络设施、低空数据设施和低空监管设施，形成低空飞行"空联网"，是低空经济的通信感知系统。雷达领域企业有纳睿雷达、四创电子、航天南湖、国睿科技等。通信5G-A通感一体领域企业有中兴通讯、通宇通讯、盛路通信、灿勤科技、武汉凡谷等。

飞行器零部件制造端包括关键材料、元器件、动力系统、机载系统、飞控系统和抗干扰系统等。其中，航空发动机是航空器的"心脏"，为航空器稳定飞行提供动力支撑，该领域企业有航发动力、宗申动力、应流股份、卧龙电气等。

航电系统是航空器的"大脑"，目前电驱、电机、电控领域企业有卧龙电驱、蓝海华腾等。电池企业有宁德时代、国轩高科、孚能科技等，其中宁德时代是全球领先的动力电池供应商，市占率全球第一。

芯片在航电系统发挥重要作用，负责接收和处理各种信号，指挥航空器完成各种动作。目前我国飞控芯片还高度依赖国外进口，以英特尔、高通、意法半导体等公司为主，国内瑞芯微、联芯等企业已投身飞控芯片研发。飞控系统领域企业有翔仪恒昌、边界智控、零度智控等。

航空电子设备与传感器是航空器的"感知器官"，决定航空器准确感知外部环境并做出反应的敏捷度和准确度。企业有芯动联科、星网宇达、中航机载、陕西航晶、航天惯性、开拓精密等。

原材料是航空器的"骨骼"和"皮肤"，金属原材料为航空器提供坚固的结构基础，特种橡胶与高分子材料为航空器提供必要的密封、减震和隔热功能。碳纤维复合材料领域企业有中复神鹰、吉林化纤、中简科技、光威复材等，钛合金领域企业有宝钛股份、西部超导等，复合材料领域企业有中航高科、广联航空、安泰科技等。

此外，元器件领域企业有中航光电、全信股份、贵州航天等；模具、零部件领域企业有西安铂力特、成都爱乐达、青岛森麒麟轮胎、长源东谷、金盾风机、中航机载、双一科技、广联航空等。

建造层：低空经济产业链中游

低空经济产业链中游对应上游的飞行空间和飞行器零部件，也分为飞行保障系统建设和飞行器整机制造，是整个产业链的核心建造层。前者包括地面保障、空中保障、适航审定和检验检测等低空保障系统建设，后者包括无人机、直升机、eVTOL 等低空飞行器整机制造。

低空保障系统是低空经济产业链中游的另一个重要环节，主要是基于包括地面信息类管理保障软件系统和机场管理系统在内的智能融合低空系统（SILAS，smart integrated lower airspace system）运行，支撑低空飞行活动实现数实融合智慧调度。

SILAS 将面向多构型飞行器大规模飞行，将低空空域整体转变为可计算的数字化空间，创新时空资源联合管理调度模式，提高空域使用效率和安全性。具体功能包括飞行器的航线管理、导航服务、塔台调度、空域监视、环境监测、空域气象等。

地面信息类管理保障软件系统是低空保障的重要环节，是实现人机、机机联结协同的"神经中枢"，主要包括空域管理系统和机场管理系统，构成低空飞行管理保障体系。

空域管理系统用于管理空中交通运输的信息处理，形成低空飞行"航路网"，支撑空中交通流量、容量管理和空中交通服务。低空空管领域企业有莱斯信息、新晨科技、四川九洲、北京声迅、川大智胜等，其中莱斯信息已获得低空飞行服务平台相关订单。北斗 / 导航领域企业有中科星图、海格通信、北斗星通、航天宏图、司南导航、北方导航、星网宇达等。低空规划领域企业有深城交、苏交科等。

机场管理系统致力于航班保障、旅客服务与机场运营管理，形成低空经济"服务网"，包括航班计划制订、航班动态管理、资源管理、航班保障与进程监管等功能。

目前，我国航空机场运营领域企业有白云机场、首都机场等各地机场，国航、东航、川航等各大航空公司，以及中信海洋、华夏通用航空等。地面保障领域企业有威海广泰、超图软件等。检测检验领域企业有广电计量、谱尼测试、苏试试验等。

低空飞行器整机制造是低空经济产业链中游的重要环节之一，融合了飞机制造和汽车制造，是"插上翅膀的新能源汽车"。在智驾趋势下，低空制造具有强烈的智能终端属性，整个环节涵盖低空飞行器的设计、研发、生产等全过程。

在 eVTOL 制造领域，沃飞长空获得全国首个民航局适航审定受理批复的有人驾驶载人 eVTOL；亿航智能则是国内首个在纳斯达克上市的无人机公司，凭借其旗舰产品 EH216-S 成为全球首家"三证"（型号合格证、生产许可证和标准适航证）齐全的 eVTOL 型号无人机制造商。

放眼国际，美国的 Joby、Archer、Alef Aeronautics，德国的 Lilium、Volocopter，英国的 Vertical，巴西的 Eve，斯洛伐克的 AeroMobil，荷兰的 PAL-Liberty 等企业也是这个领域的重要推动者。

在无人机领域，中航（成都）无人机荣膺中国无人机市值第一股；大疆占据全球市场份额的 70% 以上，是绝对的全球无人机王者；时代星光填补了我国"大型车载式智能无人机系统"技术空白；腾盾科创在固定翼与旋翼大型无人机方面处于国内领先水平。

应用层：低空经济产业链下游

低空经济产业链下游，呈上游、中游飞行空间和飞行器融汇合流之势，主要是飞行器在飞行空间的应用和保障。下游是整个产业链的飞行应用层，包括各类飞行器保障服务以及各类低空飞行器应用场景。

低空服务包括航空维修、飞行培训、低空供能和航空租赁等领域。航空维修是低空经济的"医疗系统"，负责各类飞行器维护、保养、修理等，该领域企业有四川海特、北京安达维尔、西安鹰之航等。飞行培训是推动低空经济向大众普及的重要环节，该领域企业有海特高新、咸亨国际、珠海中航、北方天途等。

低空供能是飞行器的"餐厅"和能量补给站。航空燃油领域企业有中国石化、中国石油、中国海油等，高压快充领域企业有特来电、星星快充、云快充、国家电网、星逻智能、蓝海华腾、汉宇集团等，其中星逻智能围绕无人机自主充电，研发推出无人机充电机库，兼容多款行业机型。

此外，飞行器租赁、托管、保险等航空租赁服务是低空经济的"服务员"，其配套质量直接影响低空消费者的体验感和获得感，该领域企业有工银金融租赁、中银租赁等。

低空飞行器应用场景按照飞行器的使用场域大致可分为生产作业类、公共服务类、低空消费类。

生产作业类低空经济应用场景，主要是为工农林牧渔等行业提供各种专业飞行作业活动。例如，国家电网使用无人机参与风力发电检测，对风力发电场的叶片和机舱进行定期检查。南方电网使用无人机进行输电线路和变电站巡检。中国石油使用无人机进行石油勘探。中铁二十一局使用无人机进行建筑测量和设计。无人机进行高层建筑外墙清洗效果也很好。

在自然保护区可使用无人机进行野生动物监测和研究。南京大学研究团队使用无人机进行环境监测，对大气细颗粒物进行监测和采样。农业植保无人机领域企业有智飞农业、极飞科技、汉和航空、大疆等，其中极飞科技被称为"农业无人机第一股"。工业级航拍无人机企业有大疆、中兴等。纵横股份则是国内首家以工业无人机为主营业务的企业。

公共服务类低空经济应用场景主要是为公共服务相关单位提供各种专项服务性飞行活动，包括低空交通、低空物流、城市安防、医疗救护、应急救援、环保监测、通信中继等。

如民航局使用无人机执行海上和山区搜救任务，测绘局使用无人机进行地籍测绘，森林防火部门使用无人机进行火情监测和烟雾探测，城市规划部门使用无人机进行城市规划和交通研究，电信运营商使用无人机进行移动网络覆盖测试，警察部门使用无人机进行大型活动的安保监控。

目前，低空物流领域企业有顺丰控股、深圳智莱、山东新北洋、迅蚁网络等，美团正专研城市外卖配送无人机，小鹏汇天飞过广州"小蛮腰"的飞行汽车也备受期待。

低空巡检领域企业有复亚智能、保华润天。观典防务是国内领先的无人机禁毒服务商，国内城市消防无人机领军品牌有重庆中岳航空等。

低空消费类低空经济应用场景主要面向各类群体提供消费性飞行活动，包括低空旅游观光、低空极限运动、低空影视拍摄、低空编队表演等。

低空经济：新质革命与场景变革

作为一种新兴的综合性经济形态，低空经济以有人驾驶和无人驾驶航空器的各类低空飞行活动为牵引，辐射带动相关领域融合发展，为产业升级、社会进步和民生改善注入新活力。低空经济是一场新质革命与场景变革，具备五大显著特点。

一是创新引领。低空经济的创新引领特性主要体现在技术革新、应用场景和商业模式三个层面。在技术革新层面，低空经济依托航空技术、无人机技术、人工智能、大数据分析、5G通信等前沿科技持续创新和应用，不断推动航空器研发、飞行控制、信息传输等领域的突破。在应用场景层面，以低空飞行活动为核心，赋能农业、物流、应急救援、环境监测等行业，形成创新应用场景。在商业模式层面，引入新的生产要素与商业模式，促进传统产业转型升级。这一特性让低空经济在推动科技创新、产业升级和满足社会需求方面发挥日益重要的作用。

二是数实融合。低空经济的数实融合特性呈现于数字技术与实体经济深度融合的过程中。一方面，通过应用大数据、云计算、物联网等数字技术，实现了对低空飞行活动的实时监控、数据分析和智能决策，提高了飞行安全性和效率。另一方面，通过数字技术将低空飞行活动与实体经济相结合，推动跨行业协同发展和价值链延伸。例如，在物流配送领域，运用无人机配送等方式实现快速、便捷的货物配送服务，提高物流效率和用户体验。这一特性使得低空经济在推动经济结构优化、促进区域经济发展方面具有积极作用。

三是高效便捷。低空经济的高效便捷特性源于其独特运行模式和先进技术支持。一方面，低空飞行活动通常发生在离地面较近的空中，可避免高空飞行的复杂气象条件并减少空中交通管制限制，能更快速地到达目的地，提高运输效率。另一方面，先进的无人机技术和智能化飞行控制系统可以促进自动化、精准化飞行操作，减少人为因素干扰，提升飞行效率。此外，低空飞行器的灵活性和机动性使之能在复杂环境中自由穿梭，为各行各业提供便捷服务。这一特性使得低空经济在应急救援、物流配送、环境监测等领域优势显著，为现代社会高效运转提供有力支撑。

四是绿色低碳。低空经济的绿色低碳特性表现在环保、节能、减排、降耗等方面。首先，低空飞行器相较于传统交通工具，在能源消耗和排放方面具有明显优势，有助于减少碳排放和环境污染。其次，通过优化飞行路径、提高飞行效率等措施，可进一步降低能源消耗和排放。最后，低空经济发展促进了电动垂直起降航空器等新能源航空器的研发和应用，这些新能源航空器具有零排放、低噪声等特点，符合绿色低碳发展趋势。

五是产业协同。低空经济的产业协同特性重点反映在跨行业整合与资源共享方面。低空飞行技术创新促进了航空产业与其他行业深度融合。通过产业协同，低空经济助力各行各业提升效率，实现共赢。如在农业领域，无人机技术结合精准农业，提高农作物产量和质量；在物流行业，通过无人机配送缩短货物送达时间，优化物流体系。这种协同推动技术创新和产业升级，不仅加快了低空经济发展，也为相关产业带来前所未有的机遇，为整个经济体系注入新活力。

在因地制宜发展新质生产力的热潮中，多地密集出台促进低空经济的政策文件，抢占低空经济万亿元级大赛道。从粤港澳大湾区到长三角，从京津冀到成渝地区，无不加快布局发展低空经济，目前已呈千帆竞渡、百舸争流之势。

三破三立：低空经济创新法则

在关注和讨论一种新经济形态时，我们可以运用"三破三立"新经济法则。这一法则基于笔者多年对新经济现象的深入观察与长期思考提炼而来，意在为更好地理解和推动新经济发展提供通俗有力的理论支撑。对于低空经济，同样可以结合"三破三立"新经济法则形成行之有效的方法论。

重构介质先"破介"。随着低空经济新形态的出现，传统航空领域介质正在被新的技术和平台打破。无人机作为低空经济的重要载体，打破了传统航空器限制，使低空飞行活动更加灵活多样。与此同时，随着

5G、物联网等数字技术的发展，低空经济中的数据传输、信息交换等也呈现新的介质形态，进一步推动行业创新与发展。

重塑边界先"破界"。低空经济崛起打破了传统航空领域边界，将航空技术、信息技术、制造业等多个领域紧密融合。这种跨界融合不仅推动技术创新，也为低空经济发展提供了更广阔的市场空间。当前，无人机配送、低空旅游等新业态涌现，就是低空经济在跨界融合中产生的创新成果。

重建规则先"破诫"。低空经济作为新兴领域，其发展面临诸多来自规则和制度的挑战。推动低空经济健康发展，需要不断打破陈规旧律，建立与之适配的新规则和新制度，塑造与新质生产力发展相适应的新型生产关系。无论是无人机管理，还是空域划分等，都需要制定更加合理、科学的规则和标准，以适应低空经济快速发展的需求。

战略创新需"立志"。在低空经济领域，立志推动行业创新和发展至关重要。这需要明确行业发展的目标和方向，制订切实可行的战略规划。举例而言，在无人机技术研发、空域资源利用等方面，需要立志突破技术瓶颈、优化资源配置，推动低空经济高质量发展。

战术创新需"立智"。在低空经济的战术层面，需要依靠智慧团队、智能技术、智库力量，发挥和提升创新能力以推动行业发展。通过引入新技术、新模式、新业态等创新元素，提升低空经济的竞争力和影响力。例如在无人机配送领域，可通过引入人工智能、大数据等先进技术提升配送效率和服务质量；在低空旅游领域，可开发新的旅游产品和旅游线路吸引更多消费者参与。

制度创新需"立制"。在任何一个领域，制度创新都是保障行业持续稳健发展的关键因素。这需要一边开展先行先试探索，一边建立健全法律法规体系、监管机制和标准体系。比如，在无人机管理领域，应制定完善的法律法规和管理制度来规范无人机使用和管理；在空域资源利用方面，需要建立科学的空域划分和管理制度来优化资源配置。

　　以上只是"三破三立"在低空经济领域的初步运用。事实上，低空经济的进一步发展，离不开更多共识支撑和实践探索。唯有不断打破传统束缚、建立新的规则和机制、持续推动行业创新发展，方可让低空经济真正展翅翱翔。

第四章

———————•———————

城镇化的新动能

人口与城市空间的再分布①

陆铭

（上海交通大学安泰经济与管理学院特聘教授、
中国发展研究院执行院长、中国城市治理研究院研究员）

人口与服务业向城市中心回归

我在 2022 年出版了《向心城市》一书。在书中，我详细探讨了中国城市内部人口空间布局的变化。我们在运用大数据的视角审视上海的人口空间格局时，发现一个显著的趋势：人口正在重新回归中心城区。2000—2010 年间中心城区人口减少，而 2010—2019 年间，中心城区人口又增加了。

为何会出现这样的现象呢？这与中国经济发展阶段的变化密切相关。当前，中国经济发展已经逐渐转向以服务业为主的阶段，服务业的崛起对经济发展和就业起到了越来越重要的作用。由于服务业往往需要人与人之间的面对面交流，因此中心城区在服务业的发展方面具有天然的优

---

① 本文根据作者 2024 年 6 月 16 日于北京大学国家发展研究院"朗润·格政"第 186 期论坛上的演讲整理，原题为《AI 之外——近场服务人员的居住与就业》。

势。多年前的经济普查数据已经充分证明了这一点，新增的生产性服务业企业及其就业岗位高度集中在中心城区，且营收更为集中。上海这样的城市作为中国经济发展的领军者，早已展现出经济活动向心化的趋势，其他大城市也将陆续出现这一现象。

在探讨经济发展时，除了就业情况，消费趋势也是不可忽视的方面。经济学原理表明，随着人们收入水平的提高，对服务消费的需求会相应增加。

以餐饮业为例，我们可以观察餐馆的布局特点。通过大众点评的大数据分析，我们发现餐馆在上海中心城区的集中度非常高。值得注意的是，不仅餐馆在中心城区高度集中，而且好评度较高的餐馆也主要分布在这些区域。这种集中化趋势进一步带来了餐饮业的多样性，满足了人们对多样化消费的需求。近期我针对城市多样性的研究也验证了这一点，即上海中心城区的餐馆多样性指数更高。

人群与城市空间分布

在服务业占主要比重的城市，从就业和消费两个维度来看，人们在空间上更倾向于在中心城区进行经济活动。在通勤模式上，早晨大量人口从外围地区涌入中心城区上班。同时也存在另一种情况，即住在上海外环以外的人选择就地上班。这样的选择虽然缩短了通勤距离并降低了房租成本，但也意味着他们可能无法享受到中心城区丰富的就业和消费机会。这种空间分布差异是现代城市发展的一个显著特征。

城市的拥堵现象往往与职住分离问题紧密相关。我们的团队构建了一个职住分离指数，从中可以清晰地看出三种不同的人群。

第一种是中心城区居民，他们居住和工作都在中心区域，虽然交通便利但房价高昂。

第二种是郊区大型居住区居民，如北京的回龙观、天通苑等地，他们被期望通过向外疏散来缓解城市交通拥堵，但实际上，他们的大量就业和消费活动仍然集中在中心城区，这反而增加了通勤距离，加剧了拥堵问题。

第三种是郊区周边居民，他们居住在房价较低的地方，且通勤距离较短。

这三种人群分别体现了城市居民在就业、通勤和房价之间进行选择所达到的状态。

近场服务业的兴起与平台经济的影响

在当今大数据时代，服务业中出现了一种新的就业类型，我们称之为"近场服务业"。近场服务的定义是"在服务需求方的居住地完成的服务"，特点是服务半径通常不超过5公里，更多在3公里范围内。

随着大数据和人工智能技术的快速发展，近场服务业的就业岗位大幅增加，为人们的生活带来了极大便利。典型的近场服务业岗位包括基于平台的外卖骑手和家政服务员等，他们的工作范围相对集中，如外卖骑手的服务半径大多在3公里以内。以外卖骑手为例，全国范围内这一行业的从业者已超过1000万，包括家政服务员在内的从业者占适龄劳动力的5%。在大数据和人工智能时代，预计近场服务业的岗位占比将会持续增长，这一趋势值得我们密切关注。

城市生活服务业在平台经济的助力下，展现出显著的规模经济性。这种经济模式不仅能够满足消费者多样化的需求，提高生活便利性，还能实现供给与需求的精准匹配。尤为重要的是，平台经济能够满足特定的小众需求或长尾服务需求，这些需求在传统市场模式下往往难以得到满足。例如，在没有大数据和平台经济支持的时代，特定时间点的家政服务需求（如每周一次的清洁服务）可能难以找到相应的服务提供者。而现在，通过平台经济，服务提供者可以高效地匹配消费者需求，实现供求双方的共赢。

我们以上海家政服务企业"悦管家"为例，进一步探讨平台经济中工作岗位的空间布局。这类企业作为平台经济的典型代表，实质上是一种高科技服务企业，其运作依赖复杂的算法系统。尽管这类企业以线上服务平台为主要形式，但其服务订单的空间分布与线下人口分布高度相关。这表明，尽管平台经济具有高度的虚拟性和数字化特征，但其服务需求仍然紧密地依赖于线下的实体经济和人口分布。

在探讨城市服务业的需求与供给时，我们注意到服务提供者的居住地点与接单地点之间的关系。我和黄维晨研究了饿了么的骑手，通过统计分析，我们发现大量服务提供者居住在离其接单范围较近的区域，但与市中心的距离则相对较远。这表明他们并未选择居住在看似订单集中的中心城区，原因主要在于中心城区的居住成本高昂，并且有很多城市管理政策减少了适用于低收入群体的居住空间。

进一步分析显示，服务提供者的固定配送工作地到市中心的距离在5~10公里，这反映了他们所服务的终端需求。在此情境下，居住地点与接单地点之间的距离差异显著。具体而言，服务提供者的居住地点离中心城区越远，其接单地点离居住地也越远，这意味着他们需要长途通勤去工作。

这种居住地与接单地点的分离对服务提供者产生了哪些影响呢？我们的分析表明，这种分离实际上带来了负面影响。具体来说，当服务提供者的居住地离接单地点更远时，他们的接单数量会减少，同时工作时间也会缩短。这是因为他们将大量时间花费在通勤上，而近场服务的特点在于工作时间越长，接单数量越多，收入也相应越高。因此，长途通勤不仅减少了他们的工作时间，也影响了他们的收入。

对于通勤距离与工作时间之间的关系，我们可以通过回归分析来直观地理解。当早上的通勤距离较远时，个体往往会选择提前结束晚上的工作，即晚上接最后一单的时间较早，因此其整体工作时间会相对较短。进一步看，当我们将样本划分为外环内和外环外时，发现接单范围位于外环内（即上海的中心城区，类似于北京的五环内）的个体，早上接第一单的时间普遍较晚，而晚上接最后一单的时间则普遍较早。这表明，对于做这类性质的工作的个体而言，居住地点远离工作地点确实是不利的，因为这可能导致他们的工作时间减少，进而影响其收入。

保障性住房政策与城市规划的挑战

针对这一问题，我们需要深入探讨其背后的原因。城市拥堵问题本质上源于职住分离，即工作地与居住地之间的距离过远。为了缓解这一问题，一个直接的解决策略是缩短职住距离。

在之前我和李杰伟、卢天一的研究中，我提出了"倾斜城市"的概念。世界上的大城市大致可以分为两类：一类是扁平化的，如巴黎和北京；另一类则是如纽约、伦敦和上海这样的城市，它们的中心城区密度高，但郊区密度相对低，密度的梯度下降明显，我称之为"倾斜城市"。通过提高中心城区的居住密度，供给与需求的近距离匹配在服务业发展后得以实现。从历史上来看，扁平化城市的形成往往与保护古城有关，它们在二战时期未被战火摧毁。而那些经历过战火并重建的城市，因其重建过程而获得了新的发展机遇，意外地建成了"倾斜城市"，从而实现了人口居住与工作的近距离结合。

为了更直观地说明这一点,我们比较了两组城市的数据,一组是建筑物较低、高楼较少的城市,另一组则是高楼较多的城市。在高楼较多的城市组中,随着人口规模的增长,通勤时间并未显著增加。这表明,通过建设高楼,居民能够住得与工作地点更近,从而减轻人口增长带来的拥堵问题。相反,如果不建设高楼,中心城区的居住容纳能力将受到限制,导致居民居住地点远离工作地点,进而增加通勤时间和拥堵程度。

在关于城市拥堵的研究中,当前许多学者和政策制定者仍倾向于将人口规模视为拥堵的主要成因。然而,我们的研究指出,城市拥堵与人口数量的多少并非直接相关。实际上,有效的城市治理和适当的建筑规划,如合理建设高楼,能够显著缓解通勤压力,使通勤时间不会因人口增长而显著增加。这也表明,城市拥堵问题本质上是一个管理问题。

政策建议

随着服务业的崛起和收入水平的提高,人们对生活服务业的需求日益增加。在近场服务业中,供需双方的空间距离需要较近,这要求我们在城市发展政策中充分考虑这一特性。传统上,人们认为疏散人口可以缓解拥堵,但实际上,这种疏散反而可能加剧服务供需之间的空间错配,导致服务供给与需求之间的距离增加,结果是增加了交通压力,或者需求者减少消费。

从供给侧角度看,即使不实施特定政策,中心城区的高房价也会促使一部分人选择居住在城市外围。但这一现象提示我们,在中心城区尽可能增加服务人群可负担的住房供应尤为关键,这样可以确保服务业从业者能在中心城区内拥有生活空间,从而缩短供需之间的空间距离。然而，目前一些城市的政策方向与此相反，如拆除老旧居住空间、打击群租等，这些做法减少了中心城区对服务业从业者的住房供应。在中心城区，若无法通过增加市场供应来增加服务人群可负担的住房，另一个可行的选择是建设保障性住房，以满足低收入人群和服务业从业者的居住需求。

可是建保障房的过程中，供给又出了问题。我列了五大问题。

第一，保障对象覆盖范围小。目前，保障房的供应往往提供给了一些符合特定条件的人。直到 2023 年习总书记视察上海的"新时代城市建设者管理者之家"①，才开始让人们更重视要覆盖到更多人群。而"新时代城市建设者管理者之家"目前也主要面向成建制单位，比如制造业企业。

第二，区位不合理。目前保障房建设的区位往往是远郊、工厂附近，考虑提供给制造业的工人。这就出现了供求错配，因为城市大量中低收入者从事的是服务业，他们的居住需求并不是在工厂附近。

第三，价格仍偏高。保障房目前的价格比市场价略低。我们调研的时候，很多人说太贵了，住不起，还不如自己在外面群租，但群租往往又不被政策允许。

第四，设施与实际需求不匹配。很多保障房配有健身房，但是低收入人群下班以后的健身需求并不强。我们在调研中发现，他们大多骑电瓶车去工作，所以特别希望小区里有充电桩以节省电力消耗，但目前的保障房却没有充分考虑这类实际需求。

第五，建设模式造成成本高昂。现在的保障房大量采取企业建设、

---

① 习近平在上海考察时强调 聚焦建设"五个中心"重要使命 加快建成社会主义现代化国际大都市 返京途中在江苏盐城考察 [EB/OL].（2023-12-03）. https://www.gov.cn/yaowen/liebiao/202312/content_6918294.htm.

政府监管的模式，建设和管理成本非常高。

针对以上问题，我们对保障房建设有五项建议。

第一，扩大保障对象的覆盖范围。要更多覆盖普通劳动者和灵活就业者，不一定要其有成建制的单位和雇主，应该更多地根据收入水平确定保障对象。一些大的平台可以利用大数据来识别真实的稳定就业的中低收入者。

第二，建设区位合理化。应更接近中心城区和轨道交通线，特别是可以将轨道交通站点上（及周边）的建筑作为租赁房，从而更适合那些对房租和通勤时间特别敏感的人群。

第三，控制价格。保障房既然面对低收入人群，就需要控制价格。控制价格有两种办法：第一种是差异化，比如对于单身人士和夫妻有不同的供给；第二种是严监管，当政府供应的价格低于市场价格时，就需要有监管，防止出现"二房东"等问题。

第四，更有针对性地提供服务设施。设施方面要更加面向服务对象的实际需求，比如提供充电桩。而不能按照供给侧对于美好生活的定义来提供服务设施，比如提供游泳池或健身房，否则一定是增加成本的。

第五，优化保障房提供模式。模式上，一方面通过市场来满足服务人群的租房需求；另一方面，目前的"政府建或企业建＋政府监管"的方式所需成本较高，我认为可以更多采取现金补贴方式，比如住房券，用市场化手段减少政府的建设管理成本，这样也有助于消化一些库存住房。

如何看待经济发展中新旧动能的转换？ [①]

赵波

（北京大学国家发展研究院经济学长聘副教授）

房地产发展史上有哪些关键节点？

中国经济当前正处于经济结构的快速转型期。从需求结构上看，消费取代投资，成为驱动经济增长的最重要动力。房地产行业作为过去几十年间最重要的投资领域，也面临着前所未有的转型挑战。

房地产业在中国的发展经历了三个关键时点。第一个时间点是1988年对国有土地使用权转让的立法。1988年宪法修正案首次明确提出土地的使用权可以转让，为中国房地产市场的发展奠定了基础，解决了土地来源问题。第二个时间点是1998年全面推进城镇住宅市场化改革，停止福利分房。伴随着高速的经济增长，中国的商品房市场迎来了发展最快的时期。第三个时间点是2016年，国家提出"房住不炒"，之后通过一系列调控措施控制房价增速和信贷增长。2019年的"三条红

---

① 本文根据作者于2024年接受网易财经智库的专访内容整理。

线"进一步强化了国家对于控制房价增速的预期。过去"三高"(即高增长、高杠杆、高周转)的房地产开发模式越发难以为继,房地产投资增速持续下降。

房地产在中国经济中扮演什么角色?

房地产与宏观经济的关系体现在以下四个方面。

第一,对政府的影响。在1988年立法明确土地的使用权可以转让之后,出现了"土地出让金"的概念。土地出让收入必须上缴财政,早期40%上缴中央财政,60%上缴地方财政,之后上缴中央财政的比例不断下降,上缴地方财政的比例不断上升。1994年的分税制改革是一个重要的转折点,它明确所有的土地出让金完全归地方政府所有。大幅增加土地出让金,成为地方政府预算外收入最重要的来源,即通常说的土地财政。土地出让金弥补了地方财政预算的短缺。

第二,对居民的影响。经过市场化改革,中国的房地产"市场"出现了。老百姓的居住和投资需求得到释放,很多人在收入提高之后买房需求不断攀升,居民住房拥有率随之上涨。房产已成为中国家庭最重要的资产之一,房产投资成为老百姓储藏财富的最重要手段之一。房子本身具有消费和投资的双重属性,它与衣服、食品最大的不同点在于,它既是一种消费品——意味着便宜了消费者会买,同时也是一种资本品——意味着消费者买东西不光看它当前的价格,也会看未来收益。这就如同股民今天投资一只股票,不可能在所有的股票里面挑一只最便宜的去买,股民除了看当前的价格,还要看这只股票未来可能的收益,这跟买房子是一样的道理。

市场化改革后中国房价经历了快速增长,早期的增速远超工资性收入的增速，不少人通过买卖房产积累了大量的财富。房价长时间与收入偏离，也造成了新城市居民负债的大量累积，居民部门杠杆率的过快上升。

第三，对企业的影响。房地产行业既包含房地产服务业，还包含建筑业。房地产行业的发展带动了上下游行业的发展，比如金融业、建材、建筑设备等。房地产行业的发展是我国投资驱动型增长的重要体现。房地产行业的快速发展，挤占了其他行业的资本投资。与此同时，房地产行业在"三高"模式下发展了太久，杠杆率不断攀升，金融风险在加快累积。这也为后来监管政策的出台埋下了伏笔。

第四，对宏观经济的影响。房地产的可持续发展应使得房价增长与居民的可支配收入增长相一致，跟经济发展的增速相匹配。过高的杠杆率是美国次贷危机的导火索之一。世界上没有只赚不赔的买卖，也不可能有只涨不跌的资产。我们也观察到其他国家在历史上都曾发生过房地产泡沫破裂。2007—2009 年次贷危机是以欧美国家的房地产市场价格下跌为导火索。美国平均房价下跌了 30%，英国平均房价下跌了 20%。日本房价从 1990 年的最高点一路下跌，在之后的 30 年一直在走低，直到今天依然没回到 2000 年的水平。

高杠杆率下房地产风险体现为，一旦价格大幅下跌，会造成居民部门的负债高于其房屋抵押价值，容易造成家庭贷款违约。这也会导致房地产企业资不抵债，造成违约。防范房地产带来的系统性风险，是有关监管部门非常重要的职责。

如何破解房地产当前的困境？

当前这一轮房地产调整，始于 2016 年的"房住不炒"，加速于国家出台"三条红线"政策之后。这一轮调控严格限制了房企的流动性，再加上疫情的冲击，放大了房地产行业去杠杆的效果，使得房地产企业实际融资出现了断崖式下降。它不光限制了那些负债过高、绩效不好的企业，还影响了金融体系对房地产企业提供金融支持的态度，使得优质房企也受到牵连。

为了防止房企债务违约，造成楼房烂尾，国家在2022年提出了"保交楼"的政策，也出台了配套的纾困资金政策，为房地产企业"保交楼"提供资金支持。但这些政策在实际落地的过程中出现了动作变形。当前，民营房企的处境较为艰难。尽管大家说要一视同仁地对待各类经营主体，但是在房地产过去和目前的这种调控惯性下，很多银行就觉得民企可能风险更大，而给央企、国企贷款，即便它们违约造成坏账，银行的责任也会更小。纾困资金在实际发放的过程中，存在着滞后。各地的"保交楼"政策也自成一体，缺乏统筹和统一规则，企业的大量资金被过度监管，增加了流动性风险。

当前政府应及时调整房地产调控政策，确保纾困政策执行到位，给予民营房企同等待遇。走出当前的困境需要时间，收入的增长和稳定的增长预期是最好的药方。美国和英国在次贷危机时不同程度上发生了房地产价格的下跌，但如果我们今天再去看它们的房价，已经远远高于经济危机时的水平。所以，一个良好的微观主体的增长，是市场最重要的强心剂。当前房地产相关的政策都应该围绕这一点，这样房地产市场的恢复一定指日可待，只要我们抓住不放，防止出现系统性的金融风险，渡过难关，我相信市场是会慢慢恢复的。

如何看待房地产市场未来的发展趋势？

讨论未来中国房地产市场的发展方向，有两个非常重要的点需要提醒大家注意。

第一是路径依赖性，增量的发展不能脱离存量。今天我们城市居民的住房拥有率平均已经达到百分之七八十。过去我们建设了大批的商品化住宅，有的已经卖了有的还没有卖，要注意实际有效的需求。房地产市场上有一些人可能没有有效的购房需求，因为他们的收入的确比较低。如果要确确实实解决他们的住房问题，通过市场是做不到的，必须通过政府保障房来兜底。

保障房的发展需要明确定位：其发展一定是适度的，因为我们有大量的商品房存量待消化；其对象是明确的，那就是低收入人群，不应该针对精英人群。真正的人才可以通过市场定价、高薪来吸引，无须提供额外的住房补助。政府应探索如何有效地提供这些保障房。相比于开辟一块偏远地方新建一些房子，由政府向开发商购买长期租房服务，将住房分配给低收入居民，将是更优选择。

第二是城市化和老龄化。从老龄化角度来看，老龄化伴随着预期寿命的延长和生育率的下降，而生育率的下降意味着总人口增长减速，中国现在已经进入了人口负增长的时期。按照不同的预测，到2050年我们国家的人口规模可能会介于10亿到13亿之间。如果人口规模进一步下降，显然对于住房的需求也会下降。

过去30年是我国城市化的非常高速的增长期，现在城市化率达到60%多。人口的分布主要受经济驱动因素的影响。人口有集聚效应，会慢慢往收入水平高的地方集聚。中国目前一个比较显著的特征就是一、二线城市的规模还在不断扩大，农村人口在不断下降。目前除了少数一线城市，除了教育这一块，外地户籍和本地户籍居民在居住和工作、享受到的公共服务等方面基本上是差不多的。随着城乡、地区之间的收入差距不断下降，未来城市化的速度一定会放缓。城市居民对于住房的需求，不可能再像过去一样高速增长。结合老龄化的影响，未来住房的投资需求会大幅下降。从全国层面来说，我们应该有这样的一种协调：对于还有持续人口流入的地方，应该进一步增加土地供给；而在人口流出的地方，要适当减少土地供给，避免过度的建设和浪费。现在三线城市房价跌得很厉害，因为人是在往外走的，大量新建的房子可能需要很久的时间才能消化掉。那对于这类增量就要严格控制。

随着未来收入水平的上升，我们对于住房消费的需求也会升级，对于住房质量的要求也会越来越高。从有一套住房到有一套居住得比较好的住房，质量的提升也是非常重要的。所以未来房地产需求的绝对数目不会有大幅度上升，但是房地产行业还会随着我们经济社会人口结构的这些变化，发生一系列内在的变化。

如何看待消费在国民经济中的作用？

这几年房地产市场下行在宏观上带来的经济冲击是比较大的。中国现在经济增长的驱动因素，最主要的是总消费需求，其对 GDP 增长的贡献超过 60%。这里面既包含了政府的消费，也包含了家庭的消费。既然消费重要，是不是投资就不重要了？我们不能就消费谈消费，就投资谈投资，就出口谈出口。所有消费的东西也是生产出来的，而要实现这些产品的生产，必须依赖市场的投资。只不过当中国经济发展到一定的阶段之后，我们最终为生产资本品的投资会下降，但是为生产消费品的投资还会进一步上升。比如老百姓想要更好的医疗条件，想要更环保的汽车，这些就是他们的消费需求。而这背后的每一条都涉及相关的投资：有医疗方面的投资，也有新能源方面的投资。

过去我们可能是为了出口而生产，为了满足其他国家的需求而生产。现在出口可能不能像过去那样快速增长，就以满足国内消费需求为主，让所有的老百姓都享受到经济发展的成果，这也是经济增长的最终目的。过去中国经济的发展在一定程度上依靠高储蓄率，将老百姓攒下来的钱用作工业生产和基建的投资。现在居民的收入已经达到了一定水平，资本产出比不断上升，经济规律会使得投资回报率进一步下降。这时候再把那部分钱去投资，它的收益就很低。与其这样，不如适当增加消费，使当代人和未来的人都能够享受到中国经济高速增长带来的成果。

如何提振消费增强其对经济增长的拉动力？

一国消费的提升主要取决于居民可支配收入的上升。我国居民可支配收入占整个国民收入的比重从 20 世纪 90 年代以来经历了一个持续下降而后缓慢上升的过程。居民部门的主要收入来自劳动所得，以工资性收入为主。而在我们整个国民收入的资金分配中，劳动所得占比在这些年没有显著提升。未来如果想要刺激消费，首要的是改善资本和劳动的收入分配。资本的收入分配占比越高，消费的需求增长可能就会越慢。资本的收入中既包含私营企业的利润，也包含国有企业的未分配利润。究其原因，既有技术进步和资本价格带来的资本对劳动的替代，也与融资渠道不畅、金融市场发展不充分、国企改革滞后有关。

《中华人民共和国劳动法》最早于 1994 年出台，旨在保护劳动者权益，改善收入分配。但也有人认为对劳动者的保护增加了企业的用工成本，又会减少企业对于劳动的需求，对整体的就业有负面的影响。这就需要我们区分短期和长期效应。短期内如果对劳动者的工资有一个最低的要求，更好地保护劳动者权益，显然会提高劳动者的待遇。劳动者的收入高了，留给企业的就少了，短期来看这是一个零和博弈问题。但从长期来看，它会是一个双赢的方案。

劳动者的保障完善了之后，收入会增加，不确定性减少，这会刺激就业人员增加消费，进一步在长期增加需求，带动这些企业的销售。合理的劳动和资本的收入分配，是我们要追求的目标。当资本和劳动之间的分配不平等加剧，已经影响实际消费需求的上升时，改善收入分配将有助于在长期实现更高的增长。长期来看，不论是资本收入还是劳动收入都会随之增长。

资本和劳动的收入分配问题的背后都是生产要素的收入分配问题。完善包括资本、劳动、土地、数据等要素的收入分配对于促进消费是至关重要的。统一要素大市场，进一步降低要素流动的壁垒，将有助于改善这些要素收入的分配问题。比如降低城乡间劳动力流动的壁垒，会使得城乡收入的差距进一步缩小；降低资本市场的壁垒，会使得民营企业跟国有企业的融资成本进一步靠近；降低土地要素流动的壁垒，会减小非住宅类建设用地和住宅用地之间的差价；降低市场进入的壁垒，企业可能就不需要将大量的成本用在进入某一个地方的市场上，消费者也能购买到优质的产品。

尽管国家在着力建设统一大市场，但现实中各个地方还是存在不同程度的壁垒。过去这种壁垒是显性的，就是大家都看得见的，现在这种显性的壁垒在逐步转化为隐性壁垒，所以它也是我们将来这段时间需要重点解决的问题，这将有助于我们更好地实现高质量发展。

造成不同区域间要素壁垒的原因很大程度上与地方政府之间的竞争有关。地方政府之间存在着竞争，它们要吸引投资、企业和人才，所以要尽可能增加当地的利益，缺乏不同地区之间共同合作的激励。这种壁垒从国家利益的角度来说，一定是低效甚至无效的。它造成了重复建设、资源没有好好地利用。想要建设区域间的统一大市场，应该去探索长期发展利益共享的机制。

2024年以来消费对经济增长的贡献比较大。其中有一部分是趋势性的，有一部分是暂时性的。从趋势性来看，2013年以来，消费对经济增长的贡献度就在不断上升，投资对经济的贡献度在不断下降。但也有暂时性的因素，特别是2024年以来，我们的出口增速不足，受房地产市场的拖累和地方政府债务等问题的困扰，我们的投资有所减缓。投资和出口的下降客观上造成了消费占比进一步上升，所以这一部分是一些短期的因素。

个别行业的消费，比如新能源汽车、住宿餐饮和其他的一些服务类消费的需求恢复较快，但是受制于整体的经济增速在放缓和不确定性增加，我们的消费未来能不能起到更大的促进经济增长的作用有待观察。

就业市场的复苏有着极化的特征。有一些行业的就业前景较好，比如跟我们的"新三样"相关的，新能源、锂电池、光伏行业的就业需求在迅速增长。但是有一些行业，比如建筑业和房地产业、互联网企业的用人是在不断缩减的。

用人需求结构的变化，造成了劳动者需要在不同的行业之间切换，而这些切换伴随着风险。为了有份工作，切换行业的人可能不得不接受较低的起薪，重新开始。甚至他们在转换的过程中不那么顺利，要经历短暂的失业。这些转化短期看来也是经济恢复比较缓慢的一个非常重要的原因。

只有经过一段时间的调整，人才的供给结构和产业的需求结构更加匹配的时候，就业市场才能达到一个较为稳定的状态。这种调整可能较为缓慢，年轻人的就业压力在未来的几年还是会很大。劳动力市场如果不能恢复，消费自然缺少恢复的动力。

想要刺激消费，政府首先要让社会保障更加完善。政府应该加大补助失业人员和低收入家庭的力度，多发放一些消费券，这样会极大改善他们的生活处境。如果老百姓的社会保障更为完善，他们为了防范这些风险所做的额外储蓄就会有所下降，老百姓就不用因为担心将来看不起病，或者失业拿不到工资而不敢消费。社会保障做得越完善，老百姓自己的储蓄就相对越少，就愿意更多地去消费。要让老百姓敢于消费，增加他们消费的信心，政府应将更多的税收用于民生性的保障。合理分配财政资金的使用，加大对于社会保障或者教育的投入，对于增强消费基础，改善居民消费的信心，甚至对国家的长期增长都是有好处的。

未来消费结构的变化与机遇

中国未来的消费结构也会发生转型。一般来说随着人均收入水平的上升，居民对服务行业的消费需求会越来越高，而对于农产品和制造品的消费会随之降低。这种消费的转型同样驱动着一国的产业结构转型，第三产业占比会继续上升，第二产业和第一产业占比进一步下降。

从某种程度上来说，服务业可以分为两种：一种叫作消费性服务业。消费性服务业包含医疗、教育、住宿、餐饮等，直接面向的是消费者；还有一种叫作生产性服务业，比如物流仓储、计算机软件开发，直接面向的是生产型企业。未来，生产性服务业的占比还会进一步上升。比如企业要发展、要数字化转型升级，就会增加购买计算机软件等服务；企业想要扩大贸易、出口全球，对于物流、现代仓储就会有更高的要求。这些都会增加生产性服务业的需求。

通常来说制造业的生产效率提升最快，农业和服务业其次。但是生产性服务业的技术创新能力、生产力增进的速度要远超消费性服务业。虽然中国的制造业占比在不断下降，但只要社会中生产性服务业占比还能够持续保持上升，整个社会的经济增速便不会太低。

比如，尼泊尔的服务业占比为 70% 多，但大多是消费性服务业，属于比较低端的传统服务业。但是发达国家服务业中很大的部分是生产性服务业。欧美国家的律师事务所不仅可以给当地打官司，还可以给全球打官司。同样，这些国家的咨询机构、投行等金融公司、银行都可以做到服务全球。生产性服务业的效率增长快，其产品可以跨越国界，只有高生产力的企业才可以做到。未来中国和这些发达国家的竞争，除了现在高端制造业上的竞争，还有在生产性服务业这种高端服务业上的竞争。

可以肯定的是，未来我国生产性服务业在服务业整体中的占比还会继续上升，这也是目前我们国家发展战略的一个重点。

中国的城市化还能走多远？ [①]

李力行

（北京大学博雅青年学者、国家发展研究院经济学教授、
中国公共财政研究中心主任）

什么是城市化？

城市化这个话题大家都不陌生，它主要包含以下三个要素。

第一，空间的城市化。

观察和衡量一个城市的发达程度，夜间灯光亮度图是一个公认的参考指标，它体现的是夜晚某地地面灯光亮度如何。

以京津冀地区为例，2009 年和 1992 年的情况相比，灯光覆盖面积大幅增加，特别是北京和天津灯光覆盖面积扩张非常明显。"北三县地区"位于北京和天津之间，因其房价相对低而被称为"北京人的后花园"，这片区域的卫星灯光覆盖面积扩展得也非常明显，河北廊坊主城区的情况也是如此。这说明在城市化的发展过程中，城市的面积会大幅

---

① 本文根据作者 2024 年 1 月 14 日于北京大学国家发展研究院 MBA 讲坛第 69 讲暨 MBA 项目宣讲会上的主题演讲整理。

扩展，夜间灯光覆盖范围会扩展到更多区域。

土地从农业利用转变为城市利用，也是一种衡量城市化变迁的指标。以美国的亚历山大小镇为例，在1950年到2010年的60年间，小镇周边一块块巨型农田逐渐变为城市。迪拜号称"沙漠上长出的城市"，其特点是背靠沙漠、面朝大海，可利用的土地资源非常有限，于是在发展基础设施的同时向海洋扩展，建立了棕榈岛、世界地图岛这样一些人工岛群。因此，城市化也意味着人们采用了更多的土地利用方式。

芝加哥是美国第三大城市，有很多高楼大厦。从城市规划图可以看出，芝加哥目前已经是高密度城市，并且还有很多规划等待建设。东京也以高楼大厦林立而闻名。在东京一些高楼大厦的顶楼，工程机械正在工作，继续给高楼大厦增高，因为东京寸土寸金，要挖掘更多空间的使用潜力。这些在摩天大楼顶端建造的楼层，价格非常昂贵，因此值得花费大力气去建设。由此看出，城市化也意味着城市变高，不仅是横向扩张，也包括纵向扩展。

第二，人口的城市化。

在中国城市化的进程中，有大量人口从中西部地区移到沿海。巴西也是如此，大量人口聚集到东南部里约热内卢附近。因此城市化的一个重要因素就是人口流动。大家都知道，农村的生活相对悠闲，人口密度低，人均住宅面积也比较大；在大城市，比如香港，很多人都住在密密匝匝几十层甚至上百层的高楼中，每一户都非常拥挤狭窄，生活状态也会比较压抑。所以，从一定程度上讲，城市化也意味着人们的居住空间从宽松变狭窄，人们的生活方式变得更加紧张，甚至是压抑。

第三，交通的城市化。

城市化意味着大规模的人口集聚，这会给交通带来压力，也意味着人们通勤方式的变化。比如在北京的许多地铁站，上班族在高峰时段经常要排队很久才能上车；东京的地铁站，需要由专门的工作人员用力推着，才能把人们塞进车厢。这说明城市化也意味着拥挤。

再比如，北京杜家坎收费站是京港澳高速公路的起点，在春运、五一、十一期间，经常会聚集大量等待出城游玩的车辆。火车站也是如此，每逢假期，拥挤的场面随处可见。因此，城市化也意味着人们交通方式的变化，逢年过节就会出现大规模人口迁徙。

通过上述举例，相信大家对城市化已经有了直观的了解。

如何界定城市化水平？

城市化意味着人口从农村转移到城市，在转移的过程中，整个社会需要进行变革来适应人口转移带来的生产、消费和居住方式的变化。因为城市化，土地利用可能变得更加密集，基础设施数量猛增，还会伴随大规模的移民潮。

生活方式方面，转移到城市的人们的居住空间和工作类型都会发生变化，从事的劳动从农业生产变为工业和服务业的生产。由此可能引发一系列就业的变动，相关政府部门的公共服务职能也要从针对农村人口的公共服务转型到为城市基础设施、社会保障、医疗、教育等与城市生活相配套的公共服务职能。

城市化还有很多的维度和表述方式，但总要确定一个城市化的标准，目前来看比较统一的标准是居住在城市区域的人口占当地总人口的比重。所以衡量城市化水平的标准本质上是一个比例，分子是居住在城市的人口数，分母是当地的总人口数。

这一定义又涉及两个关键点，即如何界定城市人口和城市区域。

第一，如何界定城市人口？

大量流动人口、没有获得当地户籍的人口，这部分人算不算居住人口？

比如，广州作为大都会城市，约有837万流动人口，这些流动人口中甚至还包含大量的外国人。是否将这些流动人口算作居住人口，对城市化率的计算结果影响巨大。江浙沪地区的宁波同样如此，常住人口数量已经大大超过户籍人口数量，根据宁波市统计局的数据，2023年末，全市常住人口为969.7万人，全市拥有户籍人口622.2万人，这意味着有300多万人常住宁波但没有获得宁波户籍。根据目前的定义，如果一个人在某地的年居住时间不满6个月，就不能算居住在该城市。然而，如果一个人在一个城市年居住时间不满6个月，但拥有该市户籍，能否算作居住在该城市？

不难看出，在城市化定义中，关于分子部分"居住在城市"一词的解释，需要区分流动人口、常住人口等关键的概念。这些概念与城市化的一些制度政策紧密相关。

2023年9月15日，苏州市对其行政区划代码进行了调整，把工业园区的5个街道从镇中心区升级为主城区，其城乡分类代码从121变为111。经过调整，苏州市城区的常住人口一跃达到500万，苏州成功跻身特大城市行列。只是一个行政区划代码的变化，就使得苏州城区常住人口数量跨上一个台阶，助力其跻身特大城市之列。

由此可见城市化过程中的一些关键指标多么重要。

第二，如何界定城市的区域？

关于城市区域的界定，按照现在比较流行的"颗粒度"这个词，定义城市区域的颗粒度通常是在社区和村庄层面。以前是按照人口密度来区分城市和农村，比如曾经使用过的一项标准是，如果每平方公里居住的人口超过 1500 人，这个社区就可以被认定为城市型社区。后来增加了新标准，比如一个社区有没有成为建成区，有没有基础设施连接，总人口规模以及非农就业比重等。

从行政角度看，北京市全市都是城市。但如果从统计的角度细细看，北京哪些区域是城市，哪些区域并不是城市，还属于行政村，需要根据建成区有没有基础设施等标准来判断。北京有很多村庄和社区已经成形，但周围还缺乏成体系的基础设施，需要从村庄和社区的层面来进一步界定，并不是行政区划上属于北京市管辖区的地方都是"市区"。

除此之外，还有一些方式是按照总人口以及非农就业比重划分的。2015 年，山东省推出新型城镇化标准，将人口规模达到 3000 人以上，非农就业比重超过 70% 的农村新型社区也纳入城镇化的统计和管理。到 2020 年第七次人口普查时，按照上述划分标准，出现了在当时引发高度关注的大规模的"撤村并居"，让农民"上楼"现象。其实，当地这么做也是出于对城镇化的统计标准的考虑。

我国城市化的历程

结合 1953 年、1964 年、1982 年、1990 年、2000 年、2010 年和 2020 年七次人口普查统计得到的中国城镇人口和乡村人口数据，我们可以得到城市人口的发展趋势。

从数据上，我国城市化率从 1953 年的 13.26% 一直提升到 2020 年的 63.89%。

城市化的速度也越来越快，1964—1980 年，我国城市化率 16 年间只提升了不到两个百分点；1980—1990 年，城市化率 10 年间就增加约 7 个百分点，1990—2000 年间又增加 10 个百分点，2000—2010 年间增加 13 个百分点，2010—2020 年间增加了 14 个百分点。

2000 年之前，城市人口和农村人口都呈现增长趋势；2000 年之后，随着中国总人口增速下降，甚至现在出现人口负增长，城市化率的提升主要表现为农村人口向城市人口的转移。

中国的城市化政策大致可以分为两个阶段。

第一个阶段是从新中国成立到改革开放前夕。中华人民共和国成立之后，我们实施了重工业优先的发展战略。重工业是资本密集型，而不是劳动密集型，无法提供太多就业岗位，这意味着城市无法吸纳特别多的就业人口，大量人口需要留在农村。城市里重工业主要生产机械设备，不生产消费品。在此背景下，我们通过粮票的方式保证粮食供应，同时为了避免给城市带来更多压力，也实施了人口流动的限制政策。农村人口不能随便进入城市找工作，要素无法自由流动。因此，改革开放之前的城市化进程非常缓慢。

第二个阶段是改革开放之后。在 1980—1990 年，我国城市化迎来新一轮发展。初期的政策聚焦在小城镇发展，而不是大城市发展。在鼓励小城镇发展的同时，限制大城市集聚，当时实施的一种城市化政策叫"县改市"，就是让一部分县变成县级市。因此在 1980 年至 20 世纪 90 年代的十多年间，大量的小城镇和小型县级市发展起来，成为这一阶段城市化的一大特点。

大家都有户口簿，每一本户口簿的户口页上都会有一项标注"农业家庭户"或"非农业家庭户"。在小城镇发展阶段，甚至推出过"蓝印户口"，算是介于农业户口和非农业户口之间的一种过渡。当时，个人花一些钱是可以拿到代表小城镇身份的"蓝印户口"的。从这个角度看，严格的户籍制度也是早些年我国城市化进程缓慢的一个原因。

近 20 年中国城市化的变革

总体看，近 20 年中国城市化的变革可以概括为"一高一低"。

"一高"指的是土地城市化速度高于人口城市化速度。

人口城市化指的是人口从农村转移到城市，在城市居住的人口比重提升。因此，人口城市化着重讨论的是有多少人居住在城市。在这一定义中，框定城市建成区的面积显得尤为重要。然而实际情况是，在近 20 年的城市化进程中，我国土地城市建成区扩张的速度特别快，超过了人口扩张的速度，这就被称为土地城市化。简单来说，土地城市化指的是城市土地面积大幅扩张的现象。

为什么会产生这个现象？这主要源于土地财政政策。地方政府通过土地拍卖，把农村用地变为城市用地，再把它拍卖给房地产公司建造住宅。还有一种方式是把土地出让给工厂，建造制造业、服务业等行业的基础设施或用于公共设施和交通基础设施建设。在这个过程中，土地从农业用途变为城市工业、商业、交通、基础设施等新用途。因为能够获得不菲的土地财政收入，地方政府有很强烈的意愿和动机来推进土地拍卖。房地产企业通过拿地盖楼卖房也能分一杯羹。

然而，土地城市化扩张过快造成了大量空置、闲置房。比如内蒙古的鄂尔多斯一度被称为"鬼城"，就是因为土地城市化扩张过快，但人口增长跟不上，造成大面积的房屋没有人居住，夜晚整个城市鲜见灯光，一片漆黑。

土地财政是地方政府融资的一种方式。当我们谈到城市化财政时，不得不简单回顾中国的公共财政体制。

从 20 世纪 80 年代开始，我国实施了财政分权，赋予地方发展经济很强的动机，也造成了不同地域间激烈竞争的局面。大家你追我赶，想尽各种办法招商引资，发展经济，获得税收。1994年，我国开始实施分税制改革，中央从财政收入中获取了很大一部分，地方政府普遍缺钱。地方政府为增加收入费尽心思，既然预算内的法子行不通，那只能从预算外的方式着手，"影子财政"等事物也随之出现。除了通过税收获得财政收入，地方政府还诉诸土地财政，通过地方政府融资平台等方式来融资。

土地财政就是在上述背景下发展起来的。一般而言，政府财政预算主要用于公务与工资、民生基础设施建设等。土地财政这一手段成为独具特色的城市基础设施融资手段，就是不靠中央政府拨钱，不靠预算内财政收入，而是依靠地方政府预算之外的财政渠道，特别是卖地这一手段来融资。这也是地方政府对于从农民手中拿地这件事特别积极的原因，这背后是土地财政。有些地方政府的土地财政收入几乎占其公共财政收入的一半。土地财政也是导致土地城市化快于人口城市化的原因之一。

"一低"指的是中国户籍人口城市化率比较低。

这一问题的关键在于"农民工"。这里的"农民工"是个广义概念，指的是从本地到外地去工作，但没有获得当地户籍的人口。根据2020年的人口普查，这一群体的数量高达2.86亿。有的农民工是拖家带口进城，更多的农民工可能没有办法把家庭成员，特别是子女带在身边，留守儿童问题也由此产生。当大城市政策收紧时，这些农民工可能要被迫离开城市。

2020年第七次人口普查的数据显示，人口净流入省份主要位于沿海地区，尤其是长三角、珠三角、京津冀地区等；人口净流出省份主要位于中部地区和东北地区，比如黑龙江、吉林的人口流出情况特别严重。

流进城市的人口大部分都没有获得当地户籍。为什么获得当地户籍如此困难？首先是地方政府并不愿意接纳所有的流入人口。因为这些人一旦获得户籍，地方政府就需要为他们提供包括子女教育、就业保障、社会保险、医疗甚至保障性住房在内的公共服务，这些全部需要地方政府自掏腰包。根据2010年的一项测算数据，每接纳一个流动人口在当地落户，地方政府可能需要为其花费10万~20万元的公共财政支出。因此，地方政府不愿意为所有流动人口安家落户。然而对流动人口而言，能否落户非常重要，事关子女能否享受当地的教育资源和在当地参加高考的权利等。正因为地方政府有顾虑，在给予流动人口户籍这件事情上积极性不高，很多地区的户籍人口数量低于常住人口数量。

如果把获得当地户籍和没有获得当地户籍的流动人口分开计算，我们的城市化率就存在"一高"和"一低"两组数据。根据2020年的统计，户籍人口的城市化率只有45%，比常住人口城市化率要低18个百分点。

这些没有获得城市户籍的人口，或者是获得城市户籍但仍保留着原来农村生活方式的人，大多需要在城市寻找一些比较便宜的住所。久而久之，城市中能够提供低廉住房的"城中村"成为这部分人的理想选择。比如在深圳有很多"城中村"，因为这里寸土寸金，为了最大化利用空间，"城中村"的房屋盖得又高又密，有些房屋甚至有10层高，楼间距也特别窄，被称为"握手楼"，一旦发生火灾，消防车根本开不进来。

"城中村"与其所在城市的繁华形成鲜明对比，但其又的确是城市的一部分。相关统计数据显示，深圳"城中村"建筑面积超过全市的40%，"城中村"住有60%的常住人口。在"城中村"居住的感觉毫无疑问是非常压抑的。北京也有"城中村"，过去5年的时间里，北京大学周边就有5个"城中村"消失。这意味着可以用于低廉租住房的区域在减少，上述人口的生活成本和租房成本相应上升。

2017年，北京大兴的"城中村"发生一场大火灾。此后，北京在全市范围内开展安全隐患大排查。这些年来，北京市清理整治的力度持续加大。除了"城中村"，一些小产权房也被纳入清理的范围。

小产权房广泛存在于城市周边，大多建在农村土地上，价格便宜，不足之处是不能给购房人提供合法的房产证。为什么会出现小产权房？主要是因为中国独有的产权制度。农村和城市的产权制度不同，土地和房屋的产权都各有特点。农村土地自有一套体系，因为没有经过政府的征地出让和开发商的销售，所以建在农村土地上的房屋无法变成合法的商品房，也不能对外销售。可以看出，国家对农村土地的占有、使用和销售都预设了很多限制。小产权房是城市中非常典型的居住模式，跟"城中村"很像，只不过小产权房的外表相对光鲜亮丽。除了"城中村"和"小产权房"，还有一种居住形式叫"棚户区"。

"城中村""小产权房""棚户区"这三种非正规的住宅各有各的成因和特点，不仅是中国，世界上很多国家都有。其中的居民大多还没有在这个城市安定的想法或条件。这部分人的储蓄率很高，甚至可以和农村居民的储蓄相比。在总人口中占比不低的这一群体，为了子女和自己的养老问题必须拼命挣钱攒钱，一定程度上拉低了整个中国的消费。

综合来看，中国城市化的发展已经历了两个阶段。第一个阶段城市化速度比较慢，城市化水平与全球平均水平相比较低。背后的制度原因是我国重工业优先发展的战略、户籍制度，以及改革开放之后继续实施的小城镇优先发展战略，限制了大城市和特大城市的发展。

第二个阶段，随着中国经济的腾飞，城市化速度突飞猛进，尤其是土地城市化的速度非常快，城市基础设施建设加速，面积扩张迅猛，大幅超过了人口向城市转移的速度。

在这一进程中，户籍人口的城市化速度相对较慢，特别是居住在"城中村""小产权房""棚户区"中的城市居民，虽然身在城市，实际上处于低度城市化的状态，要么无城市户籍，要么无社保，子女可能是留守儿童。这部分人虽然身在城市，但仍保留着农村的生活方式，即储蓄率高、消费率低。

中国城市化的未来

要讨论中国的城市化还能走多远，离不开对过去的分析。过去土地城市化速度较快，人口城市化速度较慢。在城市化人口中，有相当一部分人消费水平跟不上。

要想维持中国的城市化水平，需要做一些矫正。比如对于生活在"城中村"的这部分人，应当给予他们更多的保障和公共服务，在此基础上挖掘这部分人的消费潜力。城市化的进程不能只看城市化率，更要关注城市发展的潜力、有多少人还处于低度城市化的状态、多少人还没有实现真正的城市化。

我们城市化的发展还面临很多局限，想要弄清楚这些局限，还需要了解经济发展规律。我推荐几本书:《美国大城市的死与生》《城市的胜利》《城乡中国》。通过这些书，我们可以了解城市集聚的经济规律，了解城市化水平与经济收入之间的关系。对比之后我们可以发现，目前我国城市化水平可能仅相当于美国 1950 年左右、日本 1965 年左右的水平。当年的美国和日本，城市化率达到 60% 之后，仍有很大的城市化发展空间。因此，考虑到中国目前的实际情况，城市中仍存在大量的低度城市化人口，中国的城市化率在未来仍有相当大的发展空间。

第五章

金融转型的新动能

如何理解中国金融业规模较大的现象？ [①]

何晓贝

（北京大学国家发展研究院智库宏观与绿色金融实验室副主任、副研究员）

中国金融业增加值占 GDP 的比重约为 8%，接近美国和英国的水平，高于大部分国家，更是显著高于日本、德国等典型的制造业大国。这在国内引发了许多争议和讨论。部分观点认为中国的金融业规模过大、"脱实向虚"，金融应该向实体经济让利；也有观点认为中国金融业增加值占 GDP 的比重高是由中国的储蓄率高和以间接融资为主的特点造成的。如何理解中国的金融业规模较大这一现象，对于理解金融业在宏观经济中的作用以及如何制定政策路径实现"金融强国"，有重要意义。

驱动中国金融业增长的因素

关于中国金融业增加值占 GDP 的比重较高的原因，专家提出多种看法。例如有观点认为中国的储蓄率较高是金融业增加值较高的原因。

[①] 本文原载于北京大学国家发展研究院"朗润专栏"。

但从国际经验来看，储蓄率高并不意味着金融业增加值高：美国的居民储蓄率很低（正常时期在 6% 左右），但金融业增加值占 GDP 比重很高（8% 左右）；德国的居民储蓄率较高（正常时期在 11% 左右），但金融业增加值占 GDP 比重低（4%）（见图 5-1）。也有观点认为，中国金融业增加值占比高，是因为间接融资占比高，但德国、日本的间接融资占比也比较高，但金融业增加值占 GDP 比重都比较低。实际上，直接融资业务在一些国家是金融业增长的主要驱动因素。例如美国，20 世纪 90 年代后金融业增加值占 GDP 比重的增长中有一半来自证券等直接融资业务，其中的主要部分是资产管理业务的增长。

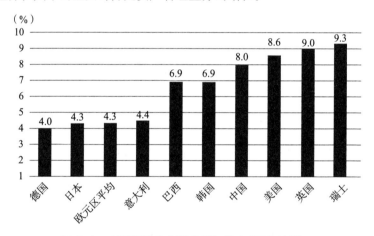

图 5-1 主要经济体金融业增加值占 GDP 比重

数据来源：OECD。

中国的金融业与成熟市场仍有很大差距，中国的金融系统以银行为主（下文的金融业主要指银行业），而银行业仍然以信贷业务为主（中间业务收入占利润的比重显著低于国际同行）。从统计方法来看，金融业增加值取决于资产规模（尤其是信贷规模）和净利差两个方面。在过去 10 年中，我国银行的资产规模快速上升，银行资产端和负债端的净利差（net interest spread，NIS）则显著下降，意味着这 10 年银行业的增加值主要来自资产规模扩张（见图 5-2）。从另一个角度来看，中国金融业增加值在过去几年的平均增速为 8%，而人民币贷款余额的同比增长在 10% 左右。可以说，过去 10 年中国的金融业增加值增长是由贷款扩张驱动的，而银行的净利差是在不断收窄的。

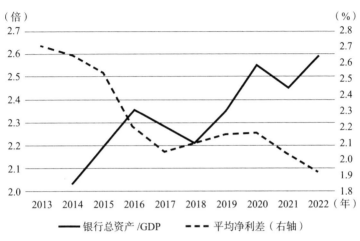

图 5-2　中国的商业银行：资产规模与净利差

数据来源：万得。

注：由于数据可得性，银行资产采用全部商业银行的数据，而净利差采用上市银行的平均数据。

　　中国经济结构和宏观调控的特征决定了金融业的增长存在"逆周期"的现象。中国可以有效实施逆周期的信贷政策，也就是在实体经济较弱的时期仍然可以推动银行信贷增长。而这在发达国家难以实现，因为银行在经济较差的环境下倾向于减少信贷供给。由于这个特征，在经济增速放缓的情况下，中国的金融业增加值占 GDP 比重更高可以说是必然现象。金融业增加值占 GDP 比重上升，本身说明宏观调控使得金融支持实体经济的"力度"在加强。换句话说，中国的金融业增加值占

GDP 比重与投资占 GDP 比重，是一个硬币的两面。

如何理解金融业增加值占比上升："风险"难以观测且未被核算

国际经验显示，从长期数据来看，经济体在一定发展阶段金融业增加值占 GDP 比重迅速上升是普遍现象，因为在投资机会增多的情况下，对金融的需求也会相应上升。从短期数据来看，宏观经济差的时候，金融业增加值占 GDP 比重高也并非中国的特有现象，这与银行的"风险定价"密切相关。

虽然发达国家不像中国一样直接实行信贷逆周期调节，但银行的风险利率定价会直接计入金融业的增加值。2010 年，英国央行首席经济学家霍尔丹（Haldane）指出，现有的银行业增加值核算方法存在一个严重问题，即没有做过风险调整处理。当经济变差、银行预计未来会有大量坏账的时候，就会提高信贷利率（体现为银行的净利差上升）以覆盖潜在的资产损失，然而上升的净利差会被计入银行业的增加值。换句话说，基于现有的统计方法，银行业的增加值很可能是虚高的：银行业承担了实体经济的风险，但风险被计为银行业的增加值。正因为如此，在 2009 年英国深陷金融危机的时候，英国的金融业增加值占 GDP 比重达到 9.2% 的历史高点。

更重要的是，"风险"是个无法被直接观测的变量，这使得不良资产的风险可能在统计中被忽视和掩盖。

假想一个极端情况。企业无法偿还贷款，而银行在企业违约之前给企业发放一笔新的贷款用以偿还本金和利息，那么银行的总贷款维持不变（或者增长，因为新增贷款要覆盖利息）。通过借新还旧的方式，企业归还了贷款的本金和利息，银行业的利润和增加值维持不变（甚至增长）。

因此，银行信贷（和银行业增加值）的增长有可能只是掩盖了实体经济的风险。这正是日本在刚陷入经济衰退时出现的问题。20 世纪 90年代初日本房地产泡沫开始破裂，但日本的银行贷款总额以及贷款占GDP 比重到 90 年代中后期还在逐步上升，因为银行不愿意承认贷款已经成为坏账，而是持续给"僵尸企业"提供贷款，期望经济复苏后能收回贷款。直到 1997 年银行危机爆发后，日本的贷款总额及其占 GDP 的比重，以及金融业增加值占 GDP 比重才从高点开始缓慢下降。而目前日本经济已经显著复苏，金融业增加值占 GDP 比重也仅为约 4%。

中国的金融业：风险在哪里？

虽然近年来中国经济增速下滑较快，但中国银行业的不良贷款率也逐年下降，2024 年仅为约 1.6%。这是否说明中国的银行资产很安全呢？并非如此。虽然过去十几年中国的银行监管有很大加强，但由于中国的银行系统的特征以及宏观经济政策特征，银行不可避免需要过多承担实体经济的风险。

例如，中国的地方政府债务很多都是借新还旧，最终债权人需要承担损失；针对新兴行业的数量型的信贷政策让银行在扩张贷款的同时降低利率，资产风险未能反映在信贷的定价上。一些短期防范风险的措施也促使银行推迟风险的计量，例如，为了防范房地产风险外溢到金融系统，监管当局允许银行延迟确认开发商的不良贷款。因此，除非短中期内经济强劲增长，否则不良资产的风险终将体现在银行账上，形成银行的资本减记，影响银行的信贷扩张能力甚至偿付能力。

虽然有许多因素导致银行的不良贷款率较低，但从企业的偿债能力可以大致判断银行的潜在不良资产的风险。如果企业的利息保障倍数（ICR）小于1，说明企业的利润不足以负担利息费用，则该企业的债务存在违约风险。从2017年至今，利息保障倍数小于1的（非金融）上市企业数量占所有（非金融）上市企业比例快速上升（2022年超过20%），显示实体经济的债务违约风险显著上升（见图5-3）。

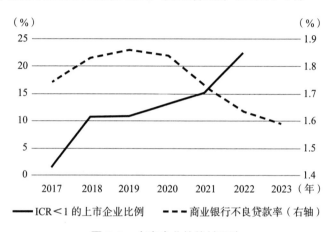

图5-3　上市企业的偿付风险

数据来源：万得。

这些风险债务尚未反映在银行的资产负债表上，但中国的银行是否有能力抵御大规模不良资产减值的冲击，是需要担忧的。银行的利润是化解风险的第一财务来源，而中国的银行的盈利能力在过去10年持续下降是不争的事实。上市银行的资产回报率（ROA）、净资产回报率（ROE）和每单位风险资产的回报率（RoRWA）都显著下降；然而单位资产的风险承担显著上升（用资产的信用风险权重计算）（见图5-4）。银行的盈利能力下降会影响银行的偿付性，若持续下去，发生银行危机的风险不容小觑。

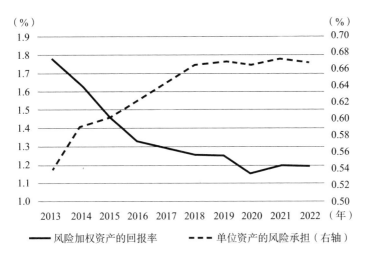

图 5-4　风险加权资产的回报率和单位资产的风险承担

数据来源：万得。

综上，中国金融业增加值占 GDP 的比重高主要反映了信贷规模占 GDP 比重高（而非银行的收益率高），与中国的投资占 GDP 比重高是一个硬币的两面。中国金融业规模较大，并不意味着金融应该向实体经济让利，反而显示金融业过度承担了实体经济的风险，增加值"虚高"。理论上，金融业为市场主体提供资源配置、风险分担的功能，金融业的收益反映这些作用的价值。而一个无法为风险定价的金融业，是宏观经济最大的风险。

中国金融改革的目标模式[①]

黄益平

（北京大学博雅特聘教授、国家发展研究院院长、
南南合作与发展学院院长、数字金融研究中心主任）

改革开放初期，我国的很多金融政策是参考欧美金融体系设计、修改的。在一定程度上，欧美金融体系是我国金融改革学习的榜样。2008年10月，由美国次贷风险引爆的全球金融危机日益严重，对全球经济造成了毁灭性的打击。原来借鉴、学习的对象出了这么大的风险，我国下一步的金融改革应该往哪里走、怎么走，确实是一个值得决策者与老百姓都关注的大问题。

在之后的十几年间，这个问题一直萦绕在我的脑海里，2009年我回到北京大学工作以后，一大部分的研究精力都放在了学习、理解和分析金融改革政策上。怎么评价过去几十年的改革政策？为什么一度行之有效的金融体系后来却面临许多挑战？未来进一步变革的方向是什么？《读懂中国金融：金融改革的经济学分析》，就是我和王勋博士在过去十

---

① 本文根据作者2022年7月4日于浦山讲坛第28期"中国金融的目标模式"暨中国金融四十人路劲奖学金项目2022结项仪式上所做的主题演讲整理。

几年围绕这些问题所做的研究与思考的一个总结。

首先对金融模式下一个定义。所谓金融模式，指的是包含金融结构、组织形态、运行机制和监管框架四个层次的金融体系的综合体。金融结构主要指的是资本市场或者商业银行，有时候也叫直接融资或者间接融资；组织形态的内容可以很多，比如国有金融机构、外资金融机构或者民营金融机构，也可以分为分业经营和混业经营；运行机制可以看成"看得见的手"和"看不见的手"之间的分工，换句话说，金融体系的运行主要由市场机制决定还是由政府政策决定；监管框架的内涵更丰富，从机构设置方面看，有分业监管与混业监管，从具体做法上，又可分为机构监管、功能监管、审慎监管等。

接下来要讲的就是关于我国金融模式的话题，先说过去是怎么样的，现在又怎么样，怎么演变过来的，然后再说未来的方向，最后再简单讨论一下未来可能的演变轨迹。

在改革开放初期，可以说我国其实并不存在一个真正意义上的金融模式，如果要说有，那就是一家金融机构的模式。1978年12月召开的十一届三中全会确立了改革开放政策，当时就一家金融机构即中国人民银行，而且一身三职，既是中央银行，又是商业银行，还是监管部门，其资产规模占全国金融资产的93%。当时只有一家金融机构，因为计划经济年代对金融中介没什么需求，资金调配都是中央计划决定的。这个独家机构模式无法适应"以经济建设为中心"对金融服务的需要。因此，从当年开始，政府就逐步建立了一些金融机构。现在回过头去看，金融体系的调整实际包含了重建和改革两个过程，交织在一起。重建就是从一家机构出发，建立了很多金融机构，构建了一个相对完整的金融体系。改革是指金融资源的配置与定价逐步地从政府主导转向由市场主导。

当前我国金融模式的四个典型特征

经过 40 多年的改革开放，我国从只有一家金融机构出发，现在已经建立了一个完整的金融体系。与其他国家特别是市场经济国家的金融体系相比，我国这个新的金融模式呈现出四方面的突出特征：规模大、管制多、监管弱以及银行主导。

第一个特征是规模大。当时我国只有一家金融机构，金融资产规模也很小。这是因为计划经济时代资金调配主要通过中央计划完成，经济运转对金融中介的需求很小。但随着几十年的改革和发展，当前我国的金融体系已经非常庞大，金融机构数量很多，光是银行机构就有 4000 多家，并且四大国有商业银行在全世界都排名前列。我国资本市场（即债券市场和股票市场）的规模相对较小，但体量也已经位居世界第二。因此无论从资产规模还是机构数量来看，我国的金融体系规模都已经非常庞大。

第二个特征是管制多。我们曾经做了一个指数叫作金融抑制指数，以此来衡量政府对金融体系运行的干预程度，比如干预利率的决定、汇率的形成、资金的配置、跨境资本的流动等。金融抑制指数为 0，表示这个国家是完全市场化的；金融抑制指数为 1，表示该国金融体系基本由政府决定。从研究情况看，1980 年中国金融抑制指数接近 1，市场化程度最低；2018 年该指数下降到 0.6，说明政府干预程度在降低，市场化程度在提高。但横向比较来看，2018 年 0.6 的金融抑制指数在全球 130 个国家和地区中排名第 14 位。说明即使经过 40 年的改革开放，我国政府对金融体系的干预程度在全球范围内仍然相对较高。

第三个特征是监管弱。目前我国已初步形成较为完备的金融监管框架，包括"一委一行两会一局"，再加上地方金融监督管理局，有机构、有人员、有手段，但在识别和化解风险方面，仍有不尽如人意之处。过去 40 年我国金融体系始终比较稳定，关键在于两点：一是政府兜底，二是中国经济持续高增长。这两点保证了风险发生时，政府可以稳住投资者信心，不至于出现挤兑恐慌，从而为政府处置存量风险、暂停增量风险留足时间。1997 年亚洲金融危机时，我国银行不良率超过了 30%，但并没有出现银行挤兑现象。后续政府通过一系列措施，包括剥离坏账、注入资本金、引入战略投资者、海外上市等，将四大国有商业银行做大并使其成为规模排名世界前列的银行，这是非常了不起的成就。但问题在于，政府兜底无法长期持续，我国经济增速也在不断放缓。过去应该由监管发挥作用的很多事情都被政府所替代，但实际上并未管控住金融风险，这导致我国金融监管相对较弱。

第四个特征是银行主导。国际上主要有资本市场主导和商业银行主导两类金融体系，当然这里的"主导"是一个相对的概念。而我国金融体系中，银行主导的特点是非常突出的。

新发展阶段我国传统的金融模式面临调整

这样一个金融模式看起来有很多问题，但至少在过去几十年，在支持经济增长和金融稳定方面没有出现过大的问题。只是最近问题似乎变得越来越多，抱怨的声音也越来越大。一方面金融效率在下降，另一方面金融风险在上升。

为什么这套体系在改革开放头 30 多年还算行之有效，如今却出现问题？背后的原因有很多。最重要的一点是，我国经济已进入新的发展阶段。1978 年改革开放时我国人均 GDP 只有 100 多美元，属于全世界最贫穷的国家之一。这一时期我国生产成本很低，可以实现粗放式、要素投入型的增长。改革开放头 30 年年均 GDP 增长率达到 9.8%。

但现在情况已经逐渐发生了变化。2021 年我国人均 GDP 超过 1.2 万美元，距离世界银行确定的高收入经济体门槛只有一步之遥。人民生活变得更富裕，生活质量也越来越高。但它带来的一个问题就是生产成本的上涨。这意味着我国已经丧失了过去的低成本优势，所以必须转变增长模式，从要素密集型增长逐渐向创新驱动型增长转变。只有通过创新来升级换代，提高效率，我国才能保持住竞争力，否则经济增长将很难持续。

当前我国金融体系之所以出现问题，就是因为过去的金融模式无法适应新的增长模式，所以金融体系也要跟着转型才行。总的来看，我国金融模式进一步转变的内容很丰富，集中体现在以下四方面。

第一，要大力推进金融创新。

过去我国粗放式、要素投入型的增长模式，不确定性相对较低。因为生产的产品是别人生产过几十年甚至几百年的，技术、营销渠道、市场都十分成熟。只要生产成本足够低，就有竞争力，简单说就是不确定性比较低，风险比较小。但这套金融体系现在却无法很好地支持创新驱动型的经济增长。

比如过去政府始终强调的中小企业融资的问题。这一问题在历史上始终是存在的，基本难点有两个：一是获客难，即金融机构难以找到中小企业，获知其融资需求，并为它们提供金融服务。因为中小企业数量很大，但地理位置相对分散，所以找到它们很困难。传统做法是将机构网点开遍全国，贴近企业客户。但这种方式成本很高，在很多地方也很难获得足够回报。二是风控难。对于金融机构来说，为企业提供融资服务既要能把钱借出去，还要能把钱收回来，而后者才是更大的挑战。这就意味着，金融机构需要对中小企业客户进行全面、严谨的信用风险评估，评价用户的还款能力和还款意愿，这是非常复杂的过程。传统做法是根据用户的财务数据和抵押资产进行评估。但这两个方面恰恰是中小企业比较欠缺的，导致大多数银行并不愿意为中小企业提供金融服务。

但随着中国经济进入新发展阶段，中小企业融资难已不再是单纯的普惠金融问题，而是上升到宏观经济约束的高度。原因在于以中小企业为主的民营企业是当前中国经济的主力军，在城镇就业、创新、经济增长方面都发挥着举足轻重的作用。也就是说，创新面临的巨大挑战之一，就在于能否更好地为中小企业提供好的金融服务。从这个角度看，金融创新还有很大的发展空间。

第一个创新方向是提高直接融资在金融体系中的比重。相比于以银行为主的金融体系，资本市场直接融资往往可以更好地支持创新活动。原因有很多，包括直接融资可以更好地识别创新项目，更容易与创业企业共担风险和收益等，而银行贷款则需要还本付息，有时会给企业造成较大的现金流压力。因此资本市场在服务创新方面更具优势。我们应该大力发展资本市场，提高直接融资在金融体系中的比重。

第二个创新方向是商业银行的创新。我国以银行为主导的金融结构在短期内不会发生太大变化，但银行的业务模式也需要创新，要想方设法地支持创新活动。国际金融体系可大体分为两类：一是市场主导的金融体系，代表国家是美国、英国；二是银行主导的金融体系，代表国家是德国、日本。虽然英美的技术创新相对更活跃，但德、日在经济发展、技术创新领域也是世界领先国家。我们应该向这些银行主导金融体系的国家学习，对商业银行的业务模式进行创新，更好地支持创新活动，这方面是大有可为的。

第三个创新方向是大力发展数字金融。数字金融可以更好地服务中小企业和创新活动，这是未来我们要努力的方向。大科技信贷是目前比较受关注的领域，可以帮助金融业更好地为中小企业提供服务。因为它可以用数字技术克服获客难和风控难的问题。过去传统金融机构需要把分支行开遍全国，才能真正贴近用户。但这种方式成本过高，实操性很差。而数字技术和大科技平台，比如微信、支付宝等日活跃用户10亿以上的平台，已经触达很多客户。并且这些平台获客速度很快，边际成本极低，可以在短期内大量获客，这就在一定程度上解决了获客难的问题。与此同时，客户在平台上的活动，包括社交、购物、支付等，都会留下数字足迹。平台利用数字足迹积累起来的大数据就可以进行信用风险评估，从而判断借款人的违约概率。从研究情况看，利用大数据对小微企业做信用风险评估，结果是比较可靠的。这说明数字技术创新可以帮助我们解决过去金融体系无法解决的很多问题。当然，数字经济只是金融创新的一个方面，市场和银行的创新也很重要。

第二，要进一步推进市场化改革。

改革开放以来，我国金融抑制指数已经从1下降到了0.6，但仍处于很高的水平。未来在进行金融资源配置和信贷决策时，能否真正让国有企业和民营企业站在同一条起跑线上，是市场化改革的一个重要方面。另一方面，要努力实现真正市场化的风险定价。比如贷款利率的决定，这是信用市场化风险定价的基本含义。如果市场风险较高，贷款利率就应该比较高，因为成本要能覆盖风险，否则未来可能受到较大损失，这是市场化风险定价的基本要求。但过去几年监管部门一直在鼓励银行降低中小企业融资成本，这种用行政手段压低企业贷款利率的做法，短期内似乎起到了一定作用，但从长期来看，银行持续为中小企业提供贷款的意愿和能力都会受到影响。

中小企业融资难的问题固然存在，但最近几年我国中小企业的融资环境已经得到了很大改善。这里可以用两个数据来说明。第一个数据是中小企业在银行总贷款中的比重。根据经济合作与发展组织公布的数据，中国中小企业贷款在总贷款中的比重已经达到 65%，是除韩国、日本以外比例最高的国家。这说明经过十多年的努力，我国已经取得了很大成绩。第二个数据是民营企业的资产负债率。全球金融危机以后，民营企业融资难问题比较突出，去杠杆化的倾向非常明显，而国有企业的资产负债率则相对平稳。但 2021 年底，我国民营企业资产负债率已经反超国有企业。其中的原因很复杂，而且民营企业中既包括中小企业，也包括大企业。这两个数据组合起来，至少可以说明我国中小企业的融资环境得到了很大改善。

关键的问题是，这些改进是如何实现的？目前我国仍比较习惯于用行政性手段来解决问题。尽管金融机构自身的创新，比如数字金融创新也发挥了一定作用，但发挥作用最大的仍是行政性的监管要求。这些监管要求的基本内容是每家商业银行每年对中小企业的贷款总量和中小企业贷款在总贷款中的比重都要比前一年有所上升，否则就要接受监管问责。

现在看这些行政性很强的政策要求实实在在地增加了中小企业的贷款，但这里有两个重要的挑战：一个是是否风险可控，另一个是是否有利可图。如果做不到这两条，那么即使短期实现了政策目标，长期也很难持续，甚至会造成很多新的问题。所谓风险可控，就是银行要有获客和风控能力，将风险控制在较低水平；所谓有利可图，就是成本要低于可能获得的回报。

大科技平台用大数据来替代抵押品做信用风险评估的方式，目前来看效果不错。比如微众银行、网商银行的信贷平均不良率远低于传统商业银行同类贷款，说明这种信用风险管理方式效果较好。

所以，尽管当前中小企业融资环境得到了改善，但如果持续依靠行政要求强制商业银行给中小企业提供贷款，最终将产生较严重的金融风险和财务后果。因此我国必须进一步推进市场化改革，在市场化条件下解决问题，包括实现市场化的风险定价，进一步降低金融抑制指数等，核心是依靠金融创新本身，这是未来发展的大方向。

第三，要做实金融监管。

虽然在过去30多年我国维持了金融稳定，没有出现大问题，但这并不是靠监管政策做到的，而更多是靠政府兜底和经济持续高增长实现的。目前来看，这种做法很难长期持续。一方面，随着我国金融体系规模越来越大，复杂性越来越高，一出现问题就由政府兜底，这是不现实的；另一方面，我国经济增速在不断下降。国际清算银行曾指出，金融危机后很多国家的金融风险都在上升，并将其总结为"风险性三角"：杠杆率上升、生产率下降和政策空间收缩。在此形势下，我国很难再依靠过去的金融模式来支持经济增长。

在监管方面，我国有很大的改进空间。过去我国的监管体系有框架、有人员、有工具、有目标，但在很多领域都缺乏监管规则的真正落地。过去两年中小银行出现问题，其中很大一部分原因就在于监管规则没有真正落地。比如大股东违规操作，这在规则上是明文禁止的，但却变成了一个比较普遍的现象。这说明我国监管体制确实需要改进。具体来看，有以下三个重要方向。

一是目标要明确。监管最重要的目标是保障充分竞争、反垄断、保护消费者利益，终极目标是维持金融稳定，除此之外，不应该去管其他事情。现在我国的监管目标非常复杂，并且各目标之间并不完全一致。比如行业监管和金融监管，本身就是存在矛盾的。二是权限下放。监管目标确定以后，要给监管部门相应的权力，由他们来决定采取什么措施，以及什么时候采取措施。三是加强问责。过去金融监管体系法不责众。虽然大家都出了问题，但似乎大家都没有问题。因此对监管问责十分必要。经过40多年的金融改革，我国已经建立起了一套监管框架，但更多是形式上的监管，未来我们要努力将其发展为实质性的监管。

第四，要稳健推进金融开放。

金融开放非常重要，但必须稳健推进。很多国家在条件不成熟时贸然推进资本项目开放、金融行业开放，最后酿成了重大的金融危机。所以在金融开放的效率提升和金融稳定之间，也要把握好平衡。

总结来看，随着我国经济迈入新发展阶段，过去这套金融体系已经不太适应新经济的增长模式，必须做出改变。改变的方式包括：加强金融创新、推进市场化改革、做实金融监管、稳健推进金融开放等。从这个角度看，我国目标金融模式的方向是比较清晰的，就是要更多地走资本市场的道路，走市场化改革的道路，走国际化的道路。

务实改革仍将是未来一段时间我国金融改革的基本特征

虽然我国金融改革的大方向基本清晰，但未来金融模式会怎么演进还有很多想象的空间，是会变成像德、日那样由银行主导的金融体系，还是像英、美那样由市场主导的金融模式？市场化程度是否能达到那么高的水平？监管框架又会如何构建？这都与我国金融改革的基本特征有关。

值得指出的是，尽管我国在金融改革过程中有学习的榜样，但从未明确过具体的目标模式，中国的金融和经济改革并没有在一开始的时候就清晰地勾画出改革蓝图或目标模式。这可能有两方面的原因。第一个原因是1978年决定实施改革开放政策时，其实很难想清楚未来几十年会怎么变化，更重要的是当时的政治环境也不允许把一些彻底的理念明确地表达出来，比如社会主义市场经济的概念是在改革进行了15年之后才被提出来的。第二个原因是我国的经济改革包括金融改革都有非常务实的特点，实施改革政策的目的是解决问题，终极目标是什么样子，有时候可能反而不是那么重要，虽然方向很清晰。

根据我们的研究，务实的金融改革具有如下两个特征：第一，任何改革政策都要满足"可行性"的条件。有些政策提起来很不错，但没法落地，也就不具备可操作性，意义不大。比如要求明天建立一个庞大的资本市场，这本来就不是一蹴而就的。另外，政治可行性同样重要，因为我国改革的特点是渐进、双轨。务实的一个重要体现就是在满足可行性条件的前提下，解决实际问题。

第二，改革措施的决定与评价主要以结果为导向。就是每一步改革的推进，都要用实际效果说话，效果好就往前走，效果不好就往回走，这与邓小平"摸着石头过河""不管白猫黑猫，捉住老鼠就是好猫"的理念是一脉相承的。我国40多年的金融改革，尽管存在一些问题，但整体效果还不错。当然我们也要承认，这种务实改革的做法有时也会引发一些新问题。因为这种改革不彻底，可能会形成一些新的利益集团，而这些新的利益集团很可能变成下一步改革的阻力。因此，持续地向前推进改革，是务实改革能够取得成功的一个重要条件。

现在我国金融改革的方向应该已经比较清晰，简单说就是市场化程度要提高、国际化程度要提高、资本市场的作用要提高、监管的效能要提高。但与此同时，我国仍会在很长时期内采取务实改革的措施，一步一步地往前走。

第一，虽然我国资本市场中直接融资的比重会逐步提高，但不太可能很快达到英美国家的水平。一国金融体系是以银行为主还是以资本市场为主，决定因素有很多，包括法律体系、文化背景、政治制度等。因此我们虽然会走向以资本市场直接融资为主的道路，但在可预见的未来，银行仍将是我国主要的融资渠道。

第二，未来我国会向混业经营的模式前进，但能否直接从分业经营走向混业经营，前提条件在于能否控制住风险。尽管混业经营能带来巨大的回报，效率也会有很大提升，但风险管控和识别也会更加复杂。因此从分业经营走向混业经营，也会是一步一步的前进过程。

第三，市场化改革不会一步到位。尽管我国金融抑制指数可能会继续下降，但在当前大背景下，政府仍会在金融体系中发挥重要作用。只要行政性干预是有益的，我们就仍会继续推进。

第四，监管模式如何发展目前仍有较大不确定性。当前我国实行的是分业监管模式，未来会变成综合性服务机构还是区分审慎监管和行为监管的"双峰"模式目前尚不明确。

总结来看，1978年我国尚未形成完整的金融体系，所谓的金融模式其实就是独家机构模式；经过40多年的市场化改革与重建，当前我国金融模式呈现出规模大、管制多、监管弱和银行主导四个基本特征。但在当前市场环境下，这一套过去行之有效的金融体系的有效性在不断下降，未来我国将朝着提高直接融资比重、提高市场化和国际化程度、提高监管效能的方向前进。虽然大方向比较明确，但我国应该仍会采取"务实"的方式向前推进。这就意味着在可预见的未来，尽管我国资本市场直接融资比重会提高，但不会很快上升到英美的水平；尽管我国金融体系的市场化程度会提高，金融资产价格决定和金融资源配置会更多依靠市场化的方式进行，但政府仍然可能会在金融体系运行中发挥很大作用；此外，要真正实现产权中性，让国企和民企做到公平竞争，相信也会是一个非常缓慢的过程。

不过，如果坚持"务实"的原则，重视可行性条件和结果导向，那么改革持续稳步推进，是一个大概率事件。未来的金融模式应该能够越来越有效地支持新发展阶段的经济增长。与此同时，也要对未来可能发生的金融风险与动荡有充分的心理准备。

金融如何支持实体经济高质量发展？[①]

林毅夫

（北京大学博雅讲席教授、新结构经济学研究院院长、
国家发展研究院名誉院长、南南合作与发展学院名誉院长）

高质量的经济发展要从比较优势出发，依据整体经济特征和细分产业结构特点选择创新与融资方式。

新结构经济学认为，一个经济体的要素禀赋结构决定其最优产业结构。不同行业、采用不同技术的企业在规模和风险上有不同的特点。由于各金融机构在提供金融服务方面各有优势和不足，一个经济体在其特定的发展水平上有一个适当的金融结构。随着经济的发展，资本的积累，要素禀赋结构、产业结构的变化，与其相适应的金融结构也会相应演变。在高质量发展的时代课题下，新结构经济学对中国的金融改革具有怎样的借鉴意义？

立足比较优势

高质量发展要求我们落实"创新、协调、绿色、开放、共享"的新

---

① 本文原载于《复旦金融评论》第 13 期。

发展理念，这是我们发展过程中必须遵循的基本原则。从新结构经济学的视角来看，要理解高质量发展，首先要了解经济发展的本质。一般而言，发展就是国民收入水平不断提高，生活质量不断提升，劳动生产力水平的进步必不可少，这就需要技术创新和高附加值新兴产业的不断涌现。伴随着技术创新和产业升级，电力、道路、港口等硬的基础设施以及金融、法律制度安排等软的制度安排需要同时得到完善。

因此，从新结构经济学的角度来看，经济发展是技术、产业乃至软硬基础设施结构不断转变的过程。在这个过程中，要实现高质量发展，最重要的是确定每个时点的经济体要素禀赋结构所决定的比较优势。根据比较优势推动产业升级和技术创新，这样生产成本会最低，企业有自生能力。如果政府能够提供配套的、合适的基础设施和制度安排，比较优势就会变成竞争优势，经济发展会好，政府有财力来解决地区、城乡发展的协调问题，企业有能力采用绿色技术，经济会开放，并且会创造诸多就业机会，经济发展成果的共享将得以实现。

要让企业按照比较优势自发选择产业和技术，需要兼顾有效市场和有为政府。在一个有效市场中，各种要素的相对价格能够充分反映经济体的比较优势，并以此来引导企业按照比较优势选择技术和产业。同时，政府还要发挥积极作用，解决经济发展过程中必然存在的外部性和弥补软硬基础设施完善的市场失灵，使技术创新和产业升级的动态过程能够顺利进行。

金融结构顺应产业发展

实体经济的特征有五个不同的维度。其一，规模，包括企业的大小和所需资金等。其二，风险，处于技术研发阶段的企业会面临较高的风险，而那些采用成熟技术的企业风险系数较低。对于前者而言，新技术能否被市场接受又是另一重不可忽视的风险。其三，信息，主要指公司的布局、资产状况等硬信息和公司的经营状况、企业家才能等软信息。其四，抵押品，衡量公司有无优质的抵押资产。其五，增长前景，判断公司所在行业是新兴高速增长、市场扩张的行业，还是相对传统的行业。

综合五个维度分析可以发现，如果企业的资金需求极大、风险极高，从现代金融安排的特性来看，选择股票市场融资是合适的。如果企业的规模大但经营风险较小，可以通过公司债或者银行贷款的渠道筹集资金。如果企业规模小、风险大但发展前景良好，可以考虑风险投资。反之，如果企业的规模小、产业的增长前景有限，缺乏优质抵押品，那么以上三种方式都不做考虑，企业或许可以在地区性的中小银行得到融资。

新结构经济学将中国实体经济中的制造业分成五种类型。

其一，追赶型。我国和德国、日本等发达国家的制造业有一定差距。制造业企业，尤其是装备制造领域的企业，其技术发展与创新在相当大程度上可以从外部引进并消化吸收，例如从国外购买设备或在国外设立研发中心。大型追赶型企业通常已有相当长的经营年限，积累了一定的资产，其创新所需的资金就可向大银行借贷。如果已经上市，还可以通过股票市场融资。如果经营状况良好、信息透明，公司债也未尝不是一个好的选择。相对的，小型追赶型企业通常不具有大公司的以上优势，可以另辟蹊径，运用供应链金融、扶持配套产业来满足需求。

其二，领先型。在国内一些产品、技术位于国际最前沿的产业，例如家电和现代通信行业等，企业的经营状况通常较好，主要依靠自有资金做研发，自主进行基础科研和新技术、新产品的开发。政府要对基础科研提供资金援助和大力支持。尤其是对于一些共用技术，通过打造"企业＋政府"的共生研发平台，刺激基础科研的突破，增强企业自行研发新技术、设计新产品的创新驱动力。这些企业如果有扩大生产等需求，可以利用股票市场、大银行或者公司债来募集资金。

其三，转进型。一些在过去有比较优势，但现在逐渐丧失优势的产业就属于此列。比如劳动密集型的加工业，其中一部分突破重围，走向了品牌、产品研发设计或是市场渠道管理的高附加值产业阶段；而另一部分企业则始终在微笑曲线底端（产业链低端）徘徊。失去比较优势、位于产业链低端的转进型产业有些可以靠自动化来降低成本，不过对于它们最重要的办法是将工厂转移到工资水平低的东南亚、非洲等地去创造"第二春"。这类产业所需要的金融支持一般为银行。

其四，换道超车型。这一类型主要指互联网、移动通信等新经济业态。它们的产品、技术研发周期通常较短，一般在12~18个月，研发以人力资本投入为主。我国改革开放几十年的资本积累相比于发达国家工业革命后两三百年的资本积累相对不足，因此在金融或者物质资本人均量上我们比不上发达国家。但在人力资本领域，我国却是不遑多让，这是因为人力资本取决于两方面，一个是先天的聪明才智，一个是后天的学习。后者与教育有关，我国的教育水平不输发达国家。前者服从正态分布，在任何国家的人口中各部分比例都是相差无几的，但作为人口大国，我国的人才数量是其他国家无可比拟的。因此从人力资本角度来看，我国在短研发周期的换道超车型产业不仅没有劣势，甚至还有不小的优势。而且，除了人力资本，我国还有两大优势。第一个是国内大市场。中国有世界上目前综合潜力最大的单一市场，新技术、新产品研发出来立刻能够进入全世界最大的市场。第二个是完备的产业配套设施，可以催化从创新观点到实物成品的落地过程。由于人力资本的优越性，总体而言，我国换道超车型产业的发展是占据先机的。换道超车型产业所需的金融支持包括早期研发阶段的天使资本、风险资本，以及在技术、产品成熟后的资本市场的融资以扩大规模。

其五，战略型。此类产业与国防安全、经济安全挂钩，研发周期极长，资本投入也特别大，比较优势匮乏。从理论上讲，从国外引进是成本最低的发展路线。但可想而知，这很可能会对国家安全造成负面影响。因此我们只能依靠自主研发，用大量的财政投入来支持其发展。

与制造业不同，农业的发展极大地受到天候、土壤条件的影响，所以农业技术创新很难从国外引进，即使引进也要反复试验，判断能否适应当地的土壤、天候条件。出于这种限制，我国的农业技术绝大多数都是自主研发的。而且，即使首个采用新技术的企业可以获利，一旦技术普及也会发展成为"谷贱伤农"的情形。因此，农业技术的研发通常需要相当规模的政府投入来支撑。现代化大农业的资金渠道有银行、股市（针对上市企业）等。然而对于小农来说，合适的融资机构是地区性的中小银行。

同样，传统服务业的规模经济效应小，服务范围也有限，其技术创新一般是指现有和新生技术在新服务场景的应用。随着互联网大数据的诞生，诸如美团、拼多多、滴滴等新型现代服务业平台也随之出现，这种创新主要是业态的创新、服务平台的创新。此类新业态服务业在创业初期可以寻求风险资本的帮助，在有了一定的经营成果后，可以在股票市场上市。不过对于大多数传统中小型服务业，最优解还是地区性中小银行。

银行改革迫在眉睫

如今的互联网生态利用大数据优势，能够满足一部分有在线交易数据、信息可查的中小型制造业、服务业的金融需求。但是依然有相当一部分中小企业，由于缺少网络交易痕迹，现有技术条件很难满足它们的金融需求。

　　未来的金融改革应该如何真正服务于实体经济高质量发展的需要呢？我国当下的实体经济构成仍以小型企业、农户为主，约 50% 的政府税收来自微型和中小型企业，约 60% 的 GDP 收入来自农户和微、小、中型企业。同时，80% 以上的就业机会也是由这些企业创造的。

　　而我国现有的金融制度安排可以说在可知、可行的范围内是应有尽有了。股市、风投、银行系统和公司债等构成了形成多样的金融系统。这个系统以大银行和股票市场为核心，在地区性中小银行的数量上却是严重不足的。究其原因，这种安排其实是双轨制改革的历史遗留产物。改革开放初期，约 80% 的实体经济都是国有企业，其中又以大型国企为主，它们大多不具有比较优势，缺乏自生能力，由政府补贴保驾护航。所以在 20 世纪 80 年代，我国设立了以大银行为主的金融体系，成立了工农中建四大银行，通过压低资金价格来满足大型国企的需要。到了 20 世纪 90 年代，国家逐渐开放股票市场，主要目的仍旧是为大型国企排忧解难、提供资金。至此，我国就逐步确立了以大银行和大股票市场为主的金融体系。

　　虽然此后有过几番改革，但都未撼动这个根本格局。这种框架已经无法适应我国日新月异的经济状况。在这种框架下，有些企业很容易从金融市场上获取廉价资金，从而得到政府的支持与补贴，这种因果链条很容易滋生腐败，而且，资金拥有者（银行的存款者、股市的投资者）无法得到合理的回报，这也会带来收入分配不平等的问题。另外，如前所述，如今农户和微型、中小型企业虽然为国家税收、就业做出了巨大的贡献，但却难以在当下的金融体系中获取匹配的金融服务，这是目前最大的问题。

因此，金融改革一方面可以从完善现有制度入手，强化监管也好，优化运行也好，都可以进一步提升其运作效率与水平。另一方面，想要深入改革，要重点着眼于银行。现有银行系统存在两大问题：第一是资金价格。对于战略型产业的补贴，要更多运用财政而不是银行的低价贷款。改革就是要使银行贷款价格回归一般市场水平。第二是利率。我国的银行存款利率长期被压低，可能有全世界最大的存贷款利率差。一般西方发达国家的存贷款利率差最多是一个百分点，但在我国可以达到三个百分点甚至更高。贷款利率实现市场化了，但存款利率却没有，二者不对等、不平衡，如此一来就会出现银行业或者利润最高的几家大银行占据全部国企贷款半数以上利润的局面。所以下一步，我们应该放开存款利率的限制，让资金所有者得到应有的回报。

除此之外，还要弥补小银行的短板。即使把那些由农信社转化而来的乡村银行都算在内，全国的小银行总数也不过在 3000 家左右。美国今天有 6000 多家地区性的小银行。而我国有金融服务需求的农户以及微型、中小型企业却远远超过美国。弥补小银行短板迫在眉睫，这首先要求监管跟上。目前我们是按照针对大银行的《巴塞尔协议 III》来进行监管的，中小银行的发展需要全新的监管规则、机构与流程的创新。这与股市从审批制走向注册制是如出一辙的。

总的来讲，我国目前的金融体系并非缺乏某种特定的金融安排，而是现有的结构未能适应实体经济的结构。双轨制改革的历史遗产必须经过层层筛选与翻新，才能契合当代高质量经济发展的需要。

金融如何更好地支持科技创新 [①]

黄卓

（北京大学国家发展研究院副院长、南南合作与发展学院副院长、
国家发展研究院 BiMBA 商学院院长、数字金融研究中心常务副主任）

在 2023 年 12 月 11 日至 12 日召开的中央经济工作会议及 2024 年
1 月 31 日的二十届中共中央政治局第十一次集体学习中，习近平总书
记都强调了发展新质生产力的重要性。新质生产力的核心在于科技创新，
这是推动产业创新的关键。2023 年底召开的中央经济工作会议明确提
出：要以科技创新推动产业创新，特别是以颠覆性技术和前沿技术催生
新产业、新模式、新动能，发展新质生产力。

科技创新不仅能够驱动前沿技术的发展，更能催生新兴产业、新模
式和新动能，继而推动国家经济结构的调整，特别是向高质量发展的转
变。通过科技创新的主导作用，我们能够摆脱传统的以投资拉动的经济
增长模式，实现更加符合新发展理念的先进生产力质态的发展。

科技创新涉及多个维度，包括科学层面的理论创新、工程技术层面

[①] 本文根据作者 2024 年 5 月 10 日于北京大学国家发展研究院"朗润·格政"论坛第 185
期的主题演讲整理。

的创新，以及产业、产品层面的创新。然而，这一转化过程需要巨大的资金投入和金融资源的支持。

面对当前科技创新的需求，尤其是科技型初创企业的融资需求，我国以商业银行为主导、间接融资为主的金融体系确实存在不足和挑战。这些挑战主要源于科技创新过程的高风险性、高投入需求以及长周期和高失败率的特点，特别是在科创企业的发展过程中，这些问题尤为突出。因此，如何更有效地利用金融资源以支持科技创新的持续发展，是我们需要思考的问题。

当前金融体系与创新之间的不匹配

中国当前的金融体系对于支持科技创新及其成果转换存在明显的不足，两者的特质不匹配，可以简要概括为以下几点。

首先，以商业银行为主导的金融体系通常注重资金的安全性和收益的确定性，这与科技创新及其成果转换过程中固有的高不确定性之间存在显著矛盾。商业银行在评估贷款时，倾向于选择风险较低、回报稳定的项目，而科技创新往往需要长期投入和高风险担当。

其次，投资者，尤其是普通投资者，普遍偏好短期稳定的投资回报。然而，科技创新往往需要长期的投资，以实现其潜在的高回报。这种需求与供给之间的矛盾，要求投资者具备耐心资本，即愿意长期持有，以待花开。

再次，传统商业银行的信贷管理主要依赖抵押品来控制风险。在过去的几十年里，土地和房产在中国往往被视为最优质的抵押品，因此，房地产企业和制造业企业相对容易获得信贷支持。然而，科创企业通常采取轻固定资产模式，其核心资产为人力资本和专利，缺乏传统的抵押品。这使得商业银行在识别和管理科创企业的信贷风险时面临挑战。

最后，金融机构在信贷分配上存在一定的偏好，倾向于支持大型企业，尤其是具有国资背景的国有企业。这些企业由于具备刚性兑付的保障，更容易获得金融机构的青睐。然而，许多科技企业处于初创阶段，或是专精特新的中小企业，其融资需求往往难以得到满足，这构成了金融体系与科技创新之间的又一矛盾。

如何发展科技金融？

在 2017 年 7 月召开的全国金融工作会议上，习近平总书记明确指出"金融要把为实体经济服务作为出发点和落脚点"[①]。在当前发展新质生产力的关键时期，有效支持实体经济、促进结构转型并推动新兴产业发展的核心在于有效支持科技创新。这一观点也在 2023 年 10 月底的中央金融工作会议上得到重申，会议提出了要做好"五篇大文章"，其中科技金融被置于首位，凸显了金融支持科技创新、发展科技金融的重要性。

科技金融，顾名思义，是以科技创新为主要服务对象，以金融与科技深度融合发展为基础，通过金融创新手段为科技创新赋能。具体而言，它要求针对不同类型及不同发展阶段的科技企业，根据其差异化的融资需求，提供广渠道、多层次、全覆盖、可持续的金融服务，以促进科创企业的成长。这是一种新型的金融模式，旨在将科创资源与金融资源相结合，构建科技、产业、金融的良性循环，发展新质生产力。

发展科技金融的关键在于构建一套适用于不同阶段和不同类型科创

---

① 中华人民共和国中央人民政府. 半月改革动态（2017 年 7 月 1—15 日）[EB/OL].（2017-07-26）.https://www.gov.cn/xinwen/2017/07/26/content_5213421.htm.

企业的风险评估体系。这一体系能够确保对科创企业进行精准的风险定价，并建立企业与金融机构之间的风险分担机制。无论是何种类型的金融产品，其本质都是风险分担的机制，因此，科技金融的发展需要着重关注风险评估和风险分担机制的完善。

从国际经验来看，构建多层次的科技金融体系对于我国而言至关重要。

在此，我想就科技金融体系的发展重点谈三个话题：

（1）以信贷为主的商业银行如何支持科技创新；

（2）股权投资（包括一级投资），如风险投资和私募股权投资，如何支持科技创新；

（3）二级市场，特别是股票市场和公募基金，如何有效支持科技创新。

商业银行如何支持科技创新？

我国金融体系由商业银行主导，间接融资比重过高，这通常被视作发展的短板或约束，但实际上，间接融资体系在支持科创企业融资需求方面仍有巨大的发展空间。

美国硅谷银行作为科技信贷模式的代表，其业务模式值得借鉴。硅谷银行向初创科技企业提供信贷，并同时获得认股权证，以股权投资升值的溢价来弥补信贷风险。这种模式基于对贷款企业的深入了解，能对其未来发展前景做出相对准确的判断，从而获得股权升值的潜在收益。硅谷银行的主要服务对象包括风险投资、私募股权投资机构以及初创企业，为其提供贷款及其他金融服务。然而，2023年硅谷银行因资产单一化问题而面临挑战，这也提示我们在实践中要注意风险的分散和资产的多元化。

值得注意的是，尽管一些国家采取分业经营的模式，将信贷、投资银行、保险、资产管理及证券业务分别进行监管和经营，但德国为有效支持科创企业，采用了全能银行模式。这种模式使得德国的银行能够全面经营商业贷款，同时也涉足投资银行、保险等金融业务，尤其能为中小型企业提供包括有价证券发行、资产管理和财产保险在内的全面服务，甚至涉足实业投资。

我国也有两家类似于硅谷银行的机构，即上海科创银行（原浦发硅谷银行）和北京中关村银行。上海科创银行成立于 2012 年，截至 2024 年 8 月，服务了 3000 多家企业，其中 46 家已上市。北京中关村银行 2017 年获批开业，总资产规模超过 700 亿元，其主要不良贷款来自科创企业贷款，目前其不良贷款仍处于可控状态。然而，这两家银行的贷款增长速度可能已有所放缓。

另外，如北京银行这样的传统商业银行在科技金融方面也有显著特点。由于服务首都打造国际科技中心的定位，北京银行在科技金融领域进行了大量布局，以"打造专精特新第一行"为口号，截至 2024 年 6 月末，累计为 4.7 万家科技型中小微企业提供了上万亿元的信贷支持。其服务涵盖了北京市 80% 的创业板上市企业、69% 的科创板上市企业、74% 的北交所上市企业和 73% 的国家级专精特新"小巨人"企业。

在监管政策方面，2024 年年初，《国家金融监督管理总局关于加强科技型企业全生命周期金融服务的通知》显示，政策层面开始鼓励金融机构在防范风险的基础上，加大对初创期科技型企业的信贷投放力度，并探索银行与外部机构合作，形成贷款与外部直投相结合的业务模式，从而为这些企业提供更大的金融支持。

此外，国有大行，如中国建设银行和中国工商银行，也在积极探索服务科创企业的体系。这些银行对科创型企业进行全面评估，包括对创新能力和风险评价体系的评估，并在此基础上推出一系列科创融资链产品体系。这些创新举措正在推进中，预计将有更多新的试点出现，显示出该领域大有可为的前景。

风险投资和私募股权投资如何支持科技创新？

关于一级市场如何有效支持科技创新，美国的风险投资和私募股权投资市场以其成熟性、庞大的市场规模和完备的监管体系为典范，成功孵化出众多世界级科创企业。

中国市场经历多年稳定增长，近年来增速有所放缓。

具体数据显示，自 2018 年起，特别是近几年，一级市场扩容增速开始显著下降。2023 年，我国股权投资市场有约 7000 只基金完成募集，从基金组织的数量上仅微降 1.1%，但基金管理规模却下降 15.5%。值得注意的是，私募股权基金的募资金额的下降并非中国独有的现象，美国市场亦面临类似挑战，这可能与周期性因素有关。

当然，中国也涌现出新的投资模式。其中，"合肥模式"备受关注。该模式以地方政府为支撑，通过股权投资和风险投资的方式将产业引入地方，并采用投资银行的方法培育当地企业，从而壮大本土产业链并创造更大的市场增量。合肥因此吸引了大量科技企业，有些已经成长为行业龙头企业，截至 2023 年 3 月，国有资本在战略性新兴产业的投资金额超过 1600 亿元，带动项目总投资超过 5000 亿元，为合肥近几年的GDP 增长做出了显著贡献。然而，尽管"合肥模式"受到多地政府的效仿，但是其能否成功复制仍存疑问。

另一种新兴模式是地方政府采用引导基金，特别是母基金的方式，与市场化的私募股权基金合作，主要投资方向为本地和战略性新兴产业。这种模式的增长势头强劲，政府引导基金目标规模从 2017 年的 9.5 万亿元增长到 2023 年年中的近 13 万亿元。2023 年上半年，全国新设政府引导基金 90 家，规模达到 3900 多亿元，资金来源主要为地方政府、国有控股平台及当地产业公司。

观察 2023 年新募人民币基金的管理人结构，特别是在中大型基金中，国有资本管理人的占比较高。然而，未来在地方政府主导或资金主导的模式下，如何区分政府和市场的职能，确保在实现战略目标的同时建立市场化的激励和考核机制，是一个值得深入探讨的问题。此外，识别具有潜力的公司或重点项目，以及允许一定程度的失败，在创新市场中保持耐心资本，都是未来市场化发展的重点。

最后，引导基金的母基金模式的有效运作，实际上依赖于一个成熟的私募股权市场。一级市场的成功同样需要有一个成熟且有效的二级市场作为支撑，实现"募-投-管-退"的良性循环。若退出环节不畅，将直接影响一级市场的健康运行。

股票市场和公募基金如何有效支持科技创新？

在二级市场方面，近年来我国针对科创企业推出了科创板、创业板、北交所等定向试点，并于 2023 年全面实施了注册制。然而，目前普通投资者通过二级市场投资科技企业仍面临较高的门槛，尤其是在科创板、创业板和北交所市场。

因此，公募基金在此扮演着重要角色，应加大产品创新力度，扩大投资范围，积极开发更多与科创相关的投资市场，如指数基金、主题基金、交易所交易基金等，以吸引机构投资者和个人投资者更好地投资于科技企业。

　　同时，专业投资者应加大对科创企业的研究力度，建立专业的评估体系，提出合理的估值和定价体系，避免市场价格长期偏离其真实价值，避免对投资者误导，以真实性和成长性吸引更多资本和资源进入科技创新体系。

　　最后，公募基金作为市场中长期的资金来源和稳定器，应坚持长期投资和价值投资的理念，淡化对短期投资业绩的追求，引导投资者进行投资，真正服务于实体经济和国家战略。

碳中和与转型金融 [①]

马骏

（中国金融学会绿色金融专业委员会主任，
北京绿色金融与可持续发展研究院院长）

大家过去听到较多的是"绿色金融"，如今"转型金融"亦成为热门话题。本文将从转型金融的背景、G20（二十国集团）层面所讨论的转型金融框架及其五大支柱、目前国内转型金融发展面临的问题与转型路径等方面进行分析。

转型金融的背景

北京绿色金融与可持续发展研究院能源与气候变化研究中心对"碳中和"行业的各项政策做了研究综述，其中涉及能源、交通、建筑、工业等领域的现有政策以及碳中和背景下应当推出的政策，这些政策将有助于我国在 2060 年之前实现碳中和目标。该研究还梳理了实现碳中和

[①] 本文整理自作者 2022 年 7 月 10 日于北京大学国家发展研究院举办的承泽论坛第 3 期上的演讲，收入本书时有更新。

的技术措施，包括有关部委印发的文件内容以及业界专家、机构和行业协会提出的建议。

从政策角度来讲，有两类非常重要：一类是经济政策，另一类是非经济政策（以行政干预类为主）。

按经济学家的说法，经济政策主要是通过市场化机制配置资源，从而推动"双碳"目标实现的相关政策，包括财政支出、碳税、碳市场和碳金融政策等。其中财政支出政策是指通过绿色补贴、绿色担保、绿色采购、政府产业基金等措施支持行业向绿色低碳转型的政策。碳税政策，现已覆盖一些大排放企业，很多中小企业是不是也应该被覆盖，目前还在讨论之中。关于碳市场政策，包括位于上海的碳排放权交易市场，我国共有7个地区性碳排放市场，还有即将重启的国家核证自愿减排量（CCER）交易市场。建立这些重要的市场化机制是为了鼓励、激励低碳企业，同时对那些减排不努力的企业施压。碳金融政策，主要指我国在过去七八年里建立起来的绿色金融体系中的内容，包括绿色与转型金融标准、披露要求，还包括央行支持碳减排的货币政策工具，即央行拿出低成本的资金支持绿色低碳项目，并要求大银行对高碳产业做风险分析与管理，同时推动绿色金融产品创新。

经济政策之外还有行政手段。通过行政手段，将全国碳排放总量目标一层一层往地方分解。

经济政策和行政手段之间需要建立起协调机制，二者也还在磨合当中。

绿色低碳投资需求

在前述背景下，从金融角度来看，我国到底存在多大的绿色低碳投资需求呢？

2021 年 12 月，中国金融学会绿色金融专业委员会（以下简称"绿金委"）课题组发布《碳中和愿景下的绿色金融路线图研究》。该报告的结论是，在碳中和背景下，我国未来 30 年的绿色低碳投资需求累计将达到 487 万亿元人民币（按 2018 年不变价计）。这一结论比其他机构的预测结果大很多，主要原因是统计口径不同，绿金委主要基于金融口径，其他机构主要基于低碳能源口径。

这么多钱到底要投向何处？主要是能源、交通、建筑和工业领域。

以能源领域为例，依据清华大学能源环境经济研究所张希良教授的研究结果，2045 年我国电力行业使用的能源中有 95% 为可再生能源，还有一小部分来自煤电 CCS（碳捕集与封存），这表明我国未来 20 多年里对新能源的投资会非常大。

在交通领域中，新能源汽车肯定是投资亮点，也是实现低碳和零碳的主要技术路径。据北京绿色金融与可持续发展研究院（简称"北京绿金院"）绿色科技中心预测，我国在 2030 年前新能源汽车销量还会大幅上升。

绿色建筑也是重点。建筑物的能耗和碳排放占全球总量的 40%。国家正在明确倡导，未来 10 年绝大多数新建筑都必须是高标准节能节水的绿色建筑。当然，建筑物的绿色标准并不意味着建筑物减排会有很大幅度提升，因为很多达到星级标准的绿色建筑的减排提升幅度仍有限。未来，会有更多符合近零排放要求的建筑。从行业可持续性角度来讲，零碳建筑在大城市具备经济性。

绿色低碳投资在工业、负排放、材料、数字化等领域亦有巨大机遇，只是这方面的技术还不够成熟，需要很多能够容忍风险的投资机构参与，比如 PE 或 VC。北京绿金院与高瓴研究院联合发布的《迈向"碳中和

2060"：迎接低碳发展新机遇》报告对各领域的投资机遇做了较详细的分析，其中提到工业领域中的工业电气化、废铁利用、电弧炉利用、水泥石灰石替代等技术都需要投资。

转型金融的意义

经过大概 7 年的发展，我国的绿色金融体系已经非常庞大，中国已是全球最大的绿色金融市场。截至 2024 年 9 月底，我国的绿色信贷余额已经达 35.7 万亿元，绿色债券的余额超过了 2 万亿元，中国已经成为全球最大的绿色信贷与绿色债券市场；据不完全统计，我国已有 1000 多只绿色基金以及很多创新的绿色金融产品，如 ABS（资产支持证券）、ETF（交易所交易基金）、绿色保险、碳金融等。

为什么还要发展转型金融？理由是，在传统的绿色金融框架下，转型活动没有得到充分支持。

首先，传统的绿色金融注重支持"纯绿"或"接近纯绿"的项目。以气候变化领域为例，绿色金融支持的一些典型项目为清洁能源、电动车，以及这些产业核心项目的投入品，比如电池等。

其次，在现有体系下，高碳行业向低碳转型的经济活动得不到充分的金融支持，因为绿色金融目录中并没有完全容纳转型类经济活动。调研发现，属于"两高一剩"行业的许多企业，不管能否转型，其授信都被压降，哪怕这些企业有转型意愿以及很好的技术路径来实现转型。目前，已经被纳入或将要被纳入碳交易市场的八大高碳行业为发电、石化、化工、建材、钢铁、有色金属、造纸、航空。此外还有很多行业也有较高的碳排放，如老旧建筑、公路交通等。这些行业都需要在"双碳"目标背景下逐步减碳。

高碳行业向低碳转型如果得不到金融支持，会产生几个不良后果。

第一，转型失败或延迟。高碳行业减碳需要资金，否则就有可能转型失败或者转型进程被延迟，最终影响"3060"双碳目标的实现。

第二，企业破产倒闭导致金融风险。高碳行业企业因为得不到资金支持而破产倒闭，对银行而言意味着坏账，对股权投资者而言将是投资资产的估值大幅下降。

第三，企业倒闭裁员影响社会稳定。这些高碳行业如果因得不到金融支持而出现倒闭、裁员，将成为社会不稳定因素。

实际上，转型活动比纯绿活动的规模要大得多，因此也需要更多的金融支持。目前，我国全部信贷活动中大约有13%被贴标为"绿色信贷"，而银行体系又是为整个经济提供融资的主体，因此绿色经济活动占到全部经济活动的13%左右，其他经济活动都可以被称为"非绿活动"。

非绿活动又可分为可转型的非绿活动和不可转型的非绿活动。可转型的非绿活动是指活动主体有转型的意愿、能力和技术路径，得到金融和政策支持就有可能转型成功。不可转型的非绿活动也很多，活动主体没有转型意愿和能力，若干年后会退出市场。对那些可转型的非绿活动，应该通过建立转型金融框架，尤其是通过明确界定标准、披露要求和提供政策激励等措施，引导更多的社会资金支持其向低碳与零碳目标转型。

国际上近年启动了一些转型金融产品的尝试，比如可持续挂钩的贷款、可持续挂钩的债券等。而转型金融产品自2021年起开始在国内兴起，包括可持续发展挂钩贷款（SLL）、可持续发展挂钩债券（SLB）、转型债券以及低碳转型（挂钩）债券，其利率与融资主体的关键绩效指标（KPI）和可持续发展绩效目标（SPT）挂钩，如碳排放量、能效、其他可持续相关绩效指标。

但是从全球范围来看，转型金融的发展仍然面临许多挑战。一是缺乏权威的对转型活动的界定标准，而如果没有界定标准就会导致"假转型"，出现"洗绿"的风险。第二，对转型主体的披露要求不清晰，比如是不是应该有一个完整科学的转型方案，这方面都没有明确的官方要求。三是目前的转型金融工具比较单一，主要集中在债务类的投资工具。四是缺乏激励机制。转型融资涉及编制转型计划、披露、认证等额外要求，成本较高，如果没有激励措施，企业可能不愿意去做转型融资。五是转型过程中往往会伴随高碳企业的裁员等社会问题，因此转型的公正性变成了一个非常重要的议题，但是金融业似乎还没有投入足够的资源去助力"公正转型"。

转型金融框架及其五大支柱

2022年，G20可持续金融工作组发布了《G20转型金融框架》，总结了国际上的一些基本共识，提出五大支柱，包括：要建立明确的界定标准，要有披露要求，要有明确的金融工具，要有激励机制，要推动公正转型。

支柱1：对转型活动和转型投资的界定标准

- 使用目录法或者原则法建立转型金融的界定标准，降低市场主体识别转型活动的成本，有效规避"假转型"的风险。
- 所界定的转型活动和转型投资应该符合透明、可信、可比的减排目标。
- 界定标准应该适用于转型企业、转型项目、相关金融产品和投资组合。
- 界定标准应能反映市场、政策、技术发展的动态需求。

- 界定标准应考虑公正转型的要求。

- 界定标准应具有国际间的可比性和兼容性。

支柱 2：对转型主体和转型活动的信息披露要求

- 使用转型融资的主体（企业）应该披露具有可信度、可比性、可验证性、有雄心（先进性）的完整的转型计划。

- 披露短中长期温室气体减排目标（包括中间目标和净零目标）和气候适应目标，以及减排活动的进展情况。

- 披露范围 1 和范围 2 温室气体排放数据，并在可能的情况下，披露范围 3 数据。

- 披露落实转型的公司治理信息。

- 对指定用途的转型金融工具，应披露资金用途；对不限定用途的转型金融工具，应披露所支持的转型活动的 KPI。

支柱 3：转型金融工具

- 要进一步丰富和发展转型金融的工具箱，包括债务型融资工具（如不指定用途的可持续挂钩的贷款、债券和指定用途的转型贷款、债券等）、股权类融资工具、保险和担保等风险缓释工具、证券化产品等其他工具。

- 无论使用哪种转型金融工具，都应该要求融资主体提供透明、科学的转型计划，满足披露要求，并在金融工具的设计中引入奖惩机制，鼓励企业更加努力地实现减排目标。

支柱 4：激励机制

- 建议各国决策部门设计和推出一批激励政策和机制，以提升转型活动的可融资性；多边金融机构应该帮助发展中国家设计这些机制。

- 激励政策的选项包括优惠融资、政府担保、贴息和转型金融工具的认证补贴、政府基金投资、优惠税率、央行金融政策、碳市场政策、政府采购、行业激励政策等。

支柱 5：公正转型

- 各国政府和金融机构应该鼓励转型金融的融资主体评估转型活动可能带来的社会影响（如对就业等的负面影响），披露这些影响，并采取措施缓解这些影响。

- 以缓解对就业的负面影响为例，可以考虑如下具体措施：监管部门和投资者可以要求转型金融的融资主体（企业）提供转型计划对就业的影响的评估；如果转型计划可能对就业产生重要的负面影响，公司应该提供技能培训和再就业计划，并披露这些计划；监管部门和投资者可以提出与再就业业绩相关的 KPI，并将其纳入转型金融产品的设计中。比如，《G20 转型金融框架》提出如果一个金融机构准备给企业提供一个转型的贷款，就应该要求这个企业去评估转型过程当中对就业有没有负面影响。如果影响很大，应该有技能培训和再就业的计划。如果有这样的计划，监管部门和投资者或者银行作为贷款方，应该给这样的企业提供一定的激励机制，比如降低一定基点的融资成本。

中国转型金融发展面临的问题与转型路径

最近两年，我国许多地方政府参照《G20 转型金融框架》，在推进当地转型金融发展方面做了许多卓有成效的工作。比如，在转型目录方面，湖州在 2023 年推出的第二版目录已经覆盖了 9 个行业、106 个转型路径，重庆推出了 6 个行业、125 项转型的技术路径，上海推出了 6 个行业、200 项转型的技术路径，河北推出了 10 个类别、176 项转型的路径，这些标准都对促进当地的转型金融发挥了积极的作用。此外，湖州对转型金融业务还专门推出了贴息等激励政策，并通过建立企业碳账户、为企业提供转型计划模板等服务降低了转型融资的成本。

但是，从全国范围来看，国内转型金融的总融资量还很小，有专家认为，目前转型金融的融资量可能还不到绿色金融融资量的1%。这表明在操作过程中还面临很多问题和挑战，具体表现在以下几个方面：

- 缺乏国家层面的、权威的转型金融界定标准，导致金融机构和企业由于担心涉足"假转型"而不敢介入。
- 转型金融要求对高碳企业的转型活动提供更大的金融支持，这与目前对"两高一剩"行业压降贷款的监管要求相矛盾。
- 缺乏对转型金融的激励机制。
- 转型金融业务未纳入官方统计。
- 缺乏有公信力、低成本的企业"碳账户"体系。
- 企业缺乏编制转型规划的能力。
- 金融机构缺乏转型金融业务的内部流程以及辅导企业（获客）的能力。

针对这些问题，笔者认为，应该从以下几个方面着手解决：

- 尽快推出国家级的、权威的转型金融界定标准。第一批可以覆盖钢铁、建筑建材、农业，争取第二批覆盖石化、化工、有色金属、航运、航空、纺织等行业。在推出转型金融目录的同时，应该发布转型金融标准使用说明，其中包括《G20转型金融框架》提出的主要内容，如要求转型主体（企业）提供转型计划、转型目标具有"先进性"、要有保证落实目标的治理安排、披露温室气体排放信息等，防范碳锁定等"假转型"风险。
- 建议中国人民银行与金融监管总局协调，将对"两高一剩"行业的贷款限制改为对"两高一剩"经济活动的贷款限制，将高碳行业中符合转型目录的经济活动从"限制"改为"鼓励"贷款。

- 将碳减排支持工具的覆盖范围扩大至符合条件的转型金融业务，鼓励地方政府采用贴息、担保等措施支持转型金融。

- 将符合要求的转型金融业务纳入官方认可的统计，并将统计指标纳入绿色银行评价机制。分别对不指定用途的可持续挂钩贷款和指定用途的转型项目贷款明确统计规则。

- 鼓励地方政府和银行组织建立覆盖当地企业和银行客户的"碳账户"体系，降低企业提供和披露碳数据的成本，提升数据的质量和一致性。

- 鼓励地方政府和银行推出服务企业的"转型规划编制模板"，并在企业客户中广泛开展与转型相关的培训和能力建设。

- 要求银行建立转型金融的业务流程，尤其要注重建立合格主体和项目的准入标准。内容包括明确行业的边界、评估主体是否有合格转型规划、转型计划的某些内容（如先进性）是否有需要获得第三方认证的要求等。

第六章

人力资本的新动能

教育、人力资本与长期发展[①]

雷晓燕

(北京大学博雅特聘教授、国家发展研究院经济学教授、
健康老龄与发展研究中心主任)

关于教育和经济的典型事实

首先要明确三组关系：教育与劳动力参与之间存在正相关关系，即受教育程度越高的人越有可能参与工作；教育与失业率存在负相关关系，即受教育程度越高的人失业的可能性越低；教育与收入之间也存在正相关关系，即受教育程度越高的人收入一般也越高。

根据对北大 CFPS（中国家庭追踪调查）2014—2020 年四期数据的观察，我们发现，受教育程度为大专及以上的人群相比于受教育程度为高中、初中和小学及以下的人群，收入水平明显较高。虽然随着时间的推移，不同受教育水平人群的收入都有所增加，但相互之间的收入差距非常明显，大专及以上受教育水平的人群与其他受教育水平的人群之间

---

① 本文根据作者 2023 年 10 月 14 日于"北大国发院 MBA 讲坛"上的主题演讲整理。

的收入差距最大。

从模型角度探讨教育的作用

在解释教育与收入之间的关系时，有一个经典的模型——"信号模型"。该模型认为，教育并没有直接提高生产力，而是起到筛选人才的作用。例如，考上大学的人本身就是能力更强的人。他们并不是通过读大学提高了自身能力，而是本身就具备较高的能力，高考只是把他们从人群中筛选出来。能够考上名牌大学的人可能具备更高的能力。

信号模型认为教育的效应可以被形象地描述为"羊皮效应"，这是因为最初学位证书是用羊皮制作的。"羊皮效应"指拥有学位证书可以向企业传递一个信息，即拥有该学位的人具备较高的能力。学位起到了筛选人才或提供资格认证的作用。"羊皮效应"的存在基于信息不对称：因为企业往往无法准确评估一个人的生产能力，所以需要靠第三方的资格证明来辅助判断。升学就成了重要的筛选方法。

如果教育只具有信号功能，那么投资教育并没有提高整体的社会效益（除非能够提高人与工作之间的匹配度以提高生产效率）。

人力资本模型则认为教育可以通过提升人力资本来提高劳动生产率。通过提高劳动生产率，个体能够创造更多的价值，从而获得更高的收入。人力资本模型有一些基本结论：受教育年限与收入之间存在正相关关系，即受教育年限越长，收入越高；然而，随着受教育年限的增加，收入的增长速度会下降；当劳动力的受教育程度较低时，增加一年的教育会显著提升工资水平，但当劳动力的受教育程度已经相对较高时，再增加一年的教育对工资提升的幅度就不再显著。

依据教育的人力资本模型，还可以进一步推出一些扩展结论。

第一，投资教育可以显著提高社会效益，因为教育能够提升劳动生产率。

第二，欠发达地区受教育程度较低和较高群体之间的收入差距大于发达地区。随着受教育程度的提升，不同群体之间的工资差距虽然存在，但会缩小。在贫穷地区，增加一单位的教育可以带来较大的工资提升幅度，导致受教育程度较高和较低群体之间的收入差距较大。因此，在欠发达地区，教育回报相对更高。

第三，在欠发达地区增加对教育的投资，包括学校建设和培训等，投资回报率较高。在贫困地区或国家，投资教育是非常有效的扶贫手段。在贫困地区提供教育，可以大大改善当地的经济状况。当然，与进行再分配相比，直接为贫困地区的孩子提供教育也能更加精准地进行扶贫。

从美国的实践经验来看，在黑人生活区修建更多的学校，会明显地缩小黑人和白人之间的收入差距。

如何评估教育回报

教育回报的评估方法是一个被学术界广泛讨论的话题，2022 年三位诺贝尔经济学奖得主的贡献主要在这些方面。2023 年的诺贝尔经济学奖得主克劳迪娅·戈尔丁的研究涉及劳动经济学中的教育、历史和性别等领域。

受教育程度与收入之间的正相关关系并不能简单地归为因果关系。如前所述，受教育程度较高的人薪资较高可能仅仅是因为其本身就具备较高的能力。因此，我们不能仅仅根据相关性就认为教育对提高人力资本有益而大量投资教育。

在计量经济学中，有多种方法可以消除不可观测的能力水平对结果造成的偏误。其中一种方法是随机实验。类似于疫苗实验的思路，随机实验的研究对象被随机分为两组，一组接受教育，另一组不接受教育，然后观察他们之后的工作和收入差异。虽然教育对个人的影响是长期的，难以进行完全随机的实验，但可以在政府实施的教育扶贫项目中进行随机实验。例如，在两个地区选择能力水平相近的人进行实验，其中一个地区实施教育项目，另一个地区不实施，这样可以确保被选中的人群在能力水平上基本相似，是否接受教育就可以成为最重要的差异化变量。通过比较之后他们找工作和收入方面的差异，可以更准确地评估教育的回报率，并消除能力差异对结果的影响。这种方法可以提供更可靠的教育效应评估，从而为政策制定者提供更有针对性的参考。

但随机实验在规模上存在限制，耗时耗力，而且使用人为实验进行教育干预也存在争议。在大多数情况下，研究者倾向于用自然实验，即利用现有的自然数据进行实证分析。其中一种典型方法是将政策冲击作为工具。例如，在某地新建学校就是一种政策冲击，观察建校后该地区教育水平的提高是否伴随着收入的增长，通过与教育情况未发生变化的群体进行比较，可以判断教育是否对收入产生影响。在这种情况下，教育并非个体自主选择，而是政府强制性政策的结果。

中国的义务教育和大学扩招也是外生的政策冲击。如果在义务教育政策实施时你已经超过义务教育年龄，比如你已经十五六岁，那么政策对你就没有影响。但如果你当时只有 5 岁，那么受该政策的影响就会很大。通过比较这些不同群体的收入水平，也可以识别出教育对收入的影响。当然，研究不仅关注收入，还关注了其他方面。

断点回归也是研究教育回报的一种常用方法。比如比较高考分数相近的人中，刚刚上线和刚好落榜的人的收入差异。因为高考分数在一定程度上代表了人的学习能力，而学习能力又与其他能力相关联。在高考录取分数线上下的两部分人群，其能力几乎相当。然而，只有录取分数线之上的人才有机会上大学，而分数线之下的人则没有这个机会，这就形成了所谓的"断点"。这两个群体的收入差异，主要是教育的差异造成的。因此，通过断点回归的方法，研究者能够更准确地评估教育对个体收入和其他方面的影响。

贾瑞雪和李宏斌就是用这种方法识别精英大学（如被列入"985工程""211工程"的大学）的教育回报情况的，他们发现精英大学的教育回报相当可观。经济学家布雷默（Bleemer）和梅赫塔（Mehta）也是用这种方法来识别经济学教育回报的。他们以加州大学一所分校的学生为研究对象进行研究，该校大一学生需要先修经济学原理课程且达到一定分数才能被经济学专业录取，这个录取成绩就形成了识别的"断点"。研究发现，读了经济学专业的学生后来收入明显较高，说明经济学教育的回报不菲。

教育的其他非经济影响

教育的回报不仅限于收入，还包括其他非经济方面的回报。

美国的研究表明，受教育程度高的人具有更健康的生活方式，比如戒烟、减少饮酒量、避免药物滥用、积极锻炼等。特别是受过高等教育的人群，在健康行为改善方面表现最为显著和积极。这些行为改善最终给他们带来了更好的健康状况。

北大国发院赵耀辉老师主持收集的 CHARLS（中国健康与养老追踪调查）数据显示了中老年人的预期寿命和身体健康状况与受教育程度之间的关系。项目组把研究对象按不同的教育程度（文盲、半文盲、小学、初中及以上）进行分组。65岁以下的人群被问及是否认为自己能活到 75 岁时，受教育程度较低的人表示自己活到 75 岁的可能性很低，而受教育程度较高的人大多认为自己能够活到 75 岁，同时，老年人的受教育程度与其健康指标也显示出正向关系，这显示出受教育程度与预期寿命呈正向关系。

受教育程度高的人也能够更好地影响自己的子女，影响机制包括自然因素和养育因素。自然因素指的是遗传因素，即聪明的父母往往会有聪明的孩子，这与基因有关。而养育因素则是指受教育程度高的父母能够更好地抚养和教育孩子。

除了自然因素和养育因素，最近我们的一项研究还发现义务教育的实施通过提高女性受教育程度而促进了女性在生育方面做出更好的选择，从而达到优生优育的效果。这对下一代的影响也非常深远。

因此，教育对个体的影响非常广泛且全面。

教育与技术的竞赛问题

戈尔丁的研究《教育和技术的竞赛》讨论了美国教育发展的情况。20 世纪初，美国的教育发展非常迅速，高中的入学率和毕业率大大提高。此外，大学教育也得到了提升，入学率和毕业率有显著提高。

这段时间的美国高等教育具有两个重要特点。首先，美国高校分为公立学校和私立学校，并且在这一时期内，公立学校与私立学校同步发展。其次，美国的教育系统非常开放，鼓励外来移民到美国接受教育，尤其是接受高等教育，包括获取博士学位。这对于美国人获得诺贝尔奖尤为重要。诺贝尔奖科学和医学领域的获奖者中，美国人所占的比例虽然在 1935 年之前较低，但在 20 世纪中期有了显著提升并保持稳定增长，这是因为美国引进了大量人才并鼓励他们留在美国，而这些人最终获得了诺贝尔奖。这说明美国的教育系统为那些有潜力获得诺贝尔奖的人才提供了充分支持。

美国人的受教育年限也迅速增长，到 1980 年已经高达 14 年，即大部分人的受教育程度都高于高中水平，也就是有很大比例的美国人获得了大学学历。

戈尔丁指出，在 20 世纪初期，美国教育发展的同时，经济也在发展，并且收入差距较小，而到了 20 世纪后期，虽然经济仍在发展，但收入差距变大。她对此提供了一个解释，美国后期收入差距扩大的原因是教育的发展没有跟上技术进步，即没有满足技术对人才的需求，从而导致收入差距扩大。技术进步需要更高水平的教育人才。如果教育投入不足，无法培养出足够数量的受过高等教育的人才，供不应求的情况就会推高受过高等教育的人才的工资水平，因此收入差距就会扩大。

研究者还比较了美国大学教育回报率和高中教育回报率的不同。从 1950 年开始，大学教育回报率高于高中教育回报率，并且这个差距在不断扩大。这说明教育发展没有跟上技术发展的趋势，从而可以解释为何美国的收入差距不断扩大。

中国教育与跨国比较

根据 CFPS 数据，我们还可以了解中国的教育回报情况。通过观察不同出生年代人群的教育完成率，我们发现，60 后、70 后人群的小学完成率可达 80%，90 后的这一数据接近 100%。从 70 后开始，高中和大专的完成比例均上升，特别是 90 后，其完成高中学业的比例达 60%。这一统计中包括了普通高中和职业高中的学生。从另一个角度看，这一数据也说明，大约有 40% 的人未完成高中及以上学业。至于大学，90

后中大约有 40% 的人拥有这一学历。

虽然我们的教育水平已经有很大改善，但由于历史积累，我们与其他国家仍存在差距，特别是与发达国家差距较大。经合组织（2021 年）将成年人群体的教育状况分为三类：高中以下、高中和高等教育（大学及以上）。相对于发达国家来说，中国高中以下学历人群的比例相对较高。

受过高等教育的劳动力比例跨国比较

再观察我国劳动力的受教育水平。劳动力人口是我国未来发展和创造生产力的主力军，因此他们的受教育水平非常重要。通过关注劳动力中受过高等教育的人的占比，我们发现中国劳动力中受过高等教育的人占比较低。这是因为目前我国的劳动力人口结构仍以年龄较大的群体为主导，年轻群体相对较少。因此，未来需要进一步加大教育投入的力度。

关于教育投入的情况，我们可以综合考虑多个指标。其中一个指标是公共财政教育支出占国内生产总值的比重，这个指标可以反映国家在教育方面的投入水平。根据 2017 年的数据，中国的这一比例为 4.14%。然而，我查询 2020 年的数据发现，这一比例已提高到 4.22%。2023 年，我们还在不断增加教育投入。尽管如此，与其他国家相比，我们的教育投入仍然存在差距，整体较低。

戈尔丁谈到教育和技术的竞赛，中国是否也存在这个问题？近年来，大家都在讨论收入差距扩大问题。虽然我们的发展速度很快，但收入差距也在不断扩大。其中一个原因可能也是教育投入没有跟上技术发展的步伐。

我并没有深入研究过这个问题，但之前画过一张图，关注数字技术和技术进步。这张图显示的是技术进步的一个衡量标准，即机器人的存量和新安装量，也就是机器人的使用情况。通常来说，机器人使用得越多，说明技术越先进。当然，技术进步还可以用很多其他指标来衡量，比如专利创新、人工智能等。

和其他技术发达的国家，如德国、美国、瑞典等相比，中国在2010年之前的机器人使用量相对较低。然而，随后我们机器人的存量和新安装量迅速增加，这表明我们的技术进步很快。

问题是我们的教育步伐是否赶上了技术进步？当我们转型并开始应用这些技术时，对劳动力素质、教育质量等方面的要求也会更高。如果我们的教育步伐没有跟上技术的步伐，就有可能出现戈尔丁所提到的美国的情况，即收入差距扩大。

教育与用工需求

有文章讨论劳动力供给和需求问题。如之前所说，随着技术进步，社会对高教育程度劳动力的需求会增加。招聘广告中对不同受教育程度的人所提供的薪酬，可以在一定程度上反映对劳动力的需求情况。智联招聘2021年的数据显示，招聘岗位提供的工资随着对受教育程度要求的提高而增加。

另外一个有意思的现象是，招聘岗位对初中及以下学历、中专学历、高中学历者提供的工资差距不明显，最大的跳跃出现在大专以上学历处，这说明市场对大学生的需求明显高于其他学历群体。这也是技术进步对高学历人才需求增加的真实反映。

教育选择与个人终生收入

教育选择模型假设个人是按照终生收入的现值来进行选择。要直接检验这个假设，就要观察一个工人的两种不同选择所对应的终生收入，但我们只能观察到现有的一种选择下的结果。

因此，用观察到的工资差异来判断个人是否选择了"最正确"的收入流没有实际意义。但从年龄与收入趋势的数据中，我们可以观察到一些特点：

第一，受教育程度较高的工人比受教育程度较低的工人挣得多；

第二，随着年龄增长，工人收入增长速度放缓，最后变得平稳；

第三，不同受教育程度的群体随着年龄的增长，收入差距扩大。

可能的原因有：受教育程度高的工人收入增长更快，他们可能在学校教育之外还有更多的教育投入，例如阅读更多的书籍、学习更多的知识、接受其他培训等。这些后期的教育投入可能与前期教育互补，从而加速收入的增长。

整体而言，未来加大教育投入非常重要。我国已经在初中和小学阶段做得很好，现在需要更大力度地提升高中及以上教育的供给。此外，还要重视对劳动力的再教育和培训，因为要加快实现转型发展，就必须让教育赶上技术进步的步伐。

大学的国家属性 ^①

大学的国家属性 [①]

林建华

（北京大学原校长、未来教育管理研究中心主任）

国家的发展越来越依靠技术进步、人才和教育。在国家的发展中，教育的地位越来越重要。如何才能把教育做得更好？如何才能让教育更有能力支撑国家的发展？其中涉及很多有意思的话题，在此与大家一起探讨。

如今大家都说，中国教育改革已经进入深水区。的确，过去 40 年，中国的高等教育发生了巨大的、令人赞叹的变化。作为变化的亲历者，我们可以看到，在改革初期，一切相对容易，进入深水区以后，情况变得非常复杂。

简单回顾近些年出台的一些教改措施，我们不难发现，有些改革很成功，有些改革不那么成功。有时候，我们已经清楚问题的症结所在，也有针对性地采取了应对措施，但常常是"事与愿违"，解决了一个问题，却诱发了更大的问题。这促使我们思考一个问题：教改进入深水区

---

① 本文根据作者 2021 年 12 月 19 日于北大国发院第六届国家发展论坛的主题演讲整理。

后，为什么会出现这种现象？

为什么有些改革很成功，有些不太成功？

第一，从政策环境看，目前国家对教育和学术都是非常重视的，投入也非常大，很多大学创办一流大学的决心也非常坚定。但另一方面，我们的学术氛围并不理想，学校、学者和学生的内在潜力和创造力并没有被充分激发出来。

第二，从大学发展看，很多学校尚处在资源驱动的发展阶段，校园建设、基础条件、办学规模等方面做得非常好，但在塑造学校内涵文化、树立办学理念、建设合理机制等方面，特别是在形成独具特色的教学文化和科学文化方面，仍有许多欠缺之处。

第三，从学术研究看，我们中国大学发表的 SCI 文章全球最多，但原创相对较少，关键技术还掌握在别人手中，高层次人才的培养很大程度上仍需依赖国外。我们需要挖掘学生的内在创造潜力，而非仅仅传授专业知识，这方面仍有比较大的差距。

第四，从人才培养看，2021 年 9 月中央人才工作会议召开，提出要"全方位培养、引进、用好人才"。如何改进学术文化，营造好的学术氛围，使中国成为优秀人才向往和聚集的学术殿堂，这方面仍有很大差距，还有很多工作要做。譬如，现在的评价体系中，"四唯"现象很严重。实际上，将文章、职称、学历、奖励作为学术评价指标是很正常的，但如果把这些指标与地位、待遇甚至学术资源挂钩，学校就被赋予了很强的功利色彩，科学精神和学术氛围因此也受到了玷污。

另外，教改进入深水区，面对的都是复杂问题，解决起来是比较难的。例如，为了调动学生的积极性，让学生多阅读、多讨论、多与老师交流，我们曾经尝试把大学阶段的必修学分从 180 分降到 130 分。然而结果却事与愿违，学生们有了时间，并没有去深入研究或读书，而是去读第二学位。他们仍然在不同的课堂间奔波，没有深入思考或者去针对某一课题展开更深入的研究。如何改变学生长期在应试环境下形成的学习和思维习惯，是教育改革必须面对和思考的问题，如不改变，结果只能是"愿望很丰满，结果很骨感"。

建立自主的学术和人才体系

我们现在正处在一个特殊的时代背景下，学术和教育的国际合作正面临挑战。官方和校际的国际合作关系陷入停滞，民间学术交流也大受影响。在这样的情况下，我们的教育正面临一项新的、紧迫的任务，即建立自主的学术和人才体系。国际学术合作和交流当然是非常重要的，但只有建立起自主的、具有世界水准的学术和人才体系，才能赢得尊重，才能更好地合作。2021年的中央人才工作会议释放出强烈的信号，提出要重视人才的自主培养，加快建立人才资源的独到竞争优势。

客观地讲，经济快速发展、教育和科技领域的巨大投入，以及大量的人才储备等等，都是我们的优势。但在教育理念、学生应试习惯、独立的科学精神、创造性的文化氛围等方面，我们仍存在短板或面临挑战，这需要我们进一步反思和改进。

在我看来，一个好的学术和人才体系，当然要包括一流的学术基础研究条件，这也是比较容易做到的。但更重要的是学术环境和氛围要使我们的学生和学者能够心无旁骛地学习和做学问。只有当学者和学生们在国内比在国外发展得更好，自主的学术和人才体系才算真正建立起来。

世界各国的学术和人才体系都有自己的特色。美国吸引人才的实力很强，各国人才聚集到美国，他们的顶级学者中有近一半来自国外。日本自主的学术和人才体系已经建立起来，他们的顶尖学术人才主要都是自己培养的。德国、英国等欧洲国家的学术和人才体系的自主性也是很强的。

过去几十年，我们的人才流失严重。与此同时，国际教育与学术合作也为我们国家培养了大批顶尖学术人才。在新的国际环境中，如何建立我国的自主人才体系，让我们的大学更有竞争力，是一个值得认真思考的问题。

大学的国家属性

大学有一些基本属性，国家属性就是其中之一。同时，大学还有更为基本的属性，包括教育的个人属性、学术的人类属性等。大学想要发展，教育和学术想要发展，这些属性都是需要考虑的因素。

首先来看大学的国家属性。在很多人看来，大学是国家主导的，高等教育也是如此，这足以说明今天的大学已经有了非常强的国家属性，并且这一属性在逐渐加强，这是一个客观存在和趋势。

与蔡元培时代相比，大学的社会背景已经发生巨变。因此我们在谈论学术自由和大学自治时，必须清楚今天的知识活动已具有非常强的利益属性。知识在创造财富，也在产生权力。当教育和学术已经成为国家竞争力的基础时，国家自然会承担更多责任，甚至是全部责任。比如，现在的学术研究资助主要来自国家，不仅中国如此，美国也一样。美国很多私立大学也有相当一部分的科研资助来自联邦政府。

由此可见，大学的国家属性越来越强，这是一种世界性的趋势。

大学在刚刚出现时，并不具有国家属性。欧洲最早的大学是意大利的博洛尼亚大学，这是一所由学生创办的大学，常被称为学生大学。巴黎大学也是成立较早的大学之一，它由教师自发组织而成，也被称为教师大学。当时，建立大学的主要目的是保护学生和老师的安全和利益。

不难看出，大学的出现源自教师和学生的自发行为，因而自治也是大学的本质属性之一。

在后来的相当长一个时期，大学一直游走于教会和王室之间。那时候民族国家尚未完全形成，大学并不具有国家属性。大学的主要任务是提高个人的科学素养和文化素养，满足一部分人的求知欲和好奇心。

大学从何时开始具备了国家属性？答案是19世纪初拿破仑教育改革和德国的洪堡改革。从那时起，国家开始全额资助大学，并给大学确定了国家任务和目标，德国和法国尤其如此，这就是大学国家属性的开始。

此后，知识经济和地缘政治进一步强化了大学的国家属性，地缘政治竞争是导致大学国家属性增强的关键因素。

大学的国家属性不断增强，将会带来哪些机遇和挑战？

从政府的角度看，既然承担了高等教育几乎全部的责任，它就获得了管理大学的权力。这是显而易见的现实。纵观过去200年高等教育的快速发展和大众化进程，可以说，全球范围内高等教育和学术研究的普及与繁荣，都与政府的努力推动密不可分。没有政府的介入和推动，就没有高等教育今天的局面。

然而，我们要记住，政府的主要责任并不是教育，而是发展经济、改善民生、保卫国家安全。而且，政府看问题的角度，与学校和教育家是不一样的，政府对大学的干预，常常会带有一定的短期性和功利性特征，这也是我们仍然需要保持大学独立和自治的原因。

上述情况早已在大学的发展历史中反复得到印证。欧洲大学出现之后，一直保持了独立性，但同时变得保守，甚至腐朽没落。启蒙运动和18世纪末的法国大革命，引发了拿破仑和洪堡的教育变革。虽同样是在政府推动下的变革，但欧洲大学走上了两条不同的发展道路。如图6-1所示。

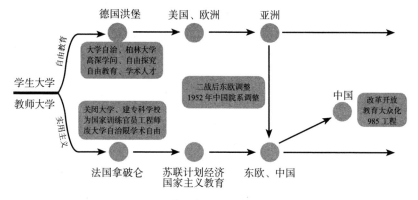

图 6-1 欧洲大学的两条发展道路

拿破仑推行的是政府主导下的强势教育变革。他在改革中关闭了大学，解散了著名的巴黎大学，建立了高等专科学校。拿破仑明确提出，大学要为国家训练官员和工程师，即大学教育要为国家服务。这可能是历史上首次提出把服务国家作为大学的任务和目标。与此同时，把大学纳入政府官僚体系，废除了大学的自治，限制了大学的学术自由。拿破仑的教育变革在短时间内，为国家培养了一大批急需的各类人才，支撑了对欧战争和法国的霸权。

我曾经访问过巴黎高科，与校长进行了会谈，之后，他邀请了两名在该校就读的北大毕业生与我见面。这两名学生都在数学系学习，见到他们时我吃了一惊：两人都穿着军装和军靴。他们向我解释，巴黎高科是拿破仑时期建立的学校，自成立之日就实行军事化管理，这种模式延续至今，每天要上操，也要军训。这是一所学术水平很高的学校，在工程技术和企业管理人才培养方面独树一帜，但它的管理模式完全不是我们想象中的那样。

同样是在政府主导下进行教育变革，德国的洪堡走的却是另一条道路。当时的德国是战败国，迫切希望通过改革教育来振兴国家。洪堡赞赏法国的学术发展，认为教育可以助力国家振兴，但他不赞成拿破仑的模式。洪堡看得更长远一些，他坚信，大学是师生共同探究高深学问的地方，只有给予大学充分的自主权，营造自由的学术氛围，才能真正释放教师和学生的潜力，为国家培养出更多优秀的精英人才。洪堡并没有利用手中的权力，去推动大学变革，而是另辟蹊径，建立了一所新的大学，也就是柏林大学，以榜样引导德国大学的变革。

柏林大学成立后，得到了国家强有力的支持，不仅吸引了一批非常杰出的学者前来任教，还树立了一个好榜样。此后几年，德国其他大学纷纷效仿柏林大学的管理模式。洪堡模式也成为日后美国以及欧洲大学效仿的模板。直到今日，世界各国的大学基本是按照洪堡的模式建立起来的。不仅如此，洪堡模式还漂洋过海来到亚洲，日本的大学以及中国早期的大学基本上也是按这种模式进行管理的。

几十年之后，德国成为世界的学术中心，国家的经济和军事实力都远远超过了法国，成为欧洲最强大的国家。19世纪末的普法战争，法国战败。战后，法国对教育进行反思，恢复了综合性大学。今天法国的教育仍然是一种混合模式，既有大学，也有高等专科学校。最近，法国又开始了新一轮大学调整。

拿破仑的实用主义教育模式，可以尽快满足国家急需，这对政府还是很有诱惑力的。20世纪20年代，为培养国家工业化的急需人才，苏联几乎按拿破仑模式对大学进行了一场大的调整，成立了各类专科大学。20世纪40年代和50年代，东欧和中国学习苏联模式，也进行了类似的院系调整。应当承认，这种教育模式对我们国家的工业化是有贡献的，但其后遗症至今都难以完全清除。从这个角度来看，我们今天的教育改革，实际上是再一次的转型或转变。

教育的个人属性

教育面对的是一个个鲜活的人，因而是一件非常个人化的事，个人属性是教育的根本属性。

首先，教育是一种投资，是一个人或一个家庭的风险投资。这种投资耗费巨大，不仅需要金钱，更需要精神和时间，学生们要将 4 年宝贵时间投入到大学阶段的学习中去。如果学校没能把学生教好，或者学生在 4 年学习结束后没什么收获，这无疑是对国家人力资源的巨大浪费。

其次，教育是个复杂的心智成熟过程、自我认知过程，具有很强的主观性。有种观点认为，教育就像往人类的潜意识里注入思想概念，就像把一封信投入信箱，虽然知道该何时投递，但根本无法准确地知道这封信会在何时、以何种方式被收到并打开。这很好理解，老师教给学生很多知识，但并不确定学生是否学会，是否真正领悟。考试成绩或许可以作为一个标准，但并不能说明学生是否真的理解，是否融会贯通，是否真正会实际应用。教育的这种不确定性也是其个人属性非常重要的一个方面。

尊重教育的个人属性

教育的最终目的不是简单的传授知识，而是要"解放学生的心智"，释放学生的内在潜力。现在一些老师认为，讲完课，考完试，教育就完成了。其实，这只是教育的很小一部分。教育最重要的是激发学生的创造力和理解力。最重要的不是学生知道了什么，而是他们能否创造性地思考和行动。

个人的道德修养和品行是教育的重要内容。教育要立德树人，学生要树立社会主义核心价值观。但如何做到这一点呢？树立正确的价值观，不能仅仅依靠书本知识，还要靠严谨的学风、良好的校风，要通过教师的言传身教，把学生个人的道德修养、人性伦理、品行品格培养好，这是教育可以也应该做好的。

立国必须先立人，每个人的成长都是国家繁荣的基础。换句话说，教育的个人属性是实现教育国家属性的前提。个体培养不好，国家目标也难以实现。马克思、恩格斯在《共产党宣言》中提出的"每个人的自由发展是一切人的自由发展的条件"，即为此意。

学术的人类属性

再来看学术。学术除了具有国家属性，还具有人类属性。学术研究源于人们对未知探求的欲望。从本质看，做学术是一种批判、质疑和创造过程，需要学术共同体的密切合作。科学是人类共同的财富，科学家的任务就是不断丰富这一宝库。

一般而言，政府和学术共同体在发展学术研究上更容易达成共识。学术研究结果是客观的，可衡量的。经过了实践检验的学术成果，人们都会认为是真实的。这与教育的主观性有很大不同。而且，学术研究成果的公共性和可能的应用前景，更容易得到政府和社会公众的认可。各国政府都非常重视和支持学术研究，投入了大量的经费。然而，政府常常会更加注重学术研究的实际应用价值，学术共同体则更关注探求的过程。

激烈的地缘政治竞争，促使政府更加关注国家的自主创新能力和学术竞争力。为延缓中国发展，美国不惜在教育和学术上与中国"脱钩"。

美国的这种做法对自己的学术发展并没有好处，是一种出于政治考虑而采取的损人不利己的做法。我们强调学术的人类属性，既是由于学术研究本身需要学术共同体的合作，也是为了呼唤对学术本质属性的认识，打破美国政府不得人心的做法。

学术研究的人类属性还包含了另外一层含义，即学术应当有利于全人类的福祉，有利于人与自然的和谐，有利于人类文明进步。这要求在科学探索和技术进步的过程中，始终保持对人性真善美的追求。无论公司、政府还是科研工作者，都应该对此给予足够的重视。如果失去了对真善美的判断力和追求，科学技术也许会误入歧途。今天，人工智能和生物技术的发展，已经赋予了人们改变人类自身和人类文明的能力，这是一种巨大的、不可逆的力量。我们强调学术的人类属性，就是希望善用这种力量。在进行人工智能研究的过程中，谷歌确立的一项基本原则是"不作恶"。这看似并不"高大上"，但却是最基本也最重要的"人类属性"和原则。

推动大学变革的力量

大学的使命是保护、传承和创造知识。大学是一个学者主导的共同体，这使大学具有天然的保守性，而且这种保守性非常强大。例如，从中世纪脱胎出来的旧大学，是很腐朽和保守的，抗拒着一切社会变革力量。发生在16世纪的科学革命和18世纪的启蒙运动，大学基本上没有参与，当时的著名科学家和社会活动家，都是在大学之外开展学术研究和思想创造的。陈腐和保守的旧大学，已经成为科学和社会发展的障碍，这也是拿破仑和洪堡必须进行大学变革的原因。

大学的变革主要有两大推动力。一是政府，比如法国的拿破仑教育改革、德国的洪堡改革、苏联的大学变革，以及中国的"985工程"等等，都是在政府强有力的推动下实现的。二是大学之间的竞争，或者说市场竞争或社会压力引导的变革。德国洪堡的教育改革，虽有政府支持和推动的因素，但更主要的是通过柏林大学的示范，引发大学之间的竞争，从而激发出大学的内在活力。美国政府并不直接干预大学的运行，因而美国大学的发展和进步主要是通过市场竞争实现的。

实现大学的变革，需要外部力量。但实现真正的大学变革，最根本的是内在觉醒。因而，只有那些能够萌发内在觉醒的外部力量，才是有效的、进步的，才能真正实现国家的教育目标。否则，只会伤害国家长远利益，伤害大学的长远发展。

因此，我们一方面要承认政府对大学的主导权，认识到政府可以是推动大学发展进步的强大力量；另一方面，也要认识到政府的措施可能带有功利性，而这种功利性常常会导致"事与愿违"的结果。

结语

大学已经有了很强的国家属性，并且这个属性会继续加强，这是一个客观存在。教育的个人属性和学术的人类属性仍然是大学的基本属性。要想办好教育，必须平衡好教育的国家属性和教育的个人属性。要想发展好学术，必须平衡好学术的国家属性和人类属性，守住人性的真善美。

大学的国家属性、教育的个人属性、学术的人类属性，既是相互独立的，也是相互依存的；看上去是相互矛盾冲突的，实际上也是可以共生和共赢的。我相信，我们中国人有足够的智慧和能力，平衡好这些因素，把中国的大学办好。

AI 时代的人才需求与传统教育的必要改革[①]

姚洋

（北京大学博雅特聘教授、国家发展研究院经济学教授、
中国经济研究中心主任）

产业正经历深刻转型，传统人才需求必然下行

近年来，中国产业升级迅速。过去，经济增长依赖外延式扩张，特别是制造业的迅猛发展推动了出口和国内增长。自 2010 年起，制造业在国民经济中的比重开始下降，目前占 GDP 的约 28%。"十四五"期间的目标是将这一比例保持在 25% 以上，新冠疫情发生之后的几年，这一目标是达成了的，但这并不意味着制造业的比重能够长期保持在 28%。同时，制造业就业人口比例也在减少。这些变化对工业发展提出新要求。

此外，劳动密集型产业的外迁现象日益显著，尤其是近两年来，越来越多的中国企业出海发展。企业出海是发展过程中的自然趋势，然而，

① 本文根据作者 2024 年 12 月 14 日在智联招聘"2024 年度最佳雇主颁奖盛典暨中国人力资本国际管理论坛"上的主题演讲整理。

很多人担忧大批企业出海会对国内经济造成影响。

对此需从两方面进行分析：一方面，当前出口面临的挑战日益加剧。2024 年我国外贸顺差约 1 万亿美元。据我所知，全球 GDP 达到 1 万亿美元的国家接近 20 个。这意味着，我国一年的贸易盈余超过了全球 90% 的国家的 GDP。这种状况显然不可持续。因此，我们必须接受企业出海这一必经之路。观察其他国家不难发现，当经济发展到一定程度后，它们往往都会将产业向海外转移。例如，英国在海外的资产已达到其 GDP 的 5 倍，美国的海外资产也超过了其 GDP，有 30 多万亿美元。我国的海外资产仅占 GDP 的不到一半，相比之下并不多，所以这一趋势将会继续加速。

新质技术和产业强势崛起，人才需求倍增

另一方面，国内技术进步的速度远超想象。在许多领域，中国事实上已经占据了世界领先地位，例如人工智能、新能源和电动汽车等，当然我不是指我们绝对领先和全面领先，但我们作为一个发展中国家，已经进入世界级的领先梯队。在人工智能领域，尽管美国在大模型方面仍然领先全球，但我国在人工智能的应用方面无疑已经超越了美国。有观点认为，尽管美国在大模型开发方面投入巨大，但尚未有企业实现盈利，因为这些大模型并未真正融入产业之中。而中国的人工智能技术已经直接在产业中获得了应用和盈利。

我国在中等技术领域的发展同样极为迅速。在过去十余年中，众多被称作"隐形冠军"的企业悄然崛起。

在未来技术方面，我国也不落后。在世界各国技术进步的排名中，美国无疑占据首位，我国位列第二，之后才是德国、日本、韩国等国家。

在基础研究领域，我国亦取得了显著进展。我们无须与美国进行比较，因为美国的情况与我们区别很大，美国的人均 GDP 是我国的 6 倍多。我曾应耶鲁大学法学院的邀请去做学术交流，得知该院的捐赠基金有 30 亿美元。耶鲁大学已有 300 多年历史，其积淀历程漫长。相比之下，我国的积累时间较短。因此，我们应当采取更为合理的比较方式，与那些人均收入水平相近的国家比较，例如巴西和马来西亚。通过这样的比较就可以清晰地看到，中国在许多方面已经远远超越了这些国家。

QS 世界大学排名是目前最常被参考的大学排名，2024 年我国有 6 所大学位列前五十名，分别是北京大学、清华大学、香港大学、浙江大学、香港中文大学和复旦大学。上海交通大学则排名第 51 位。相比之下，巴西、马来西亚等国家的大学在前五十名中没有一席之地，而印度更不用提。而且，在自然指数方面，中国的科研产出份额已经超越了美国。

技术的持续进步促使我们对产业工人和人才的需求发生了转变。如今，许多工厂面貌变化之大令人瞩目。比如"灯塔工厂"，代表着工业自动化和智能化的前沿，是达沃斯世界经济论坛和麦肯锡追踪统计的对象。截至 2024 年 10 月，全球共有 172 家"灯塔工厂"，其中中国就占了 74 家，占比超过 40%。在新增的"灯塔工厂"中，中国的占比更是超过了 60%。在那些尚未完全实现自动化的领域，变化同样显著。例如，我曾访问云南白药集团的货运公司，巨大的车间里几乎看不到人，取而代之的是机器的高效运转。这无疑是时代的巨大变革。

当前对工人技能的需求呈现出明显的两极化趋势。对于基础层次的工人，尽管仍有需求，但对其受教育水平的要求并不高。例如，在流水线作业的工人所承担的任务通常非常简单，具备初中文化程度、能够阅读操作说明书并理解指令即可。受教育水平过高的人可能不愿意从事此类工作。另一方面，对技术要求高的工厂则需要工人能够熟练操作计算机，而我国的职业高中教育体系尚无法培养出满足此类岗位需求的技术工人。因此，即便是对产业工人的要求，也已经呈现出明显的两极分化。

目前我国自动驾驶的发展相较于特斯拉存在一定的滞后，这主要归因于我国现行的法规限制。一旦相关法规得到放宽，我国的自动驾驶技术，特别是华为等中国企业的研发成果，将有望达到或超越特斯拉的水平。

2022年"萝卜快跑"开始在武汉提供自动驾驶出租车服务。随着国家对这项技术加大支持力度，快递员等职业预计很快将面临被替代的风险。传统意义上的技术工人也可能很快消失，因为人力存在精度不足、易疲劳、易犯错等问题，而机器人和人工智能能够避免此类错误的发生。

即便在一些所谓高端的行业中，替代现象亦不可避免。例如，国发院有一位校友正在上海推进用人工智能替代建筑设计师的工作。随着AI技术的介入，许多工作正在逐步被替代，且这一进程正变得愈发迅速。

为什么要改革教育体系？

因此，最近这些年，我一直在倡导教育体系改革。当前，我国教育体系几乎以升学为唯一目标，竞争激烈程度令人难以想象，学生的主要任务似乎变成了无休止地做题。这种现象导致社会陷入一种低水平的均衡状态，没有人敢于打破这一状态。家长不敢让自己的孩子不参与这种竞争，因为不参与竞争就意味着会被他人超越。但参与竞争的结果是，我们的孩子从小就被卷入了这台庞大的刷题机器。我们项目的一位合作者表示，她之所以参与本项目，是因为发现自己上初一的孩子直到凌晨

1点都忙于学业无法入睡。她的孩子说，如果自己不这样，就会受到老师的批评。

北京大学中国家庭追踪调查（CFPS）经过十数年的研究发现，学生投入在做题上的时间呈倍数增长，家长的教育投资亦翻倍增长。然而，这种增长并无实际意义。由于各省的录取名额是固定的，导致分数线水涨船高，实际情况并没有实质性的变化，也抹杀了孩子的本真与个性。

然而，面对这些问题，我们既不能归咎于学校，亦不能责怪家长，症结在于教育体系。

有人质疑我，说即使取消中考分流，但高考依旧存在。的确如此，但改革应该逐步进行，第一步先改革中考。近年来我注意到，与教育界人士探讨这个议题时往往难以深入交流。教育领域里涉及的问题错综复杂，要突破现有的格局很难。

为什么应该优先废除中考分流？

改革应该如何着手？在我看来，应首先考虑废除中考分流制度。

中考分流制度存在哪些弊端？它无法满足当前及未来经济发展对劳动力的需求，导致高中生处于一种不上不下的尴尬境地。在我们的调查中，几乎看不到职业高中学生表示毕业后会直接进入职场。实际上，他们直接求职往往不受欢迎，而且他们也不愿意从事流水线工作。调查数据显示，职业高中的学生中，有99%希望继续升学。全国的统计数据也表明，接近70%的职业高中学生确实选择了继续深造。从他们的意愿来看，几乎100%都希望进入大学学习。而且正如我之前所述，如果未能进入大学，他们可能面临找不到工作的困境。

许多人认为技术学校和职业高中仿佛是大型幼儿园，只需确保学生行为得当，不给社会造成麻烦即可。然而，这可能会摧毁孩子们的未来。职业高中的教育现状堪忧，很可能使原本优秀的学生逐渐走向颓废，这种影响对男孩子而言尤为显著。初中阶段的男女学生比例大约为55∶45。在职业高中，这一比例略有上升，但普通高中的女生比例明显更高，这无疑对男生构成了沉重打击。当前社会普遍反映男性缺乏阳刚之气，我认为这与他们在教育过程中遭受的挫败不无关系。此外，职业教育的回报率极低，有时甚至让人觉得不接受这样的教育反而更好。

哪些孩子会进入职业高中？据调查，70%~75%的职业高中学生来自农村户籍家庭，城市户籍的孩子也主要来自低收入家庭。因此，职业高中在一定程度上成为社会阶层固化的工具。地区间实行不同的中考分流政策，如五五分或四六分，导致中等收入家庭也开始焦虑。尽管有家长认为孩子有技能便能在社会立足，但他们参观过职业高中后却担心孩子可能受到不良影响。

在对某个城市进行调查时，我们选取了5000位居民作为样本。鉴于研究长期影响的需要，我们特别关注了2007年和2009年毕业的初中生。目前，他们已步入30多岁的年龄阶段，这使得我们能够评估教育对他们长期回报的影响。我们询问了他们关于升学、就业以及生活状况的问题，并探究了他们对自身的认知。

我们的调查仅关注中考成绩在高中录取分数线附近的这部分人群，因为中考成绩反映了个人的能力水平，若将5000人一并考量，其中一些人能力出众，理应获得更高的报酬。对于中考成绩在高中录取分数线附近的人群，我们通过控制初中毕业后的受教育质量加以筛选。

在学历方面，显而易见，接受普通高中教育的个体接受高等教育的可能性显著提高。相比之下，职业高中毕业生往往在此阶段便终止了学业进程。至于那些未继续升学的个体，多数在初中毕业后便处于待业状态，进一步深造的机会相对较小。

收入数据显示，接受职业教育和普通高中教育似乎对个人的经济收益影响并不显著，这在某种程度上反映了我国教育体系的不足。观察收入中位数这一关键指标可以看出，初次就业时，普通高中毕业生收入略高，而职业高中毕业生的收入相较于初中毕业生稍有优势。随着时间的推移，这群人毕业十五六年之后，职业高中毕业生的收入水平处于最低点，而初中毕业生和普通高中毕业生的收入水平几乎相同。需要指出，这时许多普通高中毕业生已经获得了大学学历。

据此推测：普通高中毕业生可能多从事职员工作，工资不那么高；职高毕业生大多做基础工作；而初中学历的人工作分布很广，其中不乏小企业主，拉高了初中毕业生的平均收入。一些初中生可能具有特殊才能，直接就业后表现出色。

然而，我不禁思考，既然身为小企业主的初中生能赚取不错的收入，那么若他们有机会接受大学教育，是否有可能赚取更多的财富，对社会做出更大的贡献，因为他们具备企业家精神？从某种程度上说，正是这种精神，使他们在校期间表现得调皮捣蛋、学业成绩不佳，因而被排斥，潜力被忽视。但这无疑是一种资源浪费。

为什么十年一贯制义务教育更符合时代需求？

我在此仅展示了我们调查结果的一部分，这一部分已足以揭示问题的本质。面对这样的情况，我们如何应对？

我所倡导的改革的终极目标是实施十年一贯制义务教育，以缩短目前教育体系中浪费的两年甚至三年时间。目前，学生在六年级便开始进行题海战术，背后情况十分复杂，小学生仍需通过考试才能进入理想的学校，而且现在普遍实行提前招生制度。

提前招生制度在我看来存在很大问题。一些大学和中学推出了培养"天才"的项目，从高二学生或初三学生中选拔超常人才。但是，真正的天才并非人为培养的。这种盲目的培养方式让很多学校和家长趋之若鹜，造成了更加扭曲的竞争环境。况且，现在有了人工智能，获取知识变得轻而易举。现在，我们应当教授学生学习方法，而非仅仅灌输知识。

我的建议是：小学五年（7~12 岁），初中、高中合并成五年（12~17 岁），小学到高中采取一贯制，取消中考分流，让每个孩子完成十年一贯制义务教育。完成学业后，若有意进入职高，经过三年的学习，可在 20 岁之际步入职场。对于顶尖大学，可选择增加一年的预科教育，以减轻竞争压力。这是我个人认为较为理想的方案。

实现理想状态需要一段时间。近年来，我四处呼吁，初见成效。新的《职业教育法》已经修订，不再强制实施中考分流制度。中考强制性分流是必须取消的，应由学生基于个人意愿自主选择。实际上，很多优秀学生也会选择优质的中专或技校。

目前国家正积极推进综合高中建设，这实际上是在传统职业高中内增设一些班级，这些班级的学生能够参加普通高考。许多人可能并不了解，其实全国有 40%~50% 的学生参加的是各省自行组织的职业教育高考，而非我们通常所说的普通高考。职业高考相对容易，几乎只要参加考试就有可能被录取，这是因为目前大学和高职院校数量众多。我预计在接下来的十年内，将会有一大批这样的院校被关闭。

大学教育在我国已经进入普及阶段。我们粗略计算，我国大学录取人数在 18 岁人口中的占比已达 75%，高于美国。对年轻人而言，我们的教育水平已经超过美国。

为适应教育变革，应该增设综合高中，并在高考录取政策上向综合高中倾斜。目前，尽管各省已经开始将部分本科名额分配给职业高中，但这些名额极为有限，通常不超过5%。未来，应考虑取消对学生的限制，允许任何有意愿的学生参加高考。毕竟，有些学生可能在进入高中后才开始展现出学习潜力，应当给他们通过努力进入本科院校的机会。当前的教育体系似乎过于刚性，实际上限制了学生的选择，让中考分流决定他们未来的教育轨迹，这显然是不合理的。

上重点高中仍然是很多普通家庭的期望。因此，可以考虑让省级重点高中自行命题、自行组织考试，避免统一考试带来的压力，从而减轻家庭的紧张情绪。

综上所述，从经济层面考虑，中国迫切需要制定新的人才培养策略；从社会层面考虑，当前的高强度竞争环境可能导致女性生育意愿进一步下降。这已成为一个严峻的社会问题，我们必须采取措施打破现有的低水平均衡状态，对现行教育体系进行必要的改革是其中一个解决之道。

中国经济的"一老一小"问题[①]

蔡昉

（中国社会科学院国家高端智库首席专家，
中国金融四十人论坛学术委员会主席）

当前，我国经济发展基本面总体向好，但面临若干压力。其中，人口老龄化及人口负增长对经济的供给侧与需求侧均构成显著压力。这一压力在劳动力市场上体现得尤为明显，既表现为劳动力市场结构性困难加剧的长期趋势，也表现为短期内疫情后劳动力市场出现的新特征。鉴于此，党中央提出了完善人口发展战略，着重应对少子化与老龄化问题，即"一老一小"问题，该战略也同样适用于解决结构性就业矛盾。

深入学习习近平总书记关于人口新趋势的重要讲话、党中央的部署，以及总书记关于就业问题的最新论述，我们可以发现其中的逻辑关系：人口新趋势，包括人口负增长、少子化、老龄化及区域人口增减分化等现象，导致了就业领域的矛盾变化。

这些矛盾变化主要表现为总量矛盾逐渐缓解，但结构性矛盾日益凸

---

① 本文根据作者 2024 年 11 月 30 日于第二十四届中国经济学年会上的主题演讲整理。

显。这些新趋势与新矛盾对人力资源与人力资本的培养提出了新的要求。这是我们当前面临的问题，也是我们需要认识和应对问题的逻辑前提。我将在此逻辑框架下对劳动力市场进行分析，特别是从人口角度探讨劳动力市场的新矛盾。

在探讨就业和失业问题时，我们通常会考虑两个主要因素：周期性因素和结构性因素。

我国宏观经济刚经历了一个周期性冲击。在受疫情影响的三年里，失业率大部分时间均显著高于自然失业率水平，即存在着周期性失业。长时间的周期性失业削弱了人们的就业信心与就业能力，这些影响在疫情后的经济恢复过程中仍然持续存在，即所谓的"磁滞效应"。加之其他长期及结构性因素，共同导致了结构性就业矛盾的加剧。一个突出表现是，虽然经济周期已过，失业率基本恢复至自然水平，即接近充分就业状态，但自然失业率本身却有所上升。从当前趋势来看，尽管失业率已有所下降，却很难再回到原先估算的自然失业率水平。因此，参考学界的相关研究我们可以判断，自然失业率已有所提高。这正是结构性就业矛盾的重要表现之一。

随着总量矛盾的相对缓解，结构性矛盾逐渐显现。这两个矛盾的消长与人口的年龄结构，特别是劳动年龄人口的年龄结构（即16岁至64岁人群的年龄分布）密切相关。人力资源部门常用求人倍率指标，即空岗数与求职人数的比例，来衡量劳动力市场的状况。虽然高求人倍率并不一定代表劳动力市场处于理想状态，但它确实反映了供求关系的变化，揭示出某些就业群体受欢迎的程度及其需求的满足情况。

通过观察求人倍率的变化，我们可以发现，人口年龄结构的变化恰好与求人倍率的变化相对应。以2001年至2014年的数据为例，总量矛盾逐渐弱化，求人倍率整体呈现上升趋势，但不同年龄段的表现存在差异。

总体而言，25~44 岁劳动群体越来越受劳动力市场青睐，求人倍率也最高；而 16~24 岁青年群体的受欢迎程度趋于降低；45 岁以上大龄劳动者的就业状况在劳动力短缺严重期间一度有所改善，但他们随后又逐渐变得不那么受欢迎。这反映了就业矛盾的变化，即结构性矛盾日益突出，且与年龄结构紧密相关。同时，劳动年龄人口结构呈现出 U 字形趋势，加剧了就业结构性矛盾。这一点将在下文详述。

就业优先与人口支持政策目标要一致

利用"一老一小"大框架，可以将针对劳动力市场问题的研究和政策建议，都聚焦到以应对老龄化和少子化为重点的人口发展战略的完善上面。换言之，就业优先政策与人口支持政策在目的、路径和方法上均一致，两者可以相互融合，你中有我、我中有你。

当前，"一老一小"就业群体的规模日益扩大。尽管中年就业群体仍是核心就业人群，但 16~24 岁人群和 55 岁以上人群的总和已占到全部劳动年龄人口的三分之一以上，且未来这一比例还将上升，他们的就业困难将更加突出。因此，这些劳动者应是就业优先政策的重点关注人群。

无论是从人口发展战略的角度，还是从劳动力市场的角度来看，"一老一小"群体（劳动年龄人口中的大龄和青年群体）都面临着相似的就业结构性问题。因此，我们高度关注这些群体，并致力于解决他们的就业难题。

展望未来，从人口年龄结构的变化趋势来看，中年群体在总人口中仍占据较高比例，但大龄劳动人群的数量将逐渐增加。同时，少年儿童人口虽然目前占比较大，但很快就会减少，而他们将逐渐成长为年轻的就业群体。因此，解决大龄劳动者和青年就业群体的就业难题，都是我们长期面临的艰巨任务。

要完善人口支持政策体系，核心目标在于获取人口红利，而要实现这一目标并非易事，需要有相应的体制机制作为支撑。通过深化相关领域改革，在劳动力市场上实现更充分和更高质量的就业，进而提高居民收入，从供给侧和需求侧支撑经济增长，这是改革红利的关键落脚点。

中国人口结构的 U 字形与就业匹配度的倒 U 字形

基于以上大背景，我设想了一个 U 字形的人口结构曲线与一个倒 U 字形的匹配曲线，以反映我们面临的结构性就业矛盾。这一假说有待于进一步论证和验证。

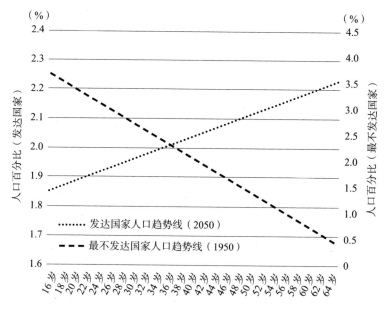

图 6-2　发达国家与最不发达国家人口趋势线

图 6-2 可以被看作一张基于经验和数据支撑的示意图。之所以说有经验的支撑，是因为该图系由跨国数据所得。图中向下倾斜的曲线，反映了处于人口转变最低阶段的状态，即拥有非常年轻的劳动年龄人口的极端情况。这里我采用的是 1950 年世界上最不发达国家的人口年龄结构数据（仅针对 16~64 岁劳动年龄人口），其呈现下行趋势，很大部分人群集中在最年轻的群体，与人口转变阶段特征是相吻合的。

在此，我插一个话题。许多人在研究非洲问题或比较不发达国家的情况时，常提到这些国家的人口高度年轻化，并认为它们本应拥有充分的人口红利。然而，我认为这一观点需要纠正。因为对于人口红利的错误认识，可能会影响我们对中国人口红利未来的开启战略。以撒哈拉以南非洲为例，相当多的国家中位年龄仅为 16 岁，人口非常年轻，我国中位年龄大约为 38 岁或 39 岁。然而，年轻并不意味着就拥有人口红利。16 岁作为中位年龄，意味着这个国家一半的人口尚未达到法定劳动年龄，根本就不是就业群体，人口红利也无从谈起。这就是图中向下倾斜曲线的内在含义。

另一方面，高度老龄化的国家即人口转变到后期或后人口红利时期的国家的人口年龄结构，系发达国家在 2050 年的人口年龄结构，如图中向上倾斜的曲线，所呈现的上扬趋势正是少子化和老龄化问题的体现。

以上两条曲线，分别表现了两种极端的劳动年龄人口结构。在两种极端情形之间，还存在一个人口转变的中间状态。这个中间状态既尚未完全脱离早期人口转变阶段，也未达到极度老龄化的人口转变阶段，例如中国的现状。此外，中国还具有"未富先老"特征，即在尚未实现富裕时就已经达到较高的老龄化程度。这些特征综合起来，使中国处于这种中间状态。我设想这个中间状态的劳动人口年龄分布呈 U 字形，即青年就业人群和大龄就业人群的占比都相对较高，而中间年龄的人群则有所减少。

虽然这个 U 字形能否得到直接而显著的呈现尚不确定，但从理论上可以推断出，中国处在特定的发展阶段，其人口结构最接近这种 U 字形。或许还未完全形成 U 字形，但比其他任何时期都更接近。因此，我们将 U 字形作为理论特征，而非肉眼可见的特征，有助于进行分析。

同时我们也观察到，中国人力资本在具有一般特征之外，还具有一些独特特点，其中也蕴含着中国特色。

在中国，少年群体及青年就业人群的受教育程度较高，人均受教育年限在 24 岁时达到峰值。

根据相关研究文献，中国和其他一些发展中国家普遍呈现出类似趋势，即在 24 岁左右受教育程度达到最高点后，随着年龄的增长，受教育程度逐渐下降，形成一条向下递减的曲线。

这一现象在发达经济体中并不存在。美国、欧洲国家、日本等发达经济体，分年龄段的受教育年限系较为平坦的水平线，24 岁与 64 岁人口的人均受教育年限基本相当。

中国尽管教育发展曾相对滞后，但在改革开放的推动下，实现了快速的赶超，每一代人的受教育程度均超过前一代。因此，中国人口的受教育年限随着年龄增长而下降的趋势尤为明显。这说明中国的教育在持续地进步，人均受教育年限哪怕每 10 年把平均值提高 1 年都意义重大，须知教育的发展是一个长期且艰巨的过程，人口平均受教育年限的每一点提升都凝聚着巨大的努力与投入。中国在过去 30 年间所取得的进步，无疑是十分显著的。同时，整体受教育年限的提高较快，就会在代际或队列之间产生较大差距，使受教育年限随着年龄增长而下降的趋势表现出来。

人口平均受教育年限作为人力资本的代理指标，是用计量方法观察就业技能及其回报的重要变量，但并非唯一变量。工作经验同样对人力资本的提升具有重要影响，随着工作经历增长，劳动者解决问题的能力也在提高。在中国，受教育年限与工作经验之间存在明显的反向关系：青年人群受教育年限较高，但缺乏工作经验；而大龄劳动者虽然工作经验丰富，但受教育年限较低。

从这一角度来看，中间年龄段的人群可能在两者之间取得较好的平衡，既具备较高的受教育程度，又拥有一定的工作经验，从而形成更为优越的人力资本。基于这一观察，我们提出一个假说：劳动力市场的匹配度与年龄具有倒 U 字形曲线关系，即中间年龄段的人群在市场上的匹配度最佳。

我们用 2020 年第七次人口普查的数据对这一假说进行了验证。结果显示，城镇居民劳动者的就业率分年龄来看，确实呈现出倒 U 字形曲线——青年群体就业率偏低，中年群体达到最高点，随后下降，到大龄群体就降到比较低的水平。这一结果充分验证了我们的假说，即劳动力市场的匹配度与年龄呈倒 U 字形关系。

此外，我们还注意到，在发达国家，青年就业群体和大龄就业群体同样面临着较大的就业困难。例如，24 岁以下的青年就业群体更容易签订"零时合同"（即雇主不保证提供固定的工作时间，员工只有在被要求工作时才工作，并且雇主只对实际工作的时间支付工资），而 60 岁以上的人口一旦失业，再就业的难度比其他人群要高 1 倍。这些现象都进一步支持了我们的假说，即匹配度的倒 U 字形曲线在劳动力市场上是成立的。

因此，U 字形的劳动年龄人口分布和倒 U 字形的劳动力市场匹配度，构成了一对矛盾。它们在中国当前发展阶段下同时存在，带来了特有的与人口相关的劳动力市场特征和结构性就业矛盾。

中国目前是否呈最接近 U 字形的人口分布，我们尝试用最简单的人口变化来进行分析。1990 年时，青少年人群比重最高，到了 2005 年，当年的年轻人开始在劳动力市场上成为中年人，再到 2020 年第七次人口普查时，这部分人就到了大龄群体中。非人口学专业的如果需要理解人口趋势和特征，可以采用一种理解人口动态的分析方法，即借用回声的概念。想象一下，当你在群山环绕的山谷中发出声音，声音会在对面的山壁上形成回声，然后反射到你身后的山壁，再次形成回声。每一次回声都源自你发出的声音，但逐渐减弱。你发声时是婴儿潮，第一次回声象征着上学潮，随后是就业潮，再往后则是养老潮。虽然这些回声会逐渐减弱，但它们的发生是必然的。因此，到 2035 年时，中间年龄段人群相对于其他任何时代都是最少的。这一趋势使得 U 字形特征成为这个时期的最突出特点，"一老一小"成为最重要的就业矛盾。这是我们观察到的现实，也是我们需要深入思考和解决的问题。

应对之策：加大力度、加快速度推进人力资本培养和公共就业服务

在 U 字形人口年龄结构与倒 U 字形人力资源市场匹配产生反差的背景下，如何解决中国的结构性就业矛盾？我从人力资本培养和公共就业服务两个方面入手，为解决这一矛盾提供一些政策建议。

第一，政策工具箱的充实与贯通。

我们首先需要转变一个传统观念。过去，宏观经济调控部门在涉及就业时，主要遵循菲利普斯曲线，认为只要通过刺激经济、创造足够的需求使经济回到潜在增长水平，就能消除周期性失业，实现充分就业，从而达到宏观调控的目标。然而，在经历了疫情等冲击后，即使采取了

刺激性政策，经济有所恢复，面临的也可能是更高的自然失业水平。这是因为短期冲击叠加人口结构新特征，如老龄化程度加深、劳动年龄人口趋于U字形分布，都可能影响就业市场的恢复。因此，仅仅依赖原有的宏观经济政策手段是不够的，还需要结合公共就业服务、劳动力市场功能完善，以及相关体制机制改革等其他政策工具。

这意味着，结构性改革手段与宏观经济的周期性工具应相互结合，长期的工具与短期的工具应协同发挥作用，共同构成一揽子宏观经济政策工具箱。

这就是说，除了关注菲利普斯曲线，运用货币政策和财政政策的标准政策工具应对周期性失业，我们还应关注贝弗里奇曲线，扩充和贯通长期化政策工具以应对结构性矛盾，降低自然失业率。对于疫情后复苏而言，这样可以事半功倍，提高充分就业水平和就业质量。

第二，从结构入手释放总量潜力。

我们都说就业总量问题得到了缓解，可事实上，虽然劳动力总量过多对应着岗位不足的问题得以缓解，但又变成劳动力总量过少以致出现劳动力短缺问题。无论偏多或偏少，皆非理想状态。因此，解决总量短缺同样需要改革，并将其作为政策施力的一个重要方面。

从数据上看，无论是劳动年龄人口、劳动力人群还是实际就业的城乡劳动者，其数量都正在从正增长转变为零增长，进而进入负增长。但值得注意的是，尽管劳动年龄人口和劳动力数量已经呈现负增长，我们仍然有可能实现城镇就业的正增长。

解决这一矛盾的基本路径可以有以下三个：一是通过促进劳动力的有效流动和配置，挖掘劳动力（转移）供给潜力；二是转向依靠生产率提高的新动能，因为靠投入劳动力和资本的经济增长终究不可持续，要实现经济增长动能的转换；三是以人力资本质量替代劳动力数量，包括加强人力资本的培养、提升劳动者的技能水平等方面。

以户籍制度改革为例。户籍制度改革在开发人力资源方面，无论是从劳动力数量还是人力资本的角度来看，都具有显著的意义。根据2020年第七次人口普查的数据，在全部城镇常住居民中，有相当高比例（超过30%）的人口没有所在乡、镇或街道的户籍。而从年龄分布来看，在十几岁到40岁的这个年龄段，没有当地户籍的人群比重更高。这部分人群中，固然有一部分可能是在城市就学，尚未确定落户地点，但也包含了大量劳动者群体，特别是青年就业群体。

党的二十届三中全会特别强调了退役军人、农民工、大学毕业生群体的就业矛盾，"一老一小"中这部分人的问题是一个重点。对于大龄劳动者而言，尽管户籍问题可能不如对青年劳动者那么重要，但也不无影响。许多农民工在过了40岁或更大一些的年龄后，由于不再受就业市场欢迎而选择返乡，这样他们往往只能退回到生产率更低的部门，如务农或在家乡从事服务业，这意味着资源配置的退化和生产率的降低。这种劳动力市场的动向，也在一定程度上反映了户籍制度对劳动力市场的影响。

因此，户籍制度改革不仅关乎人口流动和资源配置的优化，更是开发人力资源、促进社会流动的重要举措。通过改革，可以进一步释放人力资源的潜力，推动经济社会的持续健康发展。

对于城镇居民而言，户籍制度与年龄的关系并不显著。然而，在面临老龄化问题时，他们也需要面对延迟法定退休年龄的改革。延迟退休政策不能简单地"一延了之"，而是需要新的应对策略。如果大龄劳动者的就业服务不充分，人力资本与劳动力市场需求不匹配，他们可能会在劳动力市场上遭遇冲击。因此，延迟退休改革需要更加关注和支持大龄劳动者，加强公共就业服务和技能培训，确保他们能够适应新的就业环境。

此外，劳动力市场上的人力资本存在两种类型：受教育年限和工作经历。这两者之间存在显著的不一致性。中国的受教育年限增长迅速，尤其是出生时预期受教育年限这一指标，中国在所有国家中上升最快。然而，这种快速上升也带来了人群之间受教育年限分布的不均衡，进而与工作经历这个人力资本变量产生了反向关系。同时，工作经验作为人力资本对就业的影响也呈现出递减的特征。因此，这种双重递减现象造成了大龄劳动者的双重就业难点。这种结构性就业矛盾与人口趋势之间的关系可被视为中国"未富先老"的一个特征。

《求是》杂志发表了习近平总书记在2023年二十届中央财经委员会第一次会议上关于人口的讲话。总书记指出，我国人口少子化、老龄化发生在现代化完成之前，这会带来一些新的困难和挑战，要积极加以应对。① 用学术语言来说，"未富先老"带来了格外的挑战，同时也有格外的机遇。

面对挑战和机遇，我们现在需要建立新的人力资本培养机制，以推动中国的经济可持续增长。众所周知，卫星发射过程中需要多级火箭的推进，而在人力资本推动中国经济可持续增长的过程中，"第一级火箭"是普及九年义务教育，当其效应递减的时候，我们实施了高等教育扩招政策，对经济增长产生了积极影响。然而，这两者的作用力仅能维持一段时间，因为它们的效果都是一次性的。因此，未来迫切需要"第三级人力资本火箭"来持续推动经济发展。我们需要以劳动力质量、创业能力、创新力等新要素形式，促进要素新组合，形成新质生产力。

在未来，我国人力资本可能会呈现几个新的特征。

---

① 习近平. 以人口高质量发展支撑中国式现代化 [EB/OL].（2024-11-15）. http://www.qstheory.cn/dukan/qs/2024-11/15/c_1130219268.htm.

第一，人力资本竞争将不再是单纯的人与人之间的竞争，而是人类智能与人工智能之间的竞争。这意味着人力资本的外部性将更强，其私人性质将降低。这要求政府承担更大支出责任，从娃娃抓起培养通识能力，帮助大龄群体跟上科技潮流。

第二，人力资本与教育的关系虽然仍然紧密，但直接联系将有所降低。受教育年限在未来可能不再能预测个人的全部人力资本回报和劳动力市场表现。工作经历、再学习和终身学习将越来越重要。

第三，特殊人力资本的培养将越来越重要。人类的体力、脑力和智力都可能被人工智能替代，但情商、交际沟通能力、隐性知识和实践智慧等特殊人力资本暂时还不会被取代。这些都需要在生命的早期进行培养。因此，教育需要前移，从而获得更高的回报率，同时应更注重终身教育。这意味着教育的公共品属性越来越强，政府的支出责任也越来越明显，还应该大幅度提高公共教育投资。

最后，为了应对劳动力市场未来的挑战，我们需要形成新范式和新理念，包括如下几点：一是不再将受教育年限作为人力资本识别的唯一标准；二是人工智能赋能和对齐，使人力资源与人工智能取长补短、扬长避短，并将其融入教育之中；三是劳动力市场上应该有年龄的混搭，将青年群体和大龄群体进行搭配，这样可能会产生"1+1 > 2"的效应；四是强化劳动力市场建设，这也是一个重要任务，以应对劳动力市场非正规化的趋势，确保高质量就业的实现。

第七章

———•———

经营管理的新动能

如何正确理解企业家精神？ [①]

张维迎

（北京大学博雅特聘教授、国家发展研究院经济学教授、
市场与网络经济研究中心主任）

如何理解企业家精神的内核？

企业家精神本身是对企业家人格化最为突出、杰出的特质的概括。什么样的人可以被称为企业家？

最重要的是第一点，企业家首先要有做事的冲动。不是别人让他做事他才做，而是他自己想做事。没有做事冲动的人，只是听命于别人，那肯定不是企业家。

第二点，企业家说了算。他为什么有做事的冲动？就是因为他说了算，想做什么就能起步做。有一些人说了不算，空有想法但没办法启动，这样也不能称之为企业家。

第三点，企业家要承担责任，要对做事的后果负责。这个后果可能

---

① 本文根据作者于 2024 年接受网易财经智库的专访内容整理。

涉及金钱、名誉、事业等，所以做企业如果没有企业家精神，是不可能成功的，但是有企业家精神也不一定能保证成功。

在很大程度上，我把企业家精神归纳为人类身上的一种想象力和创造力。人类生活在这样一个世界，未来是很不确定的，未来的世界有待我们去创造，所以我现在特别喜欢用一个词，不是"不确定性"，而是"未定性"。未来是未定的，未来是什么样的，有赖于我们的选择。有企业家精神的人，能看到别人看不到的东西，而且他要做别人认为不可能的事情。

在所有的领域，无论是学术领域还是工商业领域等，有企业家精神的人一开始做一些事的时候很多人不看好、不认同，因为大部分人是循规蹈矩的，是按部就班的，日子一天一天就这样过。所以在我看来，具有企业家精神的人非常宝贵。

为什么企业家要拥抱不确定性和未定性？

当我们讲不确定性的时候，经常提起"被动"这种状态。这个客观的世界是给定的，比如我们不知道明天是否下雨，但是下不下雨是大家决定不了的，它完全是外生的。而我讲的未定性，好多的变化是内生的，不是完全外生的，这个时候人的主动性非常重要。

企业家不仅仅要考虑如何适应不确定性，拥抱不确定性，更要有一种雄心壮志，去创造未来。其实未来有无穷多的可能性，不同的人想的可能性是完全不一样的。我在《重新理解企业家精神》这本书里举过例子，比如两百多年前工业革命的时候尚未有铁桥，但英国的企业家约翰·威尔金森就把当时不可思议的铁桥从概念变成了实物。如果没有这位企业家，可能铁桥的出现是会晚几年的，甚至可能都不会存在，所以未定性更多的是主动性，是内生的。

我现在特别喜欢讲的一句话是："这个世界并非注定如此，它之所以如此，是我们努力的结果，不是自然的。"对好多企业家来讲，他们可能只是预测未来，但是最伟大的企业家一定是创造未来，不是简单地预测未来。

大部分人一直都循规蹈矩，而且尽量避免出格。过去，如果一个人做出了别人认为不可能的事，或者不是按照别人的方式做事，会被千夫所指。这也是企业家面临的风险——不仅仅是金钱的风险，更多是声誉、名声的风险。成功了，别人说你很厉害，是个大英雄；失败了也许会受到别人的嘲讽。

富有创造性的企业家就不是简单地发现机会，而是创造机会。所以英文有两个词，一个是 discover（发现），一个是 create（创造）。套利性的企业家很大程度上是发现一个机会，然后利用这个机会。创造性的企业家会在机会本来不存在的情况下完全靠自己硬生生地把它创造出来。"套利"不是个贬义词，它是企业家的一个职能。套利性的企业家是在应对我们刚才讲的不确定性，他们在发现别人没发现的机会，然后尽力去利用机会做事，但是这种机会一般是客观已经存在的。

这二者是不一样的，它对个人素质的要求也不一样。但每一个企业家都需要一定的创造力，只是套利性的企业家的创造力不像创造性的企业家那么高。

为什么市场经济离不开企业家的创新？

我们整个主流的经济学，被称为新古典经济学，缺乏针对企业家的研究，因为它刻画的这个世界和真实世界不一样。在主流经济学所刻画的世界中，所有的东西都是给定的，特别是资源、消费者的偏好和技术。所以最后就把经济问题变成了一个怎么分配资源的问题，即最优配置的问题。而在真实世界中，这些其实都不是给定的，都是创造的。

所以我在不断强调，中国的市场是一个创造的过程，它让人类身上蕴藏的一种创造力得到最大的发挥，而不是使已有的资源得到最优的配置。已有的资源是很重要，但是人类之所以进步，主要是因为创造出了新的资源。

我们的主流经济学局限于一个完美的、既定的世界，不去考虑未来。即使考虑未来，主流经济学家也会认为未来有多少可能性都一清二楚，而且所有人的认知都一样。但如果真的是这样，这个世界就不需要企业家了，因为所有的问题都变成了计算问题。计算的问题现在人工智能都可以解决了，不需要人类。

但是真实世界是什么？我们不知道未来有多少种可能性，每个人的看法都不一样。这个世界不是像经济学描述的那样。我们现在经济学描述的就是工业革命时期基本的真实情况，当时年复一年、日复一日都在重复，根据给定的资源进行配置，那个时候市场规模也很小。真正的市场经济是200多年以前从英国开始的，我们可以看到，当一个国家实行了市场经济，它最大的变化就是原来没有的东西有了，原来想象不到的东西，现在已经可以使用了。

主流经济学认为，按照资源最优配置的原则，最优价格一定是通过边际成本确定的价格。价格一旦高于边际成本，就会损失效率，在垄断市场下，商品的价格高于边际成本，所以要实行反垄断法。比如，微软的软件拷贝一下，成本几乎是零，它却卖几百美元。但在这个过程中大家没有意识到一个问题：微软的这个软件是从哪儿来的？它是被创造出来的。创造这个软件是需要很多成本的，它不是每个人都能创造的。

如果要真正按照边际成本定价，我们今天享受的所有东西，几乎都不会被创造出来，我们没有电，没有汽车，连沙发都不会有。但是主流经济学假定它们存在，实际上它们之前真的不存在，它们是人创造出来的。

西方主流经济学的理论，对政策的误导性非常强。我们现有的一些政府干预经济的基本理论，都是建立在这样一个错误的经济原理的基础上的。所以不是说一个人把经济学学通了，就会拥护市场经济，好多获得诺贝尔奖的经济学家是反市场的，因为他们有一套既有的模型或计算方法，就按照他们的标准，存在太多不合理之处，所以只能由政府来解决。这完全是错的。

为什么强调企业家精神？如果发展只靠配置给定资源，那完全不需要企业家。但问题是，真正的市场经济是一个创造的过程，企业家就是这种创造的力量。现在经济学分析基于一个静态的世界，不考虑它的历史，不考虑它的来源，认为世界原本就是这样。明明企业生产成本那么低，却定那么高的价格，大众肯定认为不合理。大家再看一下历史，就会意识到之前的认知错了，之所以现在有这个东西，是因为它在被发明出来之后，可以高于成本定价。

大数据是市场创造出来的，市场是一个及时披露信息的过程。有人说现在有大数据了，可以实行计划经济，这是悖论，实行计划经济就不会有大数据，之所以有大数据，是因为实行了市场经济。

这就是经济学的一个悖论。经济学家老是总结出一些规律，然后用这些规律指导社会，其实这是错的。任何从市场经济中总结的规律，都不能人为地应用于操纵市场。因为一操纵，事实情况就与想象的完全不同了。

而且尤其要看到，我们总结规律用的方法都是统计学的线性回归，总结的规律就是那一条线上的东西，是平均数。但是真正改变社会的不只是线上的东西，线外的东西才改变社会，有时更重要。

人类的进步不是由平均数决定的，是由超越平均数的事物决定的。但是我们好多人认识不到这一点，以为按照平均值去做的就是最好的，这是完全错误的。

就像所有的生物进化一样，如果仅仅有遗传，生物不会进化。变异是生物进化的重要因素，我们大部分人循规蹈矩（就像生物的遗传），企业家就是推动社会变异的那股力量，正是企业家带动了社会的进步。

我们应该正确地理解市场，理解市场经济是怎么回事。现在的经济学提供了一个模板，人们会按照这个模板来对照，我认为这是错误的。我原来打过一个比方，如果你把猴子的相貌当作人类漂亮、美的标准，那你看每个人都不顺眼，认为他们都应该变成猴子的样子，这肯定是错误的。

在学术领域如果希望得到突破，和做企业是一样的，就得有冒险精神，不守常规，要打破过去的规则。但是只有很少的人愿意去尝试并坚持下去，因为按部就班是大部分人生存的最好的方式。在学术界按部就班，按照已有的规则去写，发表文章就比较容易，如果想打破常规，文章发表就比较难，单是在评审这关通过的难度就很高。

因为在专家评审环节，需要得到大部分专家的认可，所以就会产生一个问题，大部分专家认可的东西几乎都不是新的，因为创新就意味着没有共识，但专家评审本身是要求共识的。

如何理解企业家创新与科学家创新？

科学家做的工作是发现，发明家做的工作是创造。虽然他们同等重要，但是科学家发现的那些现象本身就是存在的，只是大众先前并不知晓。比如哥白尼发现了地球绕着太阳转，牛顿发现了万有引力等。

发明家做的是创造出没有的东西，比如原来没有电灯，发明家把它创造出来了。企业家负责把发明家的发明变成人类生活的一部分，变成大部分人可以消费、可以享受的一部分。创新不是一个简单的发明，而是要把发明变成一种商业化、商品化的东西。没有企业家，发明家发明的东西就束之高阁了。

所以，未来的中国，在创新方面，技术专家、科学家和企业家的合作非常重要。历史上也有非常好的典范，比如瓦特就是个发明家，他很幸运，有两个企业家认准他，那就是约翰·罗巴克和马修·博尔顿，他们当时给瓦特投资，按现在的说法，这叫风险投资，把瓦特的发明量产成可供人类生活使用的消费品。也有一些人既是发明家又是企业家，比如爱迪生，他具备非常发达的商业头脑，创办了美国通用电气公司（GE）。

还有一些发明家，他们遇到了企业家，他们的发明成果给社会带来了很大的进步，但他们始终是发明家，最后可能贫困潦倒，最典型的就是尼古拉·特斯拉（Nikola Tesla）。特斯拉一生有包括交流电系统在内的数百项发明，但是他最后贫困潦倒。虽然有企业家给了他一些资助，但是特斯拉的命运非常悲惨。

我们现在这个时代跟过去不一样，企业家和科学家合作的机会更多了。但是传统意义上，相比于企业家，我们好像更敬重科学家、技术专家或者学者院士。

现在，随着科学的进步，人类不断有新的发现，科学家需要借助企业家，因为大部分科研对仪器的依赖度非常高，如果没有企业家生产的商业化的设备，做科研的难度将会大大提高。期待着未来中国有更多的企业家能够看到发明家在技术方面的价值，同时发明家也能够更有企业家精神，至少能够跟帮助他们的企业家一块儿做起来。

为什么企业家是整个社会不可或缺的力量？

我特别不赞成经济学家动不动就说市场失灵，我们现在讲的好多所谓的市场失灵，不是真的市场失灵，而是市场理论的失灵。市场理论错了，我们推导出市场失灵。就像你本身长得并不丑，但是一个画家给你画了一幅很丑的画像，大家按照画像来评价你，说这个人太丑了，其实真实的你不是这样的。现在大家就是用这个"画像"来理解市场，这是我们必须摒弃的。

人们只有真正理解了企业家精神，对市场的看法才更真实。并且很多人原先相信的一整套干预的理论，都毫无"用武之地"。我举一个例子，按照标准的经济学理论，一有外部性，市场就失灵了。技术的外部性很强，一项新的技术发明后，发明者本人享受的好处是这项发明带来的所有好处的九牛一毛。美国一个经济学家算了一下，企业家创新带来的真正好处，他们自己享受的连1%都不到。

按照现有的主流经济学理论，这个市场肯定失灵了，大家享受1%的好处，一定没有足够的积极性，只有享受100%的好处才能够激励大家做事。但是我们看一下现实中，为什么享受1%好处的人做出那么多的事？就是因为企业家不仅仅是为了赚钱，他们有一种追求。真正的企业家的目标是超越利润的，他们就想改变这个世界，争强好胜，证明自己——我能做出别人做不出来的东西，这就是企业家。

但是在一些人的印象中，企业家就是贪婪的只在乎钱的人。甚至假定企业家就是一帮唯利是图的人，这完全是错的。

人类最愚蠢的缺点就是致命的自负，没有人聪明得什么都知道。每个人都有可能犯错，但是我相信一点，只要有企业家精神，人类存在创造力，我们的错误就会不断地得到纠正，人类就是一步一步这样走过来的。

最具创造力的人，在市场当中不会给人类带来灾难，因为市场本身在不断地纠错。做企业，所有的错误都是企业家自己承担责任，所以我认为越聪明的人越应该做企业，这才是社会的福音。

企业家最需要什么样的环境？

企业家需要一个自由的环境。如果企业家不自由，有想法但不能执行，那会直接导致企业家创造力的夭折。但是现实当中有各种因素在不断地约束、限制企业家创造力的发挥，这就需要法制来帮助企业家排除这些干扰。

法制就是相对比较简单、明确的规则。我们有一个权利（right）的界定。权利是平等的，在遵守法律制度的前提下可以尽情发挥创造力去做企业。但比如同样做一个赛道的生意，如果因为竞争对手生意好就随意打击，甚至通过某些"权力"来限制对方的生意，就一定会滋生寻租腐败的现象。

人类长期以来具有一种大众经济学的思维。大众理解的这个世界的财富就像一个蛋糕一样，是固定的，所以大家普遍关注的是分配的问题。其实市场经济财富是创造出来的，在固有的思维下，人们就会形成一种错误的认知，怀疑企业家就是为了赚钱。其实如果没有企业家，劳动者就不会有收入，经济的蛋糕也不会做大。市场本来就是合作，消费者购买商品一定是给消费者带来的好处更大。

但我们中的一些人认识不到知识的本质。我们一般指的知识，是在接受教育的过程中，从书本上学的那些原理，但其实人类更大的一部分知识不在书本里，而是在实践当中，我把它叫作软知识，比如灵感、嗅觉、想象力、判断力。企业家就更具备这样的软知识，从而更好地服务消费者。

所以在正常的市场情况下，赚钱多的企业家就是能把广大消费者服务好的企业家。这证明这些企业家创造力强，拥有特殊的才能。

变局之下，企业如何稳健经营？ [①]

宋志平

（中国上市公司协会会长，中国企业改革与发展研究会首席专家）

当前，世界百年未有之大变局加速演进。从国际来看，逆全球化思潮抬头，全球化面临压力；科技革命下新产业、新业态和新模式层出不穷；双碳目标引发各个产业结构调整；疫情、俄乌冲突等不确定事件发生，使得世界经济增长动能减弱；等等。

从国内来讲，2022 年中央经济工作会议明确 2023 年经济要坚持稳字当头、稳中求进。当前我国经济恢复的基础尚不牢固，需求收缩、供给冲击、预期转弱三重压力仍然较大。但我们也要看到，我国经济韧性强、潜力大、活力足，各项政策效果持续显现，经济运行有望总体回升。

当下，我们既要看到困难和压力，也要看到机会和希望，坚定信心和勇气，调整好企业的战略思路和经营方式，不断适应变化，乘风破浪向前。结合自己多年来的企业管理实践和思考，我想分享一些建议供大家参考。

---

① 原文发表于企业家杂志公众号。

稳健经营

前一阶段，大家讲得比较多的是 VUCA 时代[①]，主要强调不确定性。现在又在讲 BANI 时代[②]，主要强调脆弱性。今天做企业确实面临的压力很大，也不可能回到以前了，只能在不确定性下调整心态、做好自己，在脆弱性下更加坚韧、稳健发展。在经营定位和方式上，企业要重视几点。

一是合理定位。企业的战略即选择，而选择中最重要的是目标，是如何定位。过去我国经济经历了高速增长时代，我们曾形成一些思维惯性，强调跨越式成长，强调大和强。而现在我们进入高质量发展时代，企业的定位目标也要发生转变，强调做强做优做大。

企业的定位要实事求是，尊重规律，各适其位，各得其所，千万不能见异思迁，更不能拔苗助长。关于企业的大小、发展的快慢，其实也要量力而行。对企业来讲，不一定都把目标定为《财富》世界 500 强或上市公司，适合自己就可以。大企业可以定位世界一流，致力于产品卓越、品牌卓著、创新领先和治理现代。中小微企业可以围绕着专精特新，目标是做小巨人、单项冠军、隐形冠军。不管是世界一流还是专精特新，都是突出企业的技术、质量、管理、效益，坚持专业主义和长期主义，构筑核心竞争力，把企业打造成行业龙头或细分领域的头部企业。北新建材用 40 多年把石膏板产品做到全球第一，中材国际的水泥装备全球市场占有率达 70%，这些企业都发展成了行业龙头。

---

① 指一个充满易变性（volatility）、不确定性（uncertainty）、复杂性（complexity）和模糊性（ambiguity）的时代。

② 指具有脆弱性（brittleness）、焦虑感（anxiety）、非线性（nonlinearity）和不可理解性（incomprehensibility）特征的时代。

二是把握周期。经济发展有周期，有些行业也有周期。企业要注意发展节奏，重视周期性变化，防范各种风险。周期上行时可快一些，周期下行时可慢一些，无论快慢都要突出一个"稳"字。前几年，我们讲进入新常态，要有平常心。现在进入高质量发展阶段，企业也要进行战略调整，不能再只追求速度和规模，要追求质量和效益，实现质的有效提升和量的合理增长。

三是做强主业。到底是专业化还是多元化，一直以来人们都有不同的看法。在工业化早期，大多数企业走的是专业化道路。随着经济的迅速发展和机会的不断增多，不少企业开展多元化业务。但随着市场竞争日益激烈，更多的企业无法分散资源，只有集中精力回归到专业化道路上来。今天确实也有多元化做得好的企业，但是少之又少。我本身是个专业主义者，任中国上市公司协会会长这三年多来，我发现上市公司出的问题绝大部分是因为偏离主业、盲目扩张。

我常讲，做企业要重视业务焦圈化。如果画一个十字线，从横向来讲，企业的业务不能太多，要聚焦，从纵向来讲，产业链不能过长，要深耕。关键要抓四个核心，就是核心业务、核心专长、核心市场、核心客户。在各种诱惑面前，企业要始终保持清醒头脑，要更有定力，坚守主业，心无旁骛地做好主业。

有些人怀念以前高速增长的日子，总还想用过去的方式做今天的事。实际上，经济发展是回不到过去的，我们只能研究现在和未来的情况，把握现在的机遇。前些年，基建和房地产拉动了很多行业，现在这些行业都需要进行结构性调整。目前拉动经济发展要靠新兴产业，要形成新的增长极，像新能源、电动车、新材料、大健康等。

企业如果在新兴产业里，就要抓住机遇、创新引领；企业如果在传统行业里，就要考虑转型。但转型不是转行，而是要立足主业，利用技术进步、结构调整、产品细分等来不断增加竞争力和附加值。其实即使经济下行，做细分领域的头部企业，仍然能够获得良好效益。当然，如果行业被替代或急剧萎缩，则必须果断转行，开发新的领域。

四是管理风险。风险是客观的，做企业是在发展和风险的两难中选择。如果只顾发展而忽视风险，那企业可能轰然倒下；如果只考虑风险而不顾发展，那企业可能止步不前，在竞争中被淘汰。因此，做企业要特别注意风险管控。做任何决策，都要评估风险是否可控可承担。出现风险以后要早发现、早处置，不要等风险变成大危机再去处理，那个时候为时已晚。企业处理风险的原则是让损失降至最小。

过去几年，房地产行业处在一定的下行趋势中。万科及时看到行业的周期变化，对企业的经营较早地做出调整：放缓了开发速度，稳健开展房地产业务；利用自身优势开展一些租赁和现代物流仓业务。最近国家相关部门明确支持优秀的房地产头部企业，满足行业合理融资的需求，万科又是金融重点支持的企业。万科的发展就是一个审时度势的例子。

有效创新

党的二十大报告提出创新是第一动力。解决经济跨周期问题、克服企业的困难、提升企业的竞争力，都要靠创新。但企业创新也有风险，所以我们讲不创新等死，盲目创新找死。企业创新要把握几点。

一是大力开展自主创新和集成创新。经过 40 多年的改革开放，应该说现在我们具备了雄厚的创新基础，在电动车和动力电池等不少领域处于领先地位。现在提倡自主创新和集成创新是非常有条件的。

自主创新是独立、原始的创新。今天是科技竞争时代，关键核心技术是要不来、买不来、讨不来的，只能靠自我研发。尤其大企业要多投入自主创新解决"卡脖子"问题。比如，中国建材这些年开发超薄电子触控玻璃、中性硼硅药用玻璃、碳纤维等新材料都是靠自主创新。

集成创新是开放式的创新，也就是说把各种创新要素结合起来。企业很难做到一个产品完全是独门绝技、关着门做出来的。吸纳海内外资源为我所用，取得"1+1 ＞ 2"的效果，是集成创新的真正价值所在。企业要广泛开展产学研的合作，进行集成创新和协同创新。我国电动车迅速发展，就是集成创新很好的例证。

二是创新要立足解决企业的问题。讲到创新，人们通常容易想到高科技，高科技固然重要，但在企业里也要重视中科技、低科技和零科技。另外，我们讲要重视颠覆性创新，其实企业里有大量的持续性创新，持续性创新也非常重要。企业的创新，关键看需要解决的问题是什么，针对不同的问题，可以选择适合的创新模式。比如零科技，就是商业模式创新，虽然称不上是科技创新，但同样能够创造巨大价值，也是重要的创新方式。

三是注重创新效益。企业创新和科学家创新有所不同，科学家创新是发现未知，不见得有当期利益，而企业创新有商业约束，如果无法产生效益或市场价值，再好的创新，企业也不能轻易做。对企业家来讲，要进行有目的、有效益、有质量的创新。企业创新确实承担着一定的风险，企业家在创新中需要深度学习、深度思考、深度工作，尽量规避风险和减少盲目性。

四是创新要依靠资本市场。资本是企业家用来创新的杠杆。再优秀的企业家，如果没有资本的支持，也不太容易做成事。尤其像技术创新，早期大多是高投入，若没有风险投资或资本市场的支持，一般企业是难以为继的。这几年，我国科创板、创业板相继试点注册制，深化新三板改革、设立北交所等资本市场的制度创新，为大量科技企业提供了宝贵的创业资金，有力支持了我国企业的创新。2021年科创板上市公司IPO（首次公开募股）融资总额约占上交所IPO融资总额的一半，我国还有20万亿元左右规模的私募基金，企业创新要充分利用多层次的资本市场。

中复神鹰是国内碳纤维行业的龙头企业，2022年4月在科创板上市。其实这个过程历经十几年，得益于中国建材的大力支持，企业通过自主创新攻克装备制造难关，打破国外长期技术封锁，直至成功产业化。

强化管理

现在我们提出制造强国、质量强国，提出世界一流和专精特新。但要做到这些，说一千道一万，必须把企业管理做好，把管理做到极致。做企业，通常有几个步骤：一是把产品做出来，二是能量产，三是能有高的合格率，四是能把成本降下来，这些都离不开管理。企业有再好的技术、再好的商业模式，如果产品质量不好，成本下不来，照样会失败。管理是企业永恒的主题，是做企业的基本功。做好管理，要重视几点。

一是注重管理方法。好的企业都有自己的一套方法，像格力的"格力模式"，潍柴动力的"WOS"质量管理模式，等等。我之前去宁德时代调研，它的"极限制造"让我印象深刻。三精管理是我在中国建材带领大家长年实践和总结的成果，主要内容是组织精健化、管理精细化和经营精益化，这两年结合一些其他企业的研究，又进一步归纳成"三精十二化四十八法"。现在受到不少企业的欢迎并在推广。

二是开展对标管理。这是20世纪70年代美国施乐公司首创的，现在大家都在使用。企业在日常经营中，选择国内外一流的相关企业进行主要技术经济指标的对标，清楚看到自己的不足，学习他人的先进经验，反复对标优化，提高自身水平。如在水泥行业，中国建材坚持与海螺水泥、拉法基豪瑞等国内外优秀企业进行对标，现在部分企业（如南方水泥）的各项指标已经达到行业一流的水准。

三是强调质量贯标。做企业、做产品、做服务，从根本上讲，做的就是质量。质量怎么管呢，是从严还是从宽？其实严和宽都不重要，最重要的是有一套方法，就是全员全过程的质量控制。过去我们推TQC（全面质量管理），后来是ISO9000，现在推PEM（卓越绩效模式），积极引入质量标准的管理对提高质量管理和绩效水平都非常有效。像北新建材的主营产品虽然是普通的石膏板，但公司导入卓越绩效模式，持续推进质量管理，产品质量一直很好，在全国市场占有率达60%。

四是做好财务管理。企业发展中要重视财务的预算，量入为出，有多少钱做多大的事，千万不能"寅吃卯粮"，入不敷出。同时，企业也要合理利用财务杠杆，控制资产负债率，降低企业财务成本，归集资金使用。根据我国企业实际情况，资产负债率一般在50%左右比较合理。如果周期上行、效益良好，资产负债率可以适当高点；如果周期下行、效益欠佳，资产负债率就得降低，过高会增加企业财务费用和偿债风险。

企业还要关注经营活动现金流。现金为王，企业要追求有利润的收入、有现金流的利润。现金流是企业的血液，现金的正常流动确保企业的持续稳定经营，支撑企业的健康发展。企业出问题往往出在资金链断裂上，做企业其中的一条底线就是要守护好自己的资金链，凡事心里要有数。

宁德时代拥有行业领先的智能制造系统，在极复杂的工艺流程中实现了极快生产速度和极高质量。目前宁德时代在产品市场和资本市场的表现都很好，其实也得益于它的精细管理。

开拓市场

市场是企业的命根子，做企业归根到底做的是市场、是客户。改革开放后，我们曾用"两头在外、大进大出"的发展战略，用国际市场带动经济发展，在这个过程中培育了大量中国本土的企业和企业家。但今天看来，我国市场已经发展成一个大市场，我们的市场战略调整成"以国内大循环为主体，国内国际双循环相互促进"。我国企业既坐拥有14亿人口的国内大市场，又有开拓耕耘几十年的国际市场，这是其他经济体企业没有的优势。所以我们还是要充满信心，一方面要努力开拓国内市场，另一方面还要抓住国际市场。

一是积极开拓国内市场。中共中央、国务院印发了《扩大内需战略规划纲要（2022—2035 年）》，提出坚定实施扩大内需战略、培育完整内需体系，这提振了市场信心，让企业很受鼓舞。2022 年中央经济工作会议提出要充分挖掘国内市场潜力，提升内需对经济增长的拉动作用。现在我们有完备的产业链和强大的制造业体系，产品质量、服务水平、旅游设施建设等都有了比较好的基础。随着我国内需和中等收入群体的扩大，我国市场会发展得越来越好。作为企业，还是要把产品和服务做好。以前企业往往习惯把好产品销到国外，国内销普通产品，今后我们要改变这一惯性思维，在国内销售最好的产品，进一步提升国内产品质量和市场占有率。

二是继续深耕国际市场。我们要继续发挥我国配套齐全、产品性价比好、整体成本低等综合优势，巩固和扩大我国企业在海外的竞争力。海外的市场绝不能放弃，还是要当仁不让。随着我国疫情的过去，我们看到来自浙江、江苏、广东等地不少外贸企业组团出海，很是振奋人心，可以想象接下来走出国门的企业会越来越多。

三是企业"走出去"，进行跨国经营。为了积极应对贸易保护主义、关税壁垒等问题，我们需要考虑从产品"走出去"转向企业"走出去"。像海信、TCL等企业国际化程度都很高，在海外建厂或收购了不少海外企业和品牌。过去我们比较重视GDP，现在也要重视GNP（国民生产总值），重视海外投资和收益。

四是加强国产自主品牌建设。微笑曲线图中，设计研发和销售品牌是两个"嘴角"，而制造代工是"下唇"。改革开放后，我们曾提出"用市场换技术，用市场换资本"，当时有它的合理性。但现在看来，市场的核心是品牌。

我国汽车业发展经历了合资和打洋品牌的阶段，这些年加大了自主研发和自主品牌建设。据统计，2023年，中国品牌乘用车国内市场份额超过50%。习近平总书记2020年在中国一汽研发总院考察时鼓励大家："一定要把关键核心技术掌握在自己手里，要立这个志向，把民族汽车品牌搞上去！"[①]现在我们到上海黄浦江边能看到一汽红旗车的广告，我也算一个老企业工作者，以前看到的更多是外国汽车品牌的广告，今天看到我国自主汽车品牌的广告，还是感到由衷的高兴。

我们要增强对国产品牌的自信心。安踏是一个由代工企业成长为自主品牌的代表，安踏运动鞋在国内市场的销量已超过其他国际知名品牌。格力提出"让世界爱上中国造"，卡塔尔世界杯上就用了4万多台格力空调。这些消息都让人十分振奋。我们不仅要让世界爱上中国造，也要让世界爱上中国品牌。中国企业要讲好自己的故事，积极打造卓越的一流品牌，增强在国际市场的影响力，使中国真正成为品牌强国。

---

① 共产党员网. 乘转型东风，展"红旗"姿态——中国一汽研发总院党委以高质量党建引领高质量发展 [EB/OL].（2021-10-26）. https://www.12371.cn/2021/10/26/ARTI163523 4888125616.shtml.

双循环里，有以国内市场为主的，也有以出口为主的，还有既有国内也有国外的，要因企业而异。中国巨石就是一个双循环相互促进的例子，它以国内市场为主体，也重视国际市场。中国巨石早年发展主要靠出口，随着国内市场的发育，现在产品 70% 销国内，30% 销国外。近年来，中国巨石还在美国和埃及建厂，产品覆盖北美、欧洲、非洲市场。

培育队伍

企业的一切归根结底是靠人创造的。做企业不能只看到厂房、设备和产品，而要看到人。要做高质量的企业、做高质量的产品，关键是靠高质量的员工团队。要开展国际竞争、解决当前困难，也得靠企业坚强有力的带头人和能打硬仗的团队。这几年，我们企业遇到不少困难，但大家都表现出了坚强的韧性，未来在经济转好市场竞争的过程中，还要靠企业团队顽强拼搏的精神。

在企业发展过程中，我们要弘扬企业家精神、科学家精神、悍马精神、工匠精神，这四种精神缺一不可。一个企业里，既要有无私奉献的企业家和管理团队，也要有勤奋钻研的科研队伍、敢打敢拼的营销队伍，还要有具备工匠精神的工人队伍。这方面我也想分享几点。

一是要弘扬企业家精神。企业家是稀缺资源，可遇不可求。好企业都会有个好的企业家带头人，企业家应该有越挫越勇的特质，尤其是现在，企业更需要企业家的带领。我国有庞大的企业家队伍，要关心和爱护企业家，让他们敢闯敢干。

二是要培养一支具有科学家精神的技术团队。今天是个高科技时代，技术人才是企业的核心资源。企业要特别重视技术人员的自我培养，也要积极引入技术人才，设立良好的激励机制，激发技术人员的创新热情。

比如，万华化学用科技分红重奖有贡献的技术人员，开发出大批高附加值的高端产品。

三是要有一支有悍马精神的营销队伍。企业要把产品销出去，就必须有销售员走出去，找市场、找客户。开拓市场是件十分艰辛的工作，要创造客户和维护客户也需长期细致的工作，企业要进行双循环就必须有一支能打硬仗的销售队伍。企业要在后疫情时代夺回客户和市场，销售工作也是重中之重。所谓悍马精神，就是不辞辛苦、走遍千山万水开拓市场的精神。有时一个推销员可能帮助企业摆脱困境。

四是要有一支有工匠精神的工人队伍。想要产品卓越，把产品做到极致，就离不开有硬功夫的工匠。企业要加强技术培训，提高工人的作业水平。比如，潍柴动力研制的柴油机的热效率超过52%，企业里的大国工匠功不可没。

格力电器能在市场竞争中取得好成绩，得益于公司有个百折不挠、勇往直前、有斗争精神的企业家董明珠，有1.5万人的技术团队和几万名现代工匠。在疫情严重影响企业时，董明珠声明决不裁减职工，宁肯降薪也不裁员，这是需要魄力的。

有磨难的时候往往也是人进步最快的时候。这个时候，我们企业上下要团结一致，同舟共济，领导要关心员工，员工要理解企业。大家要拧成一股绳，上下一心，众志成城，奋发图强，共克时艰，不能怨天尤人，更不能躺平。

最后，我想和大家分享两句话。以前是回不去了，我们只能向前看。只有靠当下正确的抉择和努力，我们才有辉煌的未来。

大变局下的企业战略选择 [①]

宫玉振

（北京大学国家发展研究院管理学教授，
国家发展研究院 BiMBA 商学院副院长兼学术委员会副主任）

如何认识当下环境?

如果用一个短语来形容现在的环境，就是百年未有之大变局。中国当下面临的环境变化是一个结构性变化，这种结构性变化主要有两个方面的因素。

一方面，从 20 世纪 70 年代开始，全球化进入深度调整期，在深度调整期出现了地缘政治变化、大国关系变化，与此相关的是各国政策的调整，以及由此引起的对商业环境的巨大冲击。

另一方面，一场全新的技术革命正在兴起，AGI（通用人工智能）时代正在到来，这是具有颠覆性意义的变革，很多已有的商业模式和传统的行业都会被重塑。对企业而言，这既可能是巨大的机会，也可能是

---

① 本文根据作者于 2024 年接受网易财经智库的专访内容整理。

严峻的挑战。这是环境发生剧烈变动的深层因素。

对于企业来说，过去的战略环境就像登山，山就在那个地方，是相对静止的。企业家只需要定好目标，规划好路线，就可以开始攀登，中间也可能会走一些弯路，或者遇到一些意外，但是只要持续地攀登，大概率可以登上去。

而现在的战略环境更像冲浪，浪是动态、动荡的，一波一波的，整个环境是动荡而不确定的。

环境的这种变化会对管理者构成巨大的冲击。人性天然地使人希望自己的行为和周边的环境是有序、可控、可预期的。动荡与不确定性会使管理者陷入焦虑烦躁，迷茫沮丧，会使我们有一种失控的感觉，让我们陷入情绪化的反应。

同时，因为环境是不确定的，未来是不确定的，人们就不愿意对未来进行长远的投入，只想抓住眼前可以抓住的东西，因此就会短视，甚至会陷入机会主义和短期行为的错误。

还有，在不确定的环境下，人会有一种强烈的无力感，很多人因此就会放弃主动把握和改变命运的努力，听凭环境的裹挟，随波逐流，因此就会出现所谓的"躺平"或者"摆烂"。

这些现象实际上揭示了一个问题。我们在过去几十年那种相对稳定的环境中所形成的心态、认知以及与此相关的管理理念，已经无法有效地帮我们应对现在这个动荡而复杂的变局时代。我们要重新认识和梳理变局时代管理的底层逻辑，才能更好地驾驭我们所处的这个动荡的变局时代。

对于管理者来说，要想适应这个动荡的变局时代，就必须具备认识动荡、理解动荡、适应动荡、驾驭动荡进而穿越动荡的能力。其中最关键的，是要把握好长期与短期、变化与不变的关系，从而用未来的确定来把握眼前的不确定。

回到上面我们所讲的冲浪的比喻，如果注意观察，你会发现海水的运动其实有三种形式：波浪、潮汐和洋流。第一眼看过去，你看到的是海平面的波浪总是在不断地动荡，起伏不定。但如果你稍微耐心一些，就会发现海水的涨落总是一天两次，潮汐是有周期和规律的。如果你从更大的范围去了解，会发现更大规模的洋流运动，海水其实是在常年稳定地沿着一定的方向流动的。

这可以给身处大变局时代的管理者带来什么样的启发呢？身处变局之中，管理者很容易被眼前的动荡本身所裹挟，陷入一个个的旋涡中苦苦挣扎，而无法顾及更大的场景和长远的发展，这反过来会使得管理者不断地陷入新的动荡之中而不可自拔。

其实如果我们跳出此时此地的局限，从更长的历史时段，从更大的格局来看我们的时代，就会发现一个特点：历史的演进从来都是动荡的，但动荡的背后是有周期的。周期是不断波动的，周期背后的趋势是相对明确的。

所以对于管理者来说，除了关注眼前的动荡和不确定，还要看到动荡和不确定背后的周期，更重要的是要把握周期背后的趋势与规律。

不管时代多么动荡，社会发展的根本规律是没有改变的。把握住规律，就可以分析出大的趋势；分析出大的趋势，就可以把握动荡的周期；知道现在所处周期的阶段与节点，就可以从容不迫地提前展开你的战略布局。

常人追逐风口，高手驾驭周期；常人关注机会，高手把握大势。如果能驾驭周期、把握大势，即便环境动荡，内心也会有定力，你就可以用上面我们所说的未来的确定来把握眼前的不确定。

在大环境不利的情况下，管理者能做什么？

晚清时期的湘军名将胡林翼曾经说过的一句话我很认可："天下事只在人力作为，到水尽山穷之时自有路走。"

人是有能动性的。外在的环境固然是我们无法左右的，但真正优秀的管理者，无论时代与环境如何，看起来如何无能为力，也都是可以有所作为的。

那么，大环境不利的情况下，企业管理者能做什么呢？我觉得至少有三条：首先是保证组织的生存，其次是夯实组织的基础，最后是在整体不利的环境中寻找新的有利方向。

首先是保证组织的生存。

毛泽东曾讲过：我们提出的外线的速决的进攻战，以及为了实现这种进攻战的灵活性、计划性，可以说都是为了争取主动权，以便逼敌处于被动地位，达到保存自己消灭敌人之目的。[①] 在形势有利时，目的一定是要消灭敌人。在形势不利的时候，目的应该是保存自己。活下来才是王道，活下来才有卷土重来的机会。

对企业而言也是如此。大势有利的时候，企业的目标就应该是抓住机会迅速发展与扩张。在形势不利时，企业的目标应该是保存自己，保证生存，活下来才是根本。

其次是夯实组织的基础。

逆境的时候是最好的练兵时机。为什么？当外部机会特别多的时候，放弃发展与扩张的机会来练兵，机会成本会非常高。外部机会不多的时候，练兵的机会成本反而是最低的。

---

① 毛泽东.毛泽东选集（第二卷）[M].北京：人民出版社，1991.

好的组织能够在机会来临时将它迅速抓住，而当机会没有那么多或者环境不利的时候，也不会抱怨环境，而是选择去夯实内部的力量，把逆境看成打造组织能力最好的机会。要把精力用在内部组织能力建设方面，夯实管理的基础，迎接未来新机会的到来。

最后是在整体不利的环境中寻找新的有利方向。

很多人认为环境是一个整体、单一的概念，其实事实并不是这样的。大趋势是无数小趋势组合的结果，无数小趋势组合在一起形成了大趋势。即便在整体不利的环境中，也一定能发现有利的趋势。

对企业而言，大环境、大趋势很重要，但企业毕竟是微观的个体，因此所处的具体的小环境、小趋势更加关键。举例来说，消费降级的趋势对很多企业的影响特别大，不少企业因此陷入了困境。但与此同时，也有许多在这一过程中迅速崛起的企业，比如拼多多、瑞幸咖啡。

以瑞幸咖啡为例，其发布的财报显示，公司2023年总净收入为249.03亿元，同比增长87.3%，收入规模再创历史新高；在美国会计准则（GAAP）下2023年营业利润30.26亿元，较2022年翻番增长。

你看，在再不利的大环境当中，也一定有有利的方向，以及与此相关的企业增长。如何在整体不利的环境中找到新的有利的方向和趋势，是考验管理者战略水平非常关键的一点。

如何做到以上三条？管理者自己必须对未来有一种强大的乐观主义信念。

在这方面，中国共产党的历史能够给大家带来非常大的启发：人们经常希望革命出现高潮，其实，革命不可能永远处于高潮，一定会有低潮的时候。中国共产党最大的特点之一就是在处于低潮的时候，始终相信新的革命高潮一定会到来。

中国文化的一个信念，也是你永远可以相信否极泰来。所有的逆境都会过去，所有的艰难处境都可以走出。这种对未来的强大乐观主义信念，对于大变局时代的管理者来说特别重要。

当然，管理者也要明白一条：虽然否极泰来是必然的，但走出逆境需要时间，这就需要具备耐心和耐力，这是一个持续的煎熬过程。

要走出今天这样的不利环境，管理者必须准备好打持久战，而持久战的核心就是耐心。在今天这个时代，耐心可能是最宝贵的战略品质。

一定要保持足够的战略耐心，同时保持足够的毅力与定力，还要保持高度的清醒，这些特别重要。

在这一过程中要避免两个极端：一是过于悲观，躺平、摆烂、抱怨，最后的结果很有可能是无能为力；二是过于乐观，认为春天马上就要到来了，便非常激进地开始投入，最后的结果往往是被撞得头破血流。

我的建议是：在这个时代，企业家应持有一种适度悲观的乐观主义。所谓的适度悲观就是一定要知道走出低谷需要时间。但同时还要保持高度的乐观，要永远相信早晚都会走出逆境。保持乐观但不被冲昏头脑，适度悲观却不躺平、不放弃，只有这样，才能更好地应对不利的环境。

先做大还是先做强？

企业究竟应该先做大还是先做强？这个问题在我看来没有标准答案。这是企业成长的两条路径，都有成功的案例，也都有失败的可能。选择了其中一种，就要知道这种路径可能带来的收益，也要充分认识到背后可能存在的风险。

选择先做大、后做强的企业，有可能大而不强。企业迅速扩张，但市场地位不稳固，组织根基不牢固，一旦出现强有力的竞争者，可能会优势全无、大起大落。这种情况与流寇很像，流寇最大的特点就是走州过府、攻城略地，但没有根基，而无根的胜利往往不可持续。

先做强、再做大是一条看起来相对稳妥的发展路径，但最大的风险是可能会失去最佳的成长与扩张机会。等到企业开始想做大的时候，却发现其他竞争者已经取得了规模优势，取得了难以动摇的市场地位，占据了客户心智，自己却错过了最有利于发展的时机，最后自身因为无法做大，也就无法真正持续地做强。

我的建议是企业要根据不同的行业、不同的发展阶段、不同的竞争格局，基于内部资源和战略机会的分析，根据自身的战略，选择一条最适合自己的发展道路。

其实做强与做大并不矛盾，反而可以结合起来。毛泽东在井冈山建立根据地时采取的是波浪式发展的战略，也就是巩固、发展、再巩固、再发展。不同的阶段有不同的战略重心，一波接一波，从而形成了清晰的发展节奏。

对创业企业来说，这种波浪式发展的方式也许更为可行。通过对企业发展节奏的把握，可以有效处理好做大与做强二者之间的矛盾。

总体来说，战略性的机会很少重来。一旦遇到战略性的发展机会，一定要果断抓住，大胆投入，从而做出一番事业来。但是同时一定还要注意把握好发展的节奏。战略进展太快，组织能力不强，从来是企业的大忌。先天不足的组织，是无法承受高速增长所带来的巨大压力的。速成型的组织总是走不长远，离开了核心组织能力的打造，企业业务与规模的扩张就没有了根基。

所以，无论是先做大还是先做强，都要注意在组织能力和战略发展之间形成匹配的关系。

不同发展阶段的企业应该有什么样的组织能力和文化重点？

对于企业来说，不同发展阶段的组织能力与文化重点也应该有所不同。

在初创期，对任何组织来讲最重要的都是生存，先活下来，不能想做什么就做什么，要看市场机会。所以这个阶段要保持机动灵活，就像游击队一样。这个阶段，组织文化最重要的一点是一定要敢于冒险、试探、创新、试错，以客户为导向、关注客户的需求。初创期还应该迅速形成团队的意识和组织的合力。

在快速成长期，最关键的是复制能力，因为已经找到生存的切入点，这时候要复制，迅速扩张。复制能力特别重要，要做到标准化、规范化。快速成长期是向"正规军"转化的时期，因此要开始进行制度建设，规范流程，建立起组织层级，这样才能支撑企业的迅速扩张。在这个过程中，组织文化里很重要的一点就是要结果导向，结果是非常关键的，要有考核、有绩效，"正规军"的一套打法开始呈现。

在成熟期，企业最大的挑战是失去当年创业时的活力、激情，企业家精神被严重稀释，组织容易陷入僵化、官僚化，最后在竞争中平庸化，这是很多组织的宿命。在这个过程中，很重要的一点是保持创新能力和活力。

虽然企业在不同发展阶段面临的挑战不同，但一以贯之的是组织的使命、愿景、价值观，对此要从一开始就很清楚。好的组织，其初心是不会变的。

如何面对竞争与合作？

竞争与合作永远是企业面临的一对悖论。竞争是商业生态的常态，竞争是无处不在的，这是市场经济的一个非常重要的特征。竞争带来社会与企业的进步、创新、活力。

但是，企业一定要避免陷入你死我活的恶性竞争之中。我们看到太多这样的例子：行业中的恶性竞争不断升级，一步步演化成竞争者的彼此伤害，最终使整个行业没有一个真正的赢家。

在竞争中，如果你打败了对手，自己却元气大伤，或者你赢了竞争，但毁掉了整个行业，这样的胜利有什么意义呢？

竞争者当然要关注竞争与对手。但是过于关注对手，你的眼光就会被对手限制。太强的竞争与敌对意识会限制你的视野和格局，影响你的判断与思考，以及你的策略选择，让你陷入跟对手较劲的死结中不能自拔。

竞争的目的是什么？竞争不是为了简单地打败对手，而是为了创造一种更有利于自身发展的长远战略环境。

对于企业来说，比关注竞争对手更重要的，是关注时代的大势。当一家企业更加关注未来的大势的时候，对竞争的理解就会完全不同。

企业若只关注眼前，所有的人就都是对手。如果企业关注的是时代大势，那么，甚至眼前的竞争者都可以纳入共创未来的大局之中，为你所用，因为未来是一个增量，不是存量之间的你死我活，不是零和博弈。所有竞争者都可以在一套战略思维运筹之下变成共同塑造未来环境的合作者。大家是在共同创造一种未来的、新的、以前并不存在的战略性机会，而不是争夺眼前的机会。这是一种真正的良性竞争，能够完美地把竞争与合作结合在一起。

如何看待一把手和战略的关系？

最终的战略性决策往往都是由一把手做出来的，战略决策是一把手最重要的职责之一。中国有句老话叫"一将无能，累死三军"，一把手对战略决策乃至组织命运的影响往往是根本性的。

一把手怎样才能制定好战略？辛弃疾曾经讲过一句非常好的话，那就是"谋贵众，断贵独"。

"谋贵众"，即在谋的过程中最关键的是要保持开放的心态。一个人即便是天才，认知也是有局限性的，在这个过程中要多听听组织成员的意见，尤其是一线成员的意见，他们的信息、反映上来的问题特别关键。对于组织来说，重要的不是谁是对的，而是什么是对的。要把制定战略的过程当作学习的过程，甚至是整个组织学习的过程、上下互动的过程、共创的过程。

当一把手把一线成员的建议纳入企业的战略决策之中时，会发现执行过程特别顺，因为这个战略方案本来就是从一线提出来的。这叫"谋贵众"。

但是"谋贵众"并不意味着一把手可以放弃制定战略的责任，这句话还有后半句，那就是"断贵独"。什么叫"断贵独"？下面的意见汇总上来以后，一把手要做出最后的选择与决断，尤其是最终决策的责任必须由一把手承担。一把手必须对决策的结果负责，不能因为这是别人的建议就推卸责任。

总之，谋的时候要充分倾听，要开放，做决策的时候必须负起与此相关的所有责任，二者之间要保持平衡。

每个一把手的特质都是不一样的，有的善于谋，有的善于断，还有的优秀一把手是多谋善断的。自我认知非常重要的一点就是不仅要知道自己所具备的能力，还要知道自己的能力边界，同时坦然地接受自己能力上的不足。

真正雄才大略、十全十美的领导非常少，一把手一定要对自己有清醒的认识，知道自己的特质是什么，局限在什么地方。如果很难改变自己的局限，最好能打造一个互补的团队，通过合作、搭班子的方式弥补自己的不足。比如：一把手善谋但不善断，就可以找一个善断的合作者帮忙做分析、做决断；一把手善断但不善谋，就可以寻找一个深谋远虑的人作为搭档，弥补自身能力上的局限性。

在这方面，中国军事史上有两个非常典型的例子，一是陈毅和粟裕的搭档，二是林彪和罗荣桓的配合。

陈毅最大的优势是政治成熟、领导力和人际协调能力极强，粟裕最大的优势是作战指挥能力强。毛泽东就非常会用人，把陈毅和粟裕这两个人结合起来用。组织能力建设、人际关系协调、上下沟通、后勤保障等大事由陈毅负责，具体的作战指挥则交给粟裕负责。事实证明，陈毅和粟裕是一对非常完美的搭档。

当年林彪跟罗荣桓的配合也堪称完美。林彪只做一件事情，就是指挥作战；罗荣桓则把其他所有事情担起来，包括后勤、政治工作、二线兵团的建设等等，这样就可以保证让林彪全力以赴地去打仗。而且林彪和罗荣桓两个人都充分地信任对方，是一对很完美的组合。

相互支持、相互弥补，是一个好领导团队非常重要的特点。没有完美的个人，但可以有完美的团队。对于一把手来说，找到一个能够跟自己形成互补的搭档组成团队，可能比单纯地弥补自身不足更可行、更有效。互补型的团队可以让每个人的能力都得到最大程度的发挥，每个人都可以全力以赴做自己最擅长的事情，每个人的长处都可以发挥出来，从而形成 1+1 > 2 的结果。

一把手的关键品质是什么？

一把手所需要的关键品质，取决于企业所处的不同环境。在顺境中对领导力最核心的挑战是要有危机意识；在逆境中对领导力最核心的挑战是要有强大的意志力。

顺利时，大家的内心都会很兴奋，都会很乐观，此时一把手反而要保持适度的悲观，保持清醒，保持危机意识，因为这个时候很容易狂妄，狂妄则容易导致判断失误。无数企业都是败于巅峰时的战略骄纵。

在《孙子》里有句话叫"不尽知用兵之害者，则不能尽知用兵之利也"。决策者在思考问题时首先要考虑风险，然后考虑收益，这就是危机意识。只有做好最坏的准备，才能争取到最好的可能。

当逆境来临时，很多人会沮丧、彷徨、动摇，而此时一把手绝不能动摇。相反，你必须把信心传递给组织的每一个成员，这就需要你有强大的意志力。意志力的背后是信念，这就是一把手最宝贵的特质。

《孙子》里有句话叫"智者之虑，必杂于利害，杂于利而务可信也，杂于害而患可解也"，意思是一定要辩证地去考虑利害。整体不利的时候要看到希望，这样大家就有动力；整体顺利时要看到风险，这样就可以提前解决问题，把风险提前化解。

好的领导一定是"杂于利害"的，见利思害，见害思利，具备辩证的思维才可以做到这点。

领导者如何打造执行文化？

军队是最强调执行力的组织，所有军队都以结果为导向，所以对执行力最重视的就是军队。从军事角度而言，我认为一个好的、有强大执行力的组织必须形成强有力的执行文化。其中最核心、最关键的一点就是要让下属、组织成员自觉自发、全力以赴并且有创造性地执行。

在形成执行文化的过程中，领导者要做几件事。

首先要解决"为何做"的问题。这时候必须有非常明确的愿景、使命，让组织成员知道要做的事情的意义，以激发起组织成员全力以赴执行的动力与激情。

其次要解决"如何做"的问题，要有清晰的目标与执行方案，让组织成员知道怎么做。一个好的方案，应该包含分工、任务、目标、步骤、时间、资源等等。只有这样，组织成员在执行的过程中才会有计划可依，有章法可循。

再次要解决"谁来做"的问题，要选最合适的人。执行过程中很关键的环节就是要选对人。毛泽东在长征过程中对林彪和彭德怀的使用就特别有意思，他对林彪和彭德怀的评价不一样，对林彪的评价是"刁而狠"，即既刁钻又非常狠，对彭德怀的评价是"勇而韧"，即很勇猛、很坚韧。所以，机动灵活的仗一般交给林彪的红一军团去打，而类似于娄山关战斗这样的攻坚硬仗，就交给彭德怀的红三军团去打。

人和人的特点是不一样的，若是选错了人，再好的作战计划也往往会失败。一定要根据作战的计划和需要，选择最适合承担这个任务的领导人及其团队。

最后要解决"靠什么来做"的问题，即要有充分的保障，形成很好的协同文化。组织能力的保障特别重要，比如所谓的"联合作战"，强调的一定是联合，而不是单打独斗，要发挥合力，通过组织能力来保障执行。

此外还要做好监督和监控。下属在执行过程中难免出现偏差、问题、意想不到的事件，领导者要根据监控做出调整、优化，甚至有可能会改变原定的战略计划，这是一个动态过程。要在计划和执行之间形成良性的反馈机制，最终达成目标。

如何创造性地执行，而非机械地执行？

军队的执行往往是"保证完成任务，坚决服从命令"，很多人会认为执行是机械服从命令的过程，其实不是这样。战争的特点是充满了不确定性，会出现各种各样新的、意想不到的事件，所以太听话的下级一定不是好下级。人的理性是有限的，再伟大的决策者也不可能考虑到所有的细节，一个好的下级应该能够实现上级的意图，而不仅仅是执行上级的具体命令。

上级常常会给下级下达一个命令，这个命令既是上级意图的具体化呈现，也是下属执行时非常重要的指导方针。在环境没有变化的情况下，下级需要坚决执行命令；而一旦环境发生变化，下级就不能机械地执行命令，而是要想方设法达成上级的意图。

美军对于这一点特别重视，美军强调作为下级，要对上两级指挥官的意图有清晰的了解，这意味着下级不仅要了解上级的意图，还要了解上级的领导的意图，即便违背了上级的命令，但只要实现了上级的意图，就是最好的执行，这就叫创造性地执行。

部队里其实特别重视创造性地执行，我在几本书里都提到过一句话——"太听话的下属从来不是好下属"，原因就是太听话的下级只是机械地执行。这是推卸责任的执行，是最不负责任的执行。

需要注意的是，创造性地执行也不能没有边界，不能随心所欲。所谓的不能随心所欲就是不能完全按照自己的想法去做，要避免出现局部最优、全局最差的情况。

所有创造性地执行，都应该在上级意图之内，下级的框架和目标是达成上级的意图，不能越出这个边界，不能对组织整体造成伤害。下级在创造性地执行时，必须有一种意识，并且要做好准备，知道自己要对结果负全部责任。

从领导力角度而言，好的执行团队的特点是：上级要有胸怀，下级要有担当。上级要有胸怀，可以容忍下级不听自己的命令；下级要有担当，用孙子的话讲，叫"进不求名，退不避罪，唯人是保，而利合于主"。只有这样的组织，才能在充满不确定性的环境下，始终做出最有创造性的执行。

选接班人的原则与标准是什么？

接班人选择不好，会使整个企业发展受到极大影响。选择接班人是一个复杂的工程，是世界性的难题。

我认为至少有三点要把握住。

第一，要有非常清晰的选拔标准。标准由什么来决定？要看企业现在和未来相当长一段时间的需求。企业的战略阶段、战略重心、战略挑战、战略机会分别是什么，等等，根据这些来判断企业需要具备什么样特质的接班人。

比如企业未来要进行扩张，就要根据这个目标选择具有开拓精神的领导者。如果企业未来可能要面对很大的逆境，那么接班人的意志力和韧性就成了关键因素。所以，一定要根据组织的阶段性目标及其需求明确选人的标准。其他企业的选人标准并没有太大的参考意义，因为每家企业面临的环境和挑战是不一样的。

选接班人时很容易犯的一个错误，是仅仅根据候选人过去的业绩来做取舍。候选人已有的业绩当然非常重要，但接班人的岗位需求究竟是什么更为关键。

我举一个通用电气第九任董事长兼 CEO 杰夫·伊梅尔特的例子。

他的前任是传奇 CEO 杰克·韦尔奇。伊梅尔特接班之前本质上是一位优秀的执行者，即便是做决策，也是在上级已有的大框架下做出来的。成为一把手之后，伊梅尔特所面对的工作的挑战和之前完全不同，他不得不成为一位真正的全局决策者，而伊梅尔特其实并不胜任这样的要求。

在选接班人的时候，了解接班人的能力边界特别重要。在用人过程中最怕的就是不断地越过一个人的边界去使用这个人。这反而容易毁掉一个人。对于接班人来说，与历史业绩相比，学习能力、适应能力以及与此相关的成长与发展潜力其实更为关键。

第二，明确了选人的标准，并确定了人选以后，还要有系统的接班计划，也可以称之为培养计划。不能到时候把这个人直接推上去就了事，这是最大的不负责任。接班是一个过程，要一步一步地去培养接班人，慢慢地帮助其成长、适应。如果到交班时，这个人已经完全胜任职务要求，接班自然会更加顺利。

第三，纠错机制也相当重要。一定要建立一套纠错机制，接班人不能只上不下，一旦发现选择的接班人的确错了，就要迅速加以改正。如果通用电气在发现伊梅尔特不胜任后，能通过纠错机制迅速调整其岗位，就不会因为选错人而给公司带来那么大的损失了。没有纠错机制，或者纠错机制失灵的接班人制度是有缺陷的。